KNAUR

LAURA & ARMGARD
KARASEK

DAS GESPRÄCH UNSERES LEBENS

EIN AUFRICHTIGES MUTTER-TOCHTER-BUCH

KNAUR

Besuchen Sie uns im Internet:
www.droemer-knaur.de

Aus Verantwortung für die Umwelt hat sich die Verlagsgruppe Droemer Knaur zu einer nachhaltigen Buchproduktion verpflichtet. Der bewusste Umgang mit unseren Ressourcen, der Schutz unseres Klimas und der Natur gehören zu unseren obersten Unternehmenszielen. Gemeinsam mit unseren Partnern und Lieferanten setzen wir uns für eine klimaneutrale Buchproduktion ein, die den Erwerb von Klimazertifikaten zur Kompensation des CO_2-Ausstoßes einschließt.
Weitere Informationen finden Sie unter: www.klimaneutralerverlag.de

FSC www.fsc.org
MIX
Papier aus verantwortungsvollen Quellen
FSC® C014496

Originalausgabe Oktober 2023

Ein Imprint der Verlagsgruppe
Droemer Knaur GmbH & Co. KG, München

Redaktion: Antje Korsmeier
Covergestaltung: Isabella Materne
Coverabbildung: AdobeStock/spuvector
Satz und Layout: Adobe InDesign im Verlag
Druck und Bindung: GGP Media GmbH, Pößneck
ISBN 978-3-426-28629-6

2 4 5 3 1

Inhalt

In einigen Fällen wird im Text aus Gründen der Lesbarkeit das generische Maskulinum verwendet, das sich gleichermaßen auf alle Geschlechter bezieht.

Vorwort

»Hätte ich das mal früher gewusst! Jetzt ist es zu spät.« Diesen Gedanken kennen wir alle. Wir kennen ihn, weil wir eine Chance nicht wahrgenommen, eine Gelegenheit verpasst oder einen Menschen verloren haben. Wir kennen ihn. Und trotzdem warten wir immer auf irgendetwas. Wir warten, dass etwas vorbeigeht oder etwas stehen bleibt, dass etwas passiert, wir warten auf eine Antwort, auf eine Gelegenheit, auf ein Gefühl. Wir warten auf den richtigen Moment, auf den Feierabend, auf das Wochenende, auf Weihnachten, darauf, dass die Kinder groß genug sind. Wir warten viel zu lange auf ein ehrliches Gespräch, weil wir glauben, wir hätten uns doch eigentlich schon so viel gesagt. Wir meinen, einander zu kennen, genug voneinander zu wissen. Aber tun wir das wirklich? Oder haben wir uns zwischen Zahnarzttermin und Einkauf doch oft nur halbherzig zugehört? Wir lassen uns so leicht vom Alltag überrollen, wir nehmen die Familie gern für selbstverständlich, wir schieben ein Gespräch auf, eine Umarmung, ein Treffen.

Wir wollten nicht mehr warten und haben uns zum ersten Mal bewusst diesem Gespräch gestellt: Wir haben einander Sehnsüchte und Kummer gestanden, uns erzählt, wovor wir uns fürchten und worüber wir uns freuen. Wir haben uns über Wünsche und Niederlagen ausgetauscht, Lebensfragen diskutiert und unsere Erfahrungen und Einsichten aufgeschrieben. Wann sind wir je einem Menschen so nahegekommen?

Nach diesem Gespräch wissen wir, warum die andere bei bestimmten Sätzen verletzt ist, warum sie sich zurückzieht oder laut wird. Warum ihre Marotten zu ihr gehören. Wir haben uns intensiv über Nähe und Selbstbehauptung unterhalten, über das Leben als Frau, über unsere verschiedenen Generationen. So intensiv, dass wir uns besser begreifen und verstehen. Ist zu viel Ehrlichkeit schädlich für eine Familie? Nein. »Ich kann dir jetzt ins Herz schauen, Laura«, habe ich am Ende unseres zuletzt geführten Gesprächs gesagt. »Ich wundere mich nicht mehr über Dinge, die ich mir vorher bei dir nicht erklären konnte. Ich weiß jetzt, wie du fühlst, was du liebst und was dich verunsichert oder antreibt.«

All das haben wir in diesem Buch festgehalten. Ein Buch, das als Anregung dienen kann. Vielleicht finden Sie sich in manchen unserer Geschichten und Gefühle wieder, in anderen vielleicht nicht. Aber vielleicht möchten Sie durch dieses Buch zum Telefon greifen, in den nächsten Zug steigen, den Terminkalender freiräumen und sich Zeit nehmen für Fragen, auf die Sie schon lange nach Antworten gesucht haben. Es lohnt sich.

Betrachten Sie dieses Buch als eine Einladung zu einem Gespräch. Führen Sie es mit einem Menschen, den Sie lieben.

Armgard und Laura

Spiegelungen

Was siehst du eigentlich, wenn du in den Spiegel schaust, Mama?

Das ist gar nicht so leicht zu beantworten. Natürlich sehe ich, dass ich anders aussehe als früher, älter. Und dicker. Das gefällt mir nicht. Doch ich fühle mich innerlich viel jünger, als mein Gesicht und mein Körper aussehen, bestimmt 20 Jahre jünger. Ich trage seit einiger Zeit eine Lesebrille, aber die setze ich natürlich nicht auf, wenn ich in den Spiegel schaue. Ich könnte ja näher an mein Spiegelbild herantreten, dann würde ich ganz viele Falten und graue Haare sehen, aber dieses Bild möchte ich eigentlich gar nicht so genau erkennen.

Neulich habe ich mir an der Geschirrspülmaschine das Bein verletzt. Es tat sehr weh, Blut ist auch geflossen. Ich dachte: Guck da lieber nicht genauer hin, sondern warte, bis der Schmerz vergeht. Also bin ich zum Sofa gehumpelt, habe den Fernseher angeschaltet und mich abgelenkt. Drei Stunden hat es wahnsinnig geschmerzt, dann erst habe ich mich getraut runterzugucken. Ähnlich geht's mir mit dem Spiegelbild. Ich sehe mich lieber so, wie ich mich innerlich fühle.

Du hast nie darüber nachgedacht, dich »jünger« machen zu lassen, etwas zu optimieren?

Nein. Ich finde die Vorstellung, dass mir jemand im Gesicht rumschneidet, so gruselig, dass ich nicht mal daran denken mag. Neulich habe ich im Schwimmbad eine Frau getroffen, die ich schon lange kenne und die deutlich jünger ist als ich. Sie hatte ganz offensichtlich ein Facelifting hinter sich. Ich habe sie kaum erkannt und war ziemlich erschrocken. Sie hat jetzt das Gesicht einer anderen älteren Frau.

Aber was siehst du denn, Laura, wenn du in den Spiegel schaust?

Ich sehe oft das kleine Mädchen, das ich mal war. Wenn ich mich schminke und aufdonnere, was ich auch gerne mal mache, fühle ich mich auf eine gewisse Art verkleidet, wie eine, die in die Rolle einer sexy Frau schlüpft und diese Rolle dann auch lebt.

Ich habe ein eher weiches Gesicht, hohe Wangenknochen. Wenn Leute nett sind, sagen sie: »Puppe« oder »Slawin«. Weniger nett formuliert würde ich sagen: »aufgedunsen, füllig, üppig«. Ich sehe nicht androgyn aus und sobald ich geschminkt bin, wird das noch stärker, fast unnatürlich. Ich sehe dann immer nach zu viel aus, so angemalt, wie Teig mit Farbe und zu vielen Smarties, voller Zuckerguss. Mein Gesicht ist nicht hart und deswegen auch viel zu wenig konturiert. Mit 15 wurde ich von meinen Freundinnen »Goldie« genannt, weil ich so ein Hamstergesichtchen war. Ich mag meine Augenfarbe, meine Zähne, meinen Mund, aber das Kinn überhaupt nicht, auch die Augenbrauen könnten höher sein. Aber uns Frauen wird ja geradezu antrainiert, an uns rumzumäkeln. Wir dürfen nicht altern, wir dürfen aber auch nichts gegen das Altern tun. Wir sollen nicht dürr sein, aber auch nicht dick. Entweder Öko-Fritte oder Barbie-Hohlbratze.

Unsere Unzufriedenheit ist ein Milliardengeschäft. Daher die ganze Selbstoptimierung.

Gegen Selbstoptimierung ist generell nichts zu sagen. Natürlich sollte man sich »verbessern«, also schlauer, fitter, gesünder, sozialer, witziger und was weiß ich was werden. Das kann man mit Training durchaus. Aber dieses ständige Vergleichen macht unzufrieden. Wieso denkst du an dein Kinn, wenn du dich siehst? Das ist ein so belangloser Teil des Körpers. Ich habe euch als Kindern immer gesagt: Kümmert euch um die Sachen in der Welt, die ihr ändern könnt. Mit Dingen, die man nicht ändern kann, sollte man seinen Frieden machen.

Vielleicht betrifft das vor allem meine Generation und die nach mir Geborenen. Wir stecken alle im Selbstoptimierungswahn. Durch Social Media, Style-Magazine und Werbung wird uns ständig vorgehalten: »Du könntest noch mehr aus dir rausholen! Du musst dich noch mehr anstrengen. Du sollst Paleo essen und Algen trinken. Zum Cycling und ins Nagelstudio gehen. Du brauchst Botox, Faltencremes, Hyaluronspritzen, Straffungssalben, Cellulite-Peelings, Eigenbluttherapie, Fettverbrennungskapseln, Hirsepillen und Weizengras-Shakes.« Du kannst alles bestellen, dich mit jedem vergleichen und sollst dabei mithilfe von Achtsamkeits-Apps noch zu dir selbst finden. Kein Wunder, dass uns dauernd Selbstzweifel plagen!

Macht Schönheit überhaupt glücklich?

Es gibt Studien, nach denen hübsche Kinder eher angesprochen und angestrahlt werden als hässliche. Natürlich haben gut aussehende Menschen Vorteile im Leben. Aber uns wird ja vorgegaukelt, unser Leben werde leichter, besser, angenehmer, wenn wir bloß dünner oder jünger aussähen. Viele denken dann, das sei tatsächlich so. Es ist aber nicht so. Das Leben wird allenfalls leichter, wenn man etwas entspannter und liebevoller mit sich selbst umgeht.

Ja, aber selbst das klingt für mich nach Zwang: Sei doch mal entspannt, liebe dich selbst!

Wie leicht ist es denn, sich selbst zu lieben, wenn alle ständig ihre Wimpern, Zähne, Haare und Gesäße »restaurieren«? Inzwischen gibt es sogar Fadenlifting fürs Knie und ein Anti-Falten-Kissen, damit man selbst im Schlaf noch effizient ist! Aber sollte ich meinen Körper nicht einfach für das mögen, was er kann? Er riecht, schmeckt und verdaut, das ist doch ziemlich beeindruckend.

Am Ende wird noch das hinterletzte Organ in uns gefunden, das sich optimieren lässt. Was für ein Irrsinn! »Mit einer Ohrläppchenkorrektur zu mehr Wohlbefinden« heißt es in der Werbung einer Schönheitsklinik.

Wir lernen in der Schule nicht sehr viel über unseren Körper, der ja ein Wunderwerk ist. Was die Zellen können, was Hormone bewirken, wozu Faszien da sind – der Körper bietet so viel Faszinierendes. Ich habe das leider auch erst spät gelernt. Stattdessen wird uns eingeredet, wie seien alle unzulänglich, fehlerbehaftet. Eigentlich ist das eine Frechheit.

Wo würden Frauen heute wohl stehen, wenn sie nicht mindestens 20 Prozent ihrer Jugend damit verbracht hätten, herauszufinden, ob ihre Figur ausreicht, um im Bikini an den Strand zu gehen. Wie viel Zeit geht für die Frage drauf, ob der Busen nicht mithilfe der richtigen Cup-Form noch optimiert werden könnte? Oder mit welchen Tricks wir am besten unser »Hüftgold« kaschieren.

Das kostet nicht nur Geld, sondern auch Zeit. Zeit, in der man etwas erfinden oder erforschen, eine neue Tierart entdecken oder ein Musikstück komponieren könnte. Nie waren die Möglichkeiten für Beauty-Maßnahmen so greifbar, so mannigfaltig, so enthemmt. Filter wollen uns weismachen, die ganze Welt sei voller Topmodels. Im Jahr 2019 wurde allein in Deutschland mit dekorativer Kosmetik knapp 2 Milliarden Euro Umsatz gemacht.

Mama, wie würdest du sagen, hat sich das Schönheitsideal verändert?

Na ja, schau dir Marilyn Monroe an. Nach heutigen Maßstäben ist sie pummelig. Millionen von Männern haben sich nach ihr verzehrt und für Millionen von Frauen war sie wunderschön. Ebenso Elizabeth Taylor. Ich habe manchmal den Eindruck, das Weibliche, das etwas Rundliche, Fülligere soll als Schönheitsideal vollkommen verschwinden. Also das, was man lange als »frau-

lich« bezeichnet hat. Ist das nicht irgendwie auch eine Abwertung des Weiblichen, wenn man als Frau androgyn aussehen soll, um als schön zu gelten?

Immerhin gibt es inzwischen vielfältigere Schönheitsideale, Stichwort: Body Positivity. Menschen, die Bodyshaming betreiben, also andere wegen ihres Äußeren beleidigen, werden heute in den sozialen Medien viel schärfer kritisiert als in den 90er-Jahren, als ich ein Teenager war. Das finde ich eigentlich eine gute Entwicklung.

Mama, wenn jetzt eine Freundin von dir sagt: »Du, ich will mir die Brüste vergrößern lassen.« Was rätst du ihr?

Ich habe sogar eine Freundin, die offen erzählt hat, dass sie sich die Brüste hat machen lassen. Weil ihre echten Brüste nach ihren Schwangerschaften »wie Tüten« ausgesehen hätten. Glücklich war sie mit den neuen prallen Dingern allerdings auch nicht. Jahre später hat sie sie als viel zu groß empfunden und sich die Implantate wieder entfernen lassen. Jetzt klagt sie seit längerer Zeit über eine Narbe, die unheimlich schmerzt. Also, ich würde einer Freundin, die sich die Brüste »machen lassen« will, sehr davon abraten.

Wieso sollte überhaupt eine Frau, die Kinder zur Welt gebracht hat, so aussehen, als ob sie keine Kinder bekommen hätte? Da werden sofort spezielle Fitnessprogramme für den »After-Baby-Body« angeboten. Musstest du dir solche Sätze auch anhören? »Für eine Mutter siehst du echt noch okay aus.« Oder: »Für 34 siehst du ja echt noch gut aus«?

Nein, so etwas habe ich nie gehört.

Aber wir waren ja beim Spiegelbild. Eigentlich sehe ich im Spiegel das Mädchen von früher. Dann muss ich an das wunderschöne Gedicht denken, das Niko mir zu meinem 30. Geburtstag geschrieben hat. Er hat es auf der Feier vorgetragen und meine Freundinnen und ich mussten weinen.

Ja, und zu mir haben sie gesagt: »Ich möchte auch so einen Bruder!«

In dem Gedicht kam immer der eine Satz: »Für sie magst du erwachsen sein – für mich bleibst du ein Kind.« Der wiederholte sich am Ende jeder Strophe: »Für sie magst du die Größte sein – für mich bleibst du ein Kind.« Da denke ich: Wie schön, dass es einen Menschen außer mir gibt, der dieses Mädchen noch kennt und sieht.

Deswegen habe ich dir einen Bruder geschenkt: damit es jemanden gibt, der sich mit dir auch später noch an eure Kindheit erinnern kann.

Nein, ernsthaft, ich sehe mich gar nicht als Kind, wenn ich in den Spiegel schaue. Ich sehe mich als jüngere Frau, vielleicht um die 30 oder 40, maximal 50. Innerlich bin ich nicht weiter gealtert.

Aber neulich habe ich einen schönen Satz gehört, der lautete: »Ich sehe so aus, wie ich behandelt werden möchte.« Das finde ich gut. Das möchte ich auch.

Über den Satz muss ich nachdenken. Er passt zu dem, was ich eben sagte: Wenn man sich aufdonnert und auftusst, dann ist das vielleicht – jedenfalls bei mir – auch eine Ansage an einen selbst, eine Erwartung, ein »Ich möchte jetzt so behandelt werden«. Und ich möchte mich in dem Moment selbst so behandeln, möchte mich als laszive Frau sehen, die verführerisch ist, möchte diese Femme fatale sein. Es kann so weit gehen, dass ich eine Reaktion meines Gegenübers provozieren will. Wenn ich zu Hause ganz »unmaskiert« bin, empfinde ich mich selbst als zarter und mädchenhafter, zerbrechlicher, verletzlicher.

Also, über das Aufdonnern haben wir ja schon gelegentlich gesprochen. Ich finde diese »sexy« Kleidung zu männerorientiert. Warum sollte ich lasziv durch die Welt staksen? Ich lebe doch nicht im Nachtclub. Sexy in der U-Bahn? Gott bewahre. Ich ziehe mich auch gerne schön an, aber ich war schon früh von der Idee begeistert, dass ich als Frau nicht so tun muss, als sei ich für den Mann auf der Welt. In meiner Jugend ging es nicht darum, für die Männer verführerisch auszusehen. Wir haben uns tolle Jeans oder Stiefel angezogen, weil das hippe Klamotten waren. Unsere Eltern waren damals total anders gekleidet als wir, die Männer in Anzügen, die Frauen in engen Röcken, unter denen sie Strumpfhalter trugen, die zwickten. Kurz, ich verstehe das mit dem Aufbrezeln bei dir nicht. Mir kommt es wie eine Rüstung vor, mit der du dich vor der Welt wappnest. Aber hübscher wirst du in meinen Augen dadurch nicht.

In meinem Verständnis von Feminismus muss es heißen: Ich darf so aussehen und herumlaufen, wie ich will! Und wenn ich sexy sein will, ist das auch in Ordnung. Meckert nicht immer an den Frauen rum, was sie tun sollten oder wie sie auszusehen haben. Die eine »lässt sich gehen«, weil sie eine »Hirse-Jutebeutel-Dinkelkeks-Mutti« ist, und die nächste ist 'ne billige Bitch, weil sie zu viel Haut zeigt. Glitter-Fingernägel und falsche Wimpern sind genauso okay wie unrasierte Achseln und kein Make-up.

Aber alles, was du trägst, ist eine Aussage. Es gibt Auskunft über deine Gruppenzugehörigkeit. Kleidung ist ein Mittel, um dich darzustellen.

Ich will gar nicht zu EINER Gruppe gehören. Wie freiheitsberaubend! Ich will in vielen Gruppen sein dürfen. Wir müssen uns als Frauen nicht immer für das rechtfertigen, was wir schön finden. Und es ist ja nicht so, dass ein Minirock oder Lipgloss Gehirnzellen vernichten.

Wir sind da einfach vollkommen unterschiedlich. Ich stehe nicht gerne lange vor dem Spiegel und habe dafür vielleicht zu wenig Verständnis.

Ich stehe auch nicht lange vorm Spiegel und habe mir noch nie im Internet ein Schmink-Tutorial angesehen. Aber ich fand es manchmal schade, dass du dich gar nicht für so was interessierst, weil ich durchaus Freundinnen habe, die sich mit ihren Müttern über Mode austauschen und gemeinsam shoppen gehen. Wir konnten nie Outfits tauschen. Wir haben eher das Schreiben und Bücher geteilt oder Diskussionen über Feminismus. Ganz selten sind wir auch mal shoppen gegangen, aber wir haben uns nie zusammen geschminkt oder zu lauter Musik gestylt. Du hast mir auch nie die Haare geflochten oder so was.

Sorry, Laura, da habe ich einfach eine Leerstelle. Das macht mir keinen Spaß. Jeder kann nur das geben, was er gerne macht. Und ich laufe ja auch nicht herum wie ein Waldschrat. Also wirklich!

Aber ich finde es zum Beispiel fragwürdig, deiner Tochter durch das Aufbrezeln zu zeigen, dass du für die Menschen da draußen anders oder hübscher aussehen willst. Ich habe Verständnis dafür, dass man sich gerne schminkt. Ich wasche mir auch jeden Tag die Haare, damit die immer gut sitzen. Aber ich finde nicht, dass man sich optimieren muss, nur weil man vor die Tür tritt. Dafür würde kein Mann Zeit und Mühe aufwenden.

Aber Mama! Ich bin oft ungeschminkt, und das sehen meine Kinder auch. Es ist ja nicht so, dass ich mir für einen gemeinsamen Ausflug zum Minigolfplatz einen Lidstrich ziehe und falsche Wimpern anklebe. Und außerdem geht es ja nicht ausschließlich um die anderen, sondern sehr stark darum, wie ich mich durch meinen Look fühle. Ich mag es, in diese Verkleidung – diese Rüstung, wie du es nennst – zu schlüpfen, in der ich anders sein kann, weil ich mich darin anders fühle. Das ist aber nicht unechter als das, was ich zu Hause bin.

Ich betrachte es eher als Experiment, als Kostprobe: Inwieweit kann ich mich selbst durch mein Äußeres in eine neue Stimmung versetzen? Ich finde es in Ordnung, das zu nutzen, zu testen, damit zu spielen. Ich will nicht immer die Gleiche sein und auch nicht immer gleich aussehen. Dabei geht es nicht unbedingt um Selbstgefälligkeit, sondern vielleicht eher um Selbstauffälligkeit.

Jeder soll es so machen, wie er oder sie möchte. Aber da sind wir wieder beim Blick in den Spiegel. Ich bin eigentlich gerne ich selbst. Ich möchte nicht jemand anders sein und ich möchte mich auch nicht spielerisch verstellen. Ich spiele sehr gerne, aber lieber, wenn ich ich bin.

Das sehe ich anders! Ich bin auch als die Aufgebrezelte ich. Ich kann doch verschiedene Versionen von mir sein, es gibt ja nicht nur die eine Laura, die ich für immer gebucht habe – wie so ein lebenslanger Vertrag eines Fitnessstudios oder Telefonanbieters, aus dem man nicht mehr rauskommt. Schwierig wird es bloß, wenn ständig die Wünsche der anderen in dich hineinprojiziert werden, weil dein Äußeres bei ihnen Hoffnungen oder Erwartungen weckt. Dann wird man zu einer Vermutung; Menschen vermuten, dich zu erkennen, zu durchschauen. Aber im Leben ist man doch in verschiedenen Rollen: Mutter und Ehefrau, Anwältin und Freundin, Tochter und Liebhaberin.

Es gibt Momente, in denen ich mich beziehungsweise eine bestimmte Laura wie einen Mantel an der Garderobe abgeben möchte. Das kann ich mithilfe einer Kostümierung. Manchmal überfordert es mich, mich kennenlernen zu müssen. Manchmal möchte ich keine Zeit mit der einen Laura verbringen, sondern mit der anderen Laura. Manchmal nehme ich Anstoß an mir – auch das muss man ja aushalten: sich selbst gerade schlecht zu finden.

Ich mache das aber nicht von Äußerlichkeiten abhängig. Ich habe Abende, da möchte ich mich gerne über was ganz Schlaues unterhalten. Dann gibt es Abende, an denen ich rumgackern oder Karaoke singen möchte. Und ich habe Abende, an denen ich, da ich ja Berufsvoyeurin bin, einfach nur zuschauen oder zuhören will. Das Spiel besteht darin, jedes Mal eine andere Rolle zu haben. Ich spiele die Rolle so, wie ich mich innerlich gerade fühle: angespannt, aufgeregt, sanft, wütend, still, lustig. Und das hat nichts mit meinem Äußeren zu tun.

Doch, bei mir schon! Das habe ich im Lockdown gemerkt. Als ich tagelang gar keinen Sinn darin sah, mir mit meiner Erscheinung Mühe zu geben, habe ich mich auch anders gefühlt. In hohen Schuhen fühle ich mich anders als in flachen Schuhen und ich fühle mich im Minikleid anders als im Sweatshirt. Ich mag all diese Seinsweisen. Ich habe es immer genossen, mich schick zu machen, um in die Kanzlei, in der ich mehrere Jahre gearbeitet habe, oder zu einer Gerichtsverhandlung zu gehen, bei der Anwälte Roben tragen müssen. Nicht umsonst gibt es bestimmte Uniformen. Ich habe mal für ProSieben bei der Feuerwehr und bei der Polizei gearbeitet und dabei festgestellt: Diese Kleidung macht was mit einem. Also ja: Ich glaube, das Äußere färbt auf das Innere ab.

Auch ich fühle mich auf hohen Schuhen anders als auf flachen. Vor allen Dingen kann ich darauf nicht ewig gehen und der Abend muss dann irgendwo enden, wo ich mich hinsetzen kann – nur weil ich die hohen Schuhe anhabe. Das finde ich jetzt auch nicht so witzig.

Diese High Heels machen eben etwas mit mir. Ich verhalte mich anders, wenn ich mich gerade attraktiv finde. So wie ich mich auch anders verhalte, wenn ich mich nicht mag.

Natürlich kann man sich die Frage stellen: Was ist zuerst da? Fühle ich mich gut und deswegen finde ich mich gerade schön oder finde ich mich schön und bin deswegen glücklich? Oder anders gefragt: Woher kommt das, was wir schön finden? Die Schönheitsindustrie lebt schließlich davon, dass wir uns nicht schön genug finden und ständig etwas verändern wollen. Unterwerfe ich mich diesem Diktat? Ich kann gar nicht so scharf trennen, ob ich etwas für mich tue oder für andere. Es fühlt sich eben gut an, gemocht zu werden. Wie ich das erreiche, ist doch meine Sache.

Es geht doch um eines: Erreicht man das, womit man glücklich ist? Als Mutter versucht man natürlich, seiner Tochter Wege zu zeigen, die für einen selbst einigermaßen glückverheißend waren. Und ich denke, mit am wichtigsten im Leben sind Selbstgewissheit und Autonomie – viel wichtiger als irgendwelche Äußerlichkeiten.

Selbstgewissheit und Autonomie sind schön und gut, aber Gefühle richten sich ja nicht danach, was du WOLLEN willst, sondern nach dem, was du fühlst. Sie sind eigentlich geradezu autonom! Du kannst dir deine Gefühle ja nicht aussuchen. Und deinen Willen auch nicht.

Ein wenig kann man seine Gefühle durch das, was man denkt, schon beeinflussen. Wenn ich spazieren gehe und darüber nachdenke, dass die Welt auf den Abgrund zusteuert, fühle ich mich viel schlechter, als wenn ich daran denke, dass ich gestern bei einem schönen Abendessen mit Freunden war.

Das mag in manchen Fällen funktionieren, aber deine Gefühle sind doch auch abhängig von dem, was andere Leute tun und sagen. Ich habe mich oft sehr stark durch das Außen gespürt. Mir ist es nicht egal, wie andere mich wahrnehmen. Ich bin nicht frei davon, wer mich mag, und vor allem nicht davon, wer mich nicht mag.

Ich fühle mich schon seit vielen Jahren ziemlich selbstsicher. Das ist ganz unabhängig von dem, was ich im Spiegel sehe. Und warum fühle ich mich selbstsicher? Weil ich aus eigener Kraft einen Platz im Leben gefunden habe, der mir gefällt. Glaubst du denn, dass dich der Blick in den Spiegel auch in dein Inneres blicken lässt? Wenn ich darüber nachdenke, was ich im Spiegel sehe, dann ist es nicht nur mein Gesicht, es sind vor allem Gefühle oder Erfahrungen.

Ich glaube durchaus, dass der Blick in den Spiegel auch ins Innere blicken lässt. Es ist wie beim Blick in die Augen von jemand anderem. Das ist ja mitunter sehr intensiv – wenn man einander lange ansieht, kann man sehr viel sehen, sofern man das aushält. Sich selbst länger im Spiegel zu betrachten, kann ebenso schwer sein. Dann kommt bei mir manchmal Selbsthass auf, ich denke: Was ist denn das für eine Fratze?, und versuche die Situation aufzulösen, indem ich, wie du, nicht zu lange in diesen Spiegel gucke. Dafür blicke ich lange in meinen inneren Spiegel, manchmal zu lang.

Papa hat mal gesagt: »Man möchte nicht jeden Stein aufheben und das Gewürm darunter sehen.« Diese Anhäufung von Würmern. Das ist wahr, manches lässt man lieber verdeckt. Manchmal möchte ich auch bei mir selbst wegsehen. Ganz früher hatte man keine Spiegel, irgendwann hingen überall welche und inzwischen haben wir Selfies, die man länger betrachtet als andere Menschen. Immerzu muss man sich sehen, sich ansehen, sich ertragen, sich bewerten, sich aushalten. Was macht diese Ego-Dauerbeleuchtung mit uns?

Das Gewürm unter dem Stein nicht sehen zu wollen, gehört zu meiner Konfliktscheuheit dazu. Ich sehe in meinem Spiegelbild natürlich auch, dass ich ein ziemlich gutes, ja, erfülltes Leben geführt habe. Ich bin nicht schief und krumm, sondern sehr beweglich. Körpersprache sagt ja sehr viel über einen Menschen aus. Und wenn ich in den Spiegel schaue, bin ich in der Regel zufrieden mit dem, was ich da sehe. Also Selbsthass kenne ich nicht. Und eine Fratze sehe ich auch nie im Spiegel.

Das merkt man dir auch an. Du bist sehr EINS mit deiner Körpersprache – ich würde sagen: 1 mit Sternchen!

Woran merkst du das?

Ich spüre bei dir irgendwie keine Unzufriedenheit oder Unsicherheit in Bezug auf deinen Körper. Du mäkelst nicht so viel an dir herum, du zippelst nicht an dir herum, du bist relativ lieb zu dir und du strahlst das auch aus. Positiv formuliert, ist es Gelassenheit. Man könnte auch sagen: Du bist dir etwas egaler als ich mir. Wurschtiger.

Ja, damit hast du es ziemlich genau getroffen.

Das war schon in meiner Jugend so. In Berlin war ja vieles lockerer als woanders. Man konnte Nächte durchfeiern und es gab jede Menge junger Menschen. Meine Freundinnen und ich haben alle mehrere Freunde gehabt und hatten auch untereinander wenig Hemmungen. Keine hat sich für ihren Körper geschämt, was ja heute bei vielen Mädchen der Fall ist. Schrecklich. Wir haben nie darüber gesprochen, ob wir unsere Beine zu kurz oder unser Kinn zu dick finden. Wir haben über unsere aktuelle Liebschaft gesprochen, über Klamotten oder auch darüber, wie ungerecht es in der Welt zugeht. Natürlich wollten wir cool sein, wie jede Generation. Und es wäre völlig uncool gewesen, über zu dicke Hintern oder zu kleine Brüste zu reden.

Also, ich habe mich schon manchmal für meinen Körper geschämt.

Aber das hing auch stark mit meiner Krankheit zusammen. Mit zwölf bekam ich die Diagnose: Diabetes Typ 1. Als Kind war ich so lang und dürr, dass die Leute in der Schule mich darauf angesprochen haben. Ich aß meistens wenig. Oma und

Opa fanden es immer ganz schlimm, dass ich nie aufaß, und haben ein bisschen Druck auf mich ausgeübt – warum ich denn so schlecht esse und den Eltern Kummer bereite. Sie waren besorgt. Ihr auch, glaube ich. Ich habe auf dem Teller alles hin und her geschoben, sodass sich in der Mitte eine Lücke bildete und es so wirkte, als hätte ich viel gegessen. Oft habe ich auch Essen von meinem auf Nikos Teller gehievt.

Dann kam Diabetes und auf einmal wurde ich pummeliger, ein wohlgenährter Teenager. Ich bekam große Brüste und Fressattacken. Diese Völlerei war, glaube ich, durch die Krankheit ausgelöst. Weil Nahrung plötzlich »schlecht« für mich war und gewisse Dinge »tabu« waren, wollte ich auf einmal ganz viel essen. Ich wollte rebellieren und ungehorsam sein. Ihr habt natürlich die Süßigkeiten vor mir versteckt, aber ich habe die ganze Wohnung wie eine Drogensüchtige durchsucht, habe alles zerwühlt, Schubladen aufgerissen, Schüsseln und andere Hindernisse aus den Regalen geräumt, gierig und ungehemmt. Es war mir egal, was ich fand, aber ich wollte unbedingt etwas finden, etwas entdecken, wie auf dem Grabbeltisch, ein Schnäppchen machen, erbeuten. Ich neigte schon immer zur Sucht.

Ich war auch geschockt, als ich erfuhr, dass du Diabetes hast. Ich wusste nicht, wie einschneidend diese Krankheit ist, wie sehr sie das Leben verändert. Glaube mir, es gibt keinen Tag, an dem ich nicht denke, wie gerne ich dir die Krankheit abnehmen würde. Und wie schlimm es ist, dass ich dir als Mutter nicht helfen kann.

Es ist ganz schön schwer, ein gesundes Verhältnis zum Essen und zum eigenen Körper zu haben. Für meine Generation und in der heutigen Zeit ist es vielleicht noch schwerer als in deiner Jugend. Und mit so einer Krankheit sowieso.

Ich habe meinen Körper sehr lange gehasst, weil er nicht machte, was ich wollte. Mit zwölf Jahren entwickelte er plötzlich eine Autoimmunkrankheit und ich wollte ihn dafür bestrafen – habe nichts gegessen, zu viel gegessen, angefangen zu rauchen, exzessiv zu feiern, alle möglichen Experimente mit ihm gemacht. Ich war ziemlich zerstörerisch unterwegs und so wütend auf meinen Körper: Warum tut er mir das an, warum funktioniert er nicht, warum gehorcht er mir nicht, warum hat er mich nicht lieb? Bis ein Arzt mal zu mir sagte: »Seien SIE doch erst mal lieb zu Ihrem Körper! Warum sollte er gut zu Ihnen sein, so wie Sie ihn behandeln?« Es war geradezu eine toxische Beziehung. Ich wollte meinem Körper beweisen, dass ich die Stärkere war, wie gemein ich zu ihm sein konnte – aber er konnte natürlich noch viel gemeiner zu mir sein.

Ich kenne das nicht, gegen meinen Körper zu kämpfen. Natürlich habe ich auch nicht diese belastende Krankheit. Mir war aber schon früh klar, dass ich nur diesen einen Körper habe und deshalb irgendwie mit ihm klarkommen sollte. Wir haben als Kinder mal mit Spinnen gespielt und ihnen Beine ausgerissen. Als ich dann sah, wie sich eine Spinne mit nur einem Bein zu bewegen versuchte, wurde mir bewusst, dass sie nie wieder ihre natürliche Form erlangen würde. Ich war damals neun Jahre alt und habe gefühlt, dass man auf seinen Körper aufpassen muss.

Ich habe noch nie einer Spinne ein Bein ausgerissen. Aber ich erinnere mich, dass ich mir viel zu viele Gedanken darüber gemacht habe, was ich esse, ob ich zu dick bin, ob ich nicht schön genug bin, ob ich wieder zugenommen habe. Ich war immer besonders glücklich, wenn ich abgenommen hatte, denn das ging für mich einher mit einem Gefühl der Euphorie und Leichtigkeit, einem Gefühl von Kontrolle und Überlegenheit. Ja, ich hatte die Herrschaft über meinen Körper!

Ich esse eher aus Langeweile; ich gehe zum Kühlschrank und schaue hinein, als müsste er mir etwas anbieten, ein Gefühl, ein Versprechen. Aber das Nichtessen löst bei mir eine ganz andere Befriedigung aus. Ich finde es immer toll, wenn ich viel zu tun habe und es sich anbietet, eine Mahlzeit auszulassen. Heute ist das der Fall, wenn ich drehe, weil ich vor großen TV-Shows und Auftritten so aufgeregt bin, dass ich nichts essen kann. Das ist wie Verliebtsein: Ich bin dann ganz hektisch und appetitlos. Auch in der Kanzlei war es schon so, dass ich vor lauter Aufregung, Druck und Stress vergaß, etwas zu essen; es gab Wichtigeres. Das hat mir immer so ein High gegeben. Weißt du, was ich meine?

Was du beschreibst, dass man high wird, wenn man nichts isst, klingt leicht pathologisch. Glücklicherweise warst du nie magersüchtig.

Bei mir ist es umgekehrt. Wenn ich nichts esse, bekomme ich unglaublich schlechte Laune. Wenn ich nur einen Snack zu mir nehme, habe ich ein ganz flaues Gefühl und bin für den Rest des Tages hungrig. Dann esse ich pausenlos dagegen an, esse also viel mehr, als wenn ich eine richtige Mahlzeit gehabt hätte.

Essen ist ein riesiges Thema in der Gesellschaft. Viele Menschen sind zu dick. Seit ich alleine lebe, ist Essen natürlich auch immer eine Gelegenheit, um Freunde, Kollegen, Bekannte zu treffen. Essen ist ein Gemeinschaftserlebnis. Das war schon in der Steinzeit so und das ist überall auf der Welt so. Dass wir heute alles zu exzessiv machen, ist auch klar. Man muss irgendwie ein Mittelmaß finden hinsichtlich dessen, was man isst und was man nicht isst.

Dein Vater hat ja wahnsinnig gut gekocht und wir haben immer viele Gäste gehabt. Ständig haben Freunde gefragt: »Wann macht Hellmuth wieder sein Ossobuco oder sein Zürcher Geschnetzeltes?« Er konnte beispielsweise eine wahnsinnig köstliche kalte Tomatensuppe zubereiten. Ich denke so oft, wie gerne ich noch einmal seine Gerichte essen würde. Das fehlt mir wahnsinnig. Wir haben immer zusammen gekocht. Also, er hat gekocht, ich habe Salat gemacht und aufgeräumt. Das war unglaublich innig. Und wir haben uns auf das Essen gefreut und es dann genossen und uns unterhalten. Jedes Wochenende. Aber ich kenne keines seiner Rezepte. Vorbei der Geschmack, für immer. Es ist irre, wie sehr mir das fehlt. Das geht mir übrigens auch so mit dem Sauerbraten meiner Mutter.

Papas Kerbelsuppe! Da werde ich ganz traurig, wenn du das so sagst. Man denkt immer, man könnte das wiederhaben, nachkochen, es ist ja bloß Essen. Aber du hast recht: Es geht nicht. Und die Endgültigkeit zeigt sich nicht in etwas Großem, sondern im Sauerbraten oder im Geschnetzelten. Manchmal habe ich so Fresstage, an denen irgendwann der Punkt kommt, an dem ich denke: »Jetzt ist es auch egal.« Kennst du das, dass du schon Bauchweh hast und dir übel ist und du immer weiter isst: süß, salzig, sauer, wieder süß …? Es fing mit Käsebrot und Erdnüssen an und endete mit Chips, Schokolinsen und Nutella. Auch eine Form von Selbstbestrafung, eine Selbstaufgabe. Ich fühle mich elend, kann aber nicht aufhören.

Ja natürlich! Insbesondere nach Papas Tod habe ich irgendwann überhaupt nicht mehr drauf geachtet, was ich aß. Als ich dann merkte, dass ich dicker geworden war, habe ich mir gesagt: »Ist egal. Alles andere in meinem Leben ist gerade viel schlimmer. Das Dickwerden ist am wenigsten schlimm.« Essen kann ein Schutzmechanismus sein und es beruhigt. Nicht umsonst heißt es, ein Baby wird »gestillt«. Beim Thema Essen belügt man sich besonders oft.

Das kenne ich von meiner Erkrankung. Ich habe mir oft glaubhaft versichert, dass meine Zucker- und Laborwerte doch gar nicht so schlecht seien, dass ich total gut auf mich achtgebe …

Wie ist es denn gegenüber anderen: Bist du gut im Lügen?

Also, das müsstest du als meine Mutter doch am besten beantworten können. Hast du das Gefühl, dass ich dich oft angelogen habe? Hast du es früher gemerkt, wenn ich geflunkert habe?

Du hast mich sehr selten belogen oder mir irgendwelche Geschichten erzählt, um Vorteile zu bekommen. Ich kann dazu kaum etwas sagen.

Da du aber einiges über meine schauspielerischen Fähigkeiten weißt, die du ja nicht für besonders ausgeprägt hältst …

… *das ist noch zu positiv formuliert* …

… solltest du es ahnen: Ich kann ziemlich schlecht lügen. Ich muss dann immer grinsen. Ich glaube, es fällt mir leichter, schriftlich zu lügen, also bei WhatsApp und in E-Mails. Aber meistens flunkern wir ja nicht, um den anderen zu veräppeln, sondern um ihn – oder uns selbst – zu schützen. Dinge verschweigen oder übergehen kann ich gut. Viele meiner Freundinnen und Freunde sagen, ich hätte ein großes Talent, auf unbequeme Fragen nicht zu reagieren. Ich ignoriere die einfach, ich tue so, als hätte ich sie überlesen oder nicht gehört.

Das geht mir genauso. Ich nehme Fragen, die mir unangenehm sind, einfach nicht wahr. Wie gesagt, ich bin konfliktscheu. Du dann ja offenbar auch.

Hast du mal jemanden ganz bewusst belogen? Es heißt ja, jeder Mensch würde am Tag mehrfach lügen.

Ich habe mal gelesen, dass ein Mensch im Schnitt täglich 200-mal lügt. Das kann ich mir fast nicht vorstellen. Aber vielleicht meint die Umfrage Sachen wie: ob es geschmeckt hat, ob meiner Freundin das Kleid steht. Vielleicht fallen aber auch die Lügen darunter, die man sich selbst den lieben langen Tag erzählt. Und ja, ich habe andere Menschen belogen, vermutlich vor allem Männer.

Da sage ich jetzt mal ganz flapsig: »Na, dann ist es ja nicht so schlimm.«

Natürlich belügen wir uns alle selbst. Wenn ich morgens müde bin, weil ich zu spät ins Bett gegangen war, sage ich mir: »Heute Abend gehe ich bestimmt früh ins Bett.« Mache ich dann aber nie. Abends bin ich ja nicht mehr müde.

Genau! Ich sage mir mittags: Heute gehe ich mal richtig früh ins Bett. Cool. Dann um 2 Uhr nachts: LOL! Das ist der perfekte Zeitpunkt, um eine Liste mit allen Dingen zu erstellen, die ich noch tun muss, tun sollte. Um 4 Uhr nachts: Das ist der richtige Moment, um darüber nachzudenken, warum alle Menschen, die ich kenne, sauer auf mich sein könnten. Eine Stunde später: genialer Einfall! Genau jetzt sollte ich mir alte Textnachrichten durchlesen und sie gründlich analysieren. Carpe diem!

Ich glaube, das Sich-selbst-Belügen ist überlebenswichtig. Damit man sich aushält, sich mag. Wir kennen ja unsere Schlechtigkeiten, wollen aber trotzdem gut von uns denken. Aus Rücksicht belügt man vielleicht auch seine Liebsten oder seine Freunde.

Ich finde es nur unzulässig zu lügen, wenn man damit eine Gemeinheit verbindet. Beispielsweise wenn man absichtlich etwas verschweigt oder wenn man jemandem etwas verspricht und es dann nicht hält. Wenn man einen inneren moralischen Kompass hat, wirft man sich solche Lügen wahrscheinlich selbst vor.

Aber ich muss doch nicht alles erzählen! Was ist daran gemein, wenn ich Dinge, die nur mich betreffen, verschweige?

Ich brauche nicht immer die Wahrheit. Manche Fragen sind auch schlichtweg übergriffig, zum Beispiel: »Wollt ihr eigentlich Kinder?« Vielleicht klappt es nicht und dann ist diese Frage irgendwie nicht so angenehm.

Solche Fragen sind reine Neugier. Die sollte man überhaupt nicht stellen.

Du warst schlau genug, nicht alles von mir wissen zu wollen. Du hast vielleicht geahnt, dass ich rauche oder trinke oder Männer treffe, aber du hast da nicht nachgeforscht.

Ich glaube, ich hätte nur eine Sache unbedingt wissen wollen, und das gilt eigentlich bis heute: wenn du dich akut in Gefahr befunden hättest. Ich finde es nicht so wichtig, ob du mir erzählst, dass du als Teenager mal gekokst hast. Das ist dann ja vorbei. Solltest du es aber immer noch tun, und zwar regelmäßig, fände ich es sehr wichtig, es zu erfahren. Denn vielleicht könnte ich dir zur Seite stehen.

Aber dann würdest du dir ja auch akut Sorgen machen. Wohingegen ich dir einen abgeschlossenen Sachverhalt oder ein bereits behobenes Problem viel leichter erzählen könnte, denn dann wüsste ich, du würdest nicht darunter leiden.

Genauso ist es. Einerseits will ich wissen, warum du dich gerade seltsam verhältst. Andererseits ist es schmerzhaft zu erfahren, dass du Sorgen, Probleme oder eine Krankheit hast.

Das ist vermutlich der Zwiespalt, wenn man jemanden liebt. Man will seine Mutter oder den Menschen, den man liebt, nicht belasten. Und der Unwissende fühlt sich wohl, weil er eben nichts weiß. Will man diese Sorglosigkeit zerstören, indem man die Wahrheit sagt? Die Glückseligkeit der Ahnungslosen? Vielleicht kann sich gerade im Wegsehen und im Verschweigen der unbedingte Wille, zu lieben, ausdrücken.

Ich habe meinen Eltern vieles nicht erzählt, weil ich sie nicht belasten wollte.

Es birgt immer ein Risiko, sich jemandem anzuvertrauen, weil es das Verhältnis verändern kann und am Ende möglicherweise beide Seiten enttäuscht sind.

Dabei bin ich zu dir immer offen gewesen. Ich schätze Aufrichtigkeit, aber deswegen möchte ich noch lange nicht alles wissen! Vor allem nicht, wenn es mich nur verunsichert oder verletzt. Ich fände eine Beziehung – egal ob eine romantische oder die zu meinen Eltern oder Freunden – schwierig, in der man alles preisgibt, sich gegenseitig kontrolliert, observiert, überwacht. »Wir machen uns ja nur Sorgen!«, kommt dann als Rechtfertigung. Das kann übergriffig sein, moralisch. Ich mag keine possessiven Beziehungen, ich möchte nicht bevormundet oder ermahnt werden, ich möchte mich nicht abmelden müssen und kein Formular ausfüllen wie beim Arzt, wie viel ich pro Woche trinke, schlafe, esse. Ich möchte für mein Gegenüber mysteriös bleiben, rätselhaft, aufregend, überraschend.

Jeder Mensch braucht seine Intimsphäre. Die Wahrheit könnte den anderen kränken oder um den Schlaf bringen, denn jede Wahrheit ist auch eine Belastung. Derjenige, der sie erfährt, muss sich ja mit ihr auseinandersetzen. Was hat jemand davon, wenn ihm sein Ehepartner beichtet, er habe eine Affäre? Will er sich aus der Verantwortung stehlen und dem Partner suggerieren: Jetzt weißt du's und wenn du nichts dagegen unternimmst, ist es für mich quasi ein Freibrief? Und selbst da, wo es nur um Kleinigkeiten geht, sollte man sich sehr überlegen, ob man die Wahrheit braucht. Etwas wie »In den Klamotten siehst du aus wie eine Wurst« zu sagen, ist eine Frechheit, selbst wenn es wahr ist. Unser Umgang miteinander basiert ja darauf, dass man einander nicht mutwillig verletzt. Das ist dann keine Notlüge, das ist rücksichtsvoll.

Es ist umsichtig. Und es macht einen Unterschied, ob man aktiv lügt oder ob man etwas verschweigt. Ist das Nichterzählen schon eine Lüge? Wo hört die Höflichkeit auf und wo fängt die Lüge an? Die Frage ist doch: Wie unhöflich ist die Wahrheit? Benutze ich sie nur als Mittel, um mich zu entlasten, oder dient sie einem höheren Zweck? Die Lüge ist oft die höflichere

Variante. Aber Höflichkeit ist oft auch ein Zeichen von Distanz. Wir waren in unserer Familie auf eine Art »unhöflich« miteinander, weil wir einander viele Wahrheiten zugemutet haben. Papa sicher mehr als du.

Ich bin zwar Realistin, aber ich rede mir vieles auch schön. Vielleicht mache ich mir damit selbst etwas vor. Und wenn schon! Das Vormachen lässt mich leichter durchs Leben gehen.

Mich auch. Ich kann mir selbst die tollsten Geschichten über mich erzählen.

Hast du mich schon mal bewusst nicht als Mutter, sondern als Frau gesehen? Geht das überhaupt?

Ich glaube, es ist total schwer, sich die Mutter außerhalb ihrer Rolle als Mutter vorzustellen. Ich weiß, dass du ein sehr reiches Leben vor meiner Geburt hattest und auch jetzt führst. Manchmal fragt man sich als Kind ja schon: Wie ist meine Mutter eigentlich als Frau, als Partnerin, als Kollegin? Als Freundin kann ich dich ganz gut beurteilen, weil ich das oft beobachtet habe, und natürlich kenne ich dich als Frau meines Vaters. Aber wie ihr wirklich zu zweit wart, weiß ich nicht. Und noch weniger, wie du mit anderen Männern bist. Da kann ich dich gar nicht einschätzen.

Ich habe mich schon bei meinen Eltern gefragt, was die wohl vor meiner Geburt gemacht haben. Meine Mutter hat mir viel von ihren früheren Freunden erzählt und ich fand das eigentlich okay, nicht unbedingt peinlich. Peinlich war es mir aber, wenn ich beispielsweise bei einer Freundin beobachtet habe, wie sie plötzlich guckte, wenn ein Mann, den sie attraktiv fand, den Raum betrat. Da veränderte sich die ganze Körperhaltung, der Blick, die Kopfhaltung, die Körperspannung. Davon wollte ich nicht Zeugin sein. Bei meinen Eltern hätte ich mir so etwas auch nicht gerne angeschaut. Trotzdem weiß man natürlich, dass die Mutter ein ganz eigenes Leben führt, an dem man nicht teilhat.

Ich merke das bei meinen Freundinnen auch immer sofort, wenn ihnen jemand gefällt. Im Gegensatz zu dir finde ich es aber gar nicht peinlich, sondern es berührt oder interessiert mich. Ich finde es süß. Und ich bin mir sicher, dass viele meiner sensiblen Freundinnen das auch bei mir durchschauen.

Ich glaube, ich kann das bei dir auch sehen.

Wie schrecklich! Wie unangenehm! Woran hast du das gemerkt?

Plötzlich lächelst du auffallend gezielt in eine Richtung. Dann schickst du Blicke umher. Bewegst den Kopf so hin und her, greifst dir ins Haar, gestikulierst viel. Du tust eigentlich alles, damit dieser Typ dich sieht und beachtet.

Und war dir das bei mir auch peinlich?

Nein, überhaupt nicht. Ich fand es sehr amüsant und unterhaltsam. Und habe gedacht: Guck mal, jetzt legt die nächste Generation los.

Schön, dass ich dich mit meinen jämmerlichen Flirtversuchen so amüsiert habe! Premium Entertainment. Hast du mich in solchen Momenten nicht als Tochter, sondern als Frau gesehen?

Ich fand es aufregend, zu beobachten, wie du als jüngere Frau das Jagdrevier betrittst und eroberst. Ich habe dir dabei ganz gerne zugeschaut. Einmal, da warst du noch sehr jung, waren wir abends zusammen unterwegs und hatten nur ein Auto. Ich wollte irgendwann nach Hause, weil es schon sehr spät war, und du wolltest partout nicht gehen. Da war ich dann ziemlich genervt. Aber den Typ, den du dir ausgeguckt hattest, mochte ich sehr gerne.

Ich weiß genau, wer das war. Am Ende hat er mich nach Hause gebracht, weil du wütend abgedampft warst … Es hat also alles geklappt. Ich liebe es, wenn ein Plan funktioniert!

Von Müttern und Töchtern

Hast du das Gefühl, viel für mich aufgegeben zu haben, Mama?

Ja, natürlich habe ich etwas aufgegeben. Freiheit, Selbstbestimmung, Hobbys. Man kann nicht so weiterleben, als hätte man kein Kind. Als du neugeboren warst, habe ich mich anfangs nicht mal getraut, Brötchen zu holen. Obwohl unten in unserem Haus ein Bäcker war. Ich hatte Sorge, dich drei Minuten allein zu lassen. So ein Baby ist wie ein Käfig oder noch schlimmer, ein Gefängnis. Ein winziger, komplett von dir abhängiger Mensch, auf den du jede Minute aufpassen musst. Und wenn er anfängt zu schreien, weißt du überhaupt nicht, was du tun sollst. Du bekommst Angst. Du hast ja keine Erfahrung. Alles ist neu, ungewohnt, unheimlich. Glücklicherweise bin ich da schnell reingewachsen. Ich war noch jung, 28. Und es gibt ja auch diese überwältigenden Gefühle, wenn man das Baby im Arm hält, es sich auf den Bauch legt. Oder in das winzige Gesicht schaut. Ich wollte dich einfach endlos lange anschauen. Wir haben manchmal den halben Abend nur vor deinem Bettchen gesessen und zugeguckt, wie du schläfst. Das hat mich ungemein beruhigt. Der Stress des Tages verfliegt. Ich glaube, dabei werden Glückshormone ausgeschüttet. Und dann der Geruch des Babys. Das ist der schönste Geruch, den es gibt. So nach Frische und Creme und weichen Härchen, weicher Haut. Diese ganz, ganz leisen Atemgeräusche. Wie von einem kleinen Tierchen.

Du hast ziemlich bald ziemlich gut geschlafen. Außerdem haben Hellmuth und ich uns nachts immer abgewechselt, sodass keiner von uns total übermüdet war. Als du dann etwas größer wurdest, hast du unheimlich schlecht gegessen. Das hat uns große Sorgen gemacht. Du hast den Kopf weggedreht, wenn der Löffel kam. Und auch als kleines Kind hast du immer noch das Essen zur Seite geschoben.

Ja, man lebt lange Jahre in Symbiose mit seinem Kind. Zwangsläufig. Weil kleine Kinder vollkommen hilflos sind. Vielleicht ist es deshalb so, dass manch eine Mutter oder ein Vater später, wenn die Kinder größer sind, innerlich Bilanz zieht. Man hat viel investiert, Lebenszeit, Kraft, man hat auf vieles verzichtet. Und wenn sich das Kind dann so ganz anders entwickelt, als man es sich vorgestellt hat, ist man enttäuscht. Deshalb nörgeln vielleicht einige Eltern an ihren Kindern herum.

Heute bin ich selbst Mutter. Heute weiß ich selbst, wie das ist. Meine Kinder sind fast acht Jahre alt. Es liegt noch viel vor uns. Und trotzdem ist schon so viel geschafft, so viel erreicht, so viel schon vorbei. Ich erinnere mich, wie ich sie nachts auf dem Arm gehalten habe. Ich erinnere mich an die Schlafsäckchen, aus denen nur der Eierkopf rausschaute. Ich erinnere mich an den Duft ihres Schädels und den weichen Flaum. An das erste Lachen, als ich mit ihnen auf dem Arm getanzt habe. An den ersten Brei, der auf dem Löffel aus meiner Hand in ihren zahnlosen Mund wanderte. Ich erinnere mich an das erste Baden mit ihnen im Pool, daran, wie ich sie hochwerfe und auffange. Wie ich sie an ihren Ärmchen durchs Wasser ziehe. Ich erinnere mich an die Angst, die ich hatte, wenn sie schliefen und ich wieder und wieder überprüfte, ob sie noch atmeten. An die Angst davor, sie nicht beschützen zu können. Ich erinnere mich an die neuen Geräusche im Haus, an das Glucksen, an das Quaken und die knisternden Windeln. Ich erinnere mich, dass jede Ecke abgeklebt werden musste. Jede Steckdose wurde kindersicher gemacht; jede Schublade hatte Verletzungspotenzial.

Was ich ohne meine Kinder alles nicht erlebt hätte, was ich alles nicht gelernt hätte, was ich alles nicht gefühlt hätte!

Natürlich wäre mein Leben ohne Kinder anders verlaufen. Ich habe mich für euch auch abgerackert. Ich habe euch angezogen, gewaschen, geföhnt, gefüttert, habe vorgesungen, vorgelesen, Fieber gemessen, Erbrochenes aufgewischt und Tee gekocht, habe eure Lieblingssticker besorgt, endlose Nachmittage im Kaufmannsladen Pilze und Zucker eingekauft, Flecken entfernt, Mützen gesucht, 100-mal »Buh« gerufen, damit du 100-mal lachst, Pflaster aufs Knie geklebt und getröstet, wenn euch jemand in der Schule geärgert hat. Wenn ich euch nicht bekommen hätte, hätte ich nie eine kleine, klebrige Kinderhand, die sich vertrauensvoll in meine legt, gespürt. Eine Hand, die sich an mir festhält. Kleine Schritte, die neben mir tapsen, die mit mir gehen. Die mir vertrauen, dass ich den richtigen Weg finde. Ich wäre nie als Pinguin verkleidet und mit Schwimmflossen an den Füßen mit dir zum Fasching gewatschelt. Ich hätte dich nie auf der Schaukel fliegen sehen, nie dieses strahlende Glück in deinem Gesicht dabei entdeckt. Wie ein Kind alleine dadurch, dass es spielt, vollkommen eins mit sich und der Welt ist. Was für ein wunderbarer, entzückender, erfüllender Moment.

Ohne die Kinder wäre ich ein anderer Mensch. Ich hätte ganz bestimmt kein Trampolin im Garten, keinen Sand vom Spielplatz in meiner Wohnung, ich wüsste nicht, wie weh es tut, auf einen Legostein zu treten, ich hätte im Wohnzimmer kein Peppa-Wutz-Haus und ich wüsste bis heute nicht, wie alle Hunde von Paw Patrol heißen. Ich würde Feuerwehrmann Sam nicht kennen und nicht jeden Ton vom Bibi-und-Tina-Lied mitsingen können. Ich würde nicht wissen, wie man die Grundrechenarten lernt und wie schwer es ist, das Alphabet nicht spiegelverkehrt zu schreiben. Ich würde nicht drei Wochen nach dem Kindergeburtstag noch klebrige Gummibärchen unterm Sofa finden. Ich hätte keine Songs wie »Babyshark« für den Stopptanz auf meinem Spotify Account. (Der genau dann spontan aus der Box dröhnt, wenn ich abends Freunde zu Besuch habe.) Der Algorithmus für meine Playlists wäre nicht ruiniert und mir würden beim Joggen nicht plötzlich Lieder wie »Mein Lieblingstier ist die Bratwurst« und »I'm a little teapot« in maximaler Lautstärke entgegengeschmettert kommen. Ich würde Sendungen wie »Woozle Goozle« nicht kennen und Tonies wie »Die Eule mit der Beule« oder »Eule findet den Beat« nicht Wort für Wort mitsprechen können. Ich würde lange Autofahrten nicht mit Klängen wie »Lass jetzt los« von ELSA, »Aramsamsam« oder der Hymne von Eintracht Frankfurt verbringen müssen. Ich würde nicht wissen, dass ich einen Hoola-Hoop-Reifen nicht länger als drei Sekunden um die Hüfte halten kann. Ich hätte keine drei Hasen zu Hause, ich hätte keine Schubladen voller selbst gemalter Bilder, die ich alle nicht wegwerfen darf. Ich müsste keine in allen Größen und Formen gesammelten Steine aufheben, und ich müsste mich nicht ab Oktober über jede von der Straße aufgelesene Kastanie freuen. Meine Badewanne wäre nicht voller Gummiboote und Tauchringe und ich würde keine Briefe von der Zahnfee schreiben. Ich würde keinen Freund fragen, ob er den Nikolaus spielt. Ich hätte keine Quetschies im Haus und keine Tassen von Bobo, dem Siebenschläfer, im Schrank. Ich hätte keine Teller mit Einhörnern und Lokomotiven auf meinem Esstisch. Ich hätte nicht den Grießbrei aus den Gläschen genascht, die ich eigentlich für die Kinder gekauft hatte. Ich würde nachts nicht vom Babyphone geweckt werden, bloß weil ein Kind ein Mal geniest hat. Ich wäre nie in den Genuss gekommen, die altklugen Tipps von »Conny« zu erhalten, die mir erklärt, wie ich mich im Straßenverkehr zu verhalten oder die Zähne zu putzen habe. Ich hätte weder zerknickte UNO-Karten und noch lauter unvollständige Puzzles von den Minions im Regal. Ich müsste nicht mit einer großen Lupe in der Handtasche, einem Kuscheltier-Fuchs und einem Stoff-Igel unterm Arm durch Paris laufen.

Ja, das habe ich mit dir auch alles erlebt. Ich habe stundenlang mit dir die Kassette »Die kleine Hexe« gehört. Bin mit dir um die Wette getaucht oder habe mich hinter Bäumen versteckt. Aber ich habe auch schreckliche Angst gehabt, als du mal nicht vom

Sport nach Hause gekommen bist oder wenn du zu lange mit dem Fahrrad unterwegs warst. Irgendwann dachte ich dann: So groß ist sie schon. Da hatte ich Angst, weil du schon Auto fahren konntest. Weil du ausgegangen bist. Ich wollte dich bei Liebeskummer trösten und natürlich ist es mir nicht gelungen. Nichts davon hätte ich gespürt, gewusst, erfahren, wenn ich keine Kinder gehabt hätte.

Was ich alles nicht gewusst hätte. Wie die Kinder beim ersten Schnee sofort rodeln wollen, obwohl im Park noch lauter grüne Stellen rausgucken. Wie schlecht und schwer sich so ein Schlitten über Asphalt ziehen lässt. Wie mir im Kettenkarussell auf dem Jahrmarkt ganz übel und schwindlig wird, weil ich mitfahren muss. Dass die halbe Packung Leckerlis beim Füttern der Ziegen im Streichelzoo immer aus der Box auf den Boden fällt. Dass es echt gute Akrobaten und Zauberer im Zirkus gibt, dafür aber nicht immer gute Clowns. Dass man stets Feuchttücher dabeihaben muss, vor allem für die klebrigen Finger vom Popcorn. Dass eine einzige Erdbeere ausreicht, um die kompletten Outfits der gesamten Familie (Kinder plus Eltern) zu ruinieren. Dass eine mühsam aufgebaute Murmelbahn nur einen Tag lang steht und sich dann für den Rest der Woche alle Murmeln auf dem Fußboden verteilen, sodass ich mehrfach beinah auf ihnen ausrutsche. Dass ich auf der Schlittschuhbahn genauso unbeholfen bin wie meine Kinder und mir diese Stütze auf Kufen ausleihen muss, an der ich mich auf dem Eis festklammern kann (meist in Form eines Pinguins oder Eisbären). Dass Autoscooterfahren überhaupt keinen Spaß macht und man danach Rücken- und Nackenschmerzen hat, weil kein Kind richtig lenken kann. Dass die Finger beim Schneemannbauen wehtun. Dass Kinder immer zu dicht hinter einem Pony herlaufen, besonders, wenn sie es striegeln. Dass Knete sofort austrocknet und den ganzen Tisch vollkrümelt.

Ich hätte nichts davon gewusst. Nicht geahnt, was ein Kind fröhlich macht, nicht geahnt, wovor ein Kind Angst hat, nicht geahnt, wie sich diese ersten Male anfühlen: der erste Schritt, der erste Zahn, das erste Wort, der erste Schnee, das erste Rad, das erste Osterhase, die Einschulung, die erste Achterbahn, der erste Frühling. Ich wüsste nicht, wie ein Gesicht aussieht, das zum ersten Mal in eine Zitrone beißt, und wie ein Körper sich windet, dem zum ersten Mal Blut abgenommen wird. Vieles davon ist schon vorbei. Einfach vorbei. Und kommt nie wieder.

Das finde ich auch traurig, dass man durch Kinder ganz brutal spürt, dass etwas für immer zu Ende ist. Einfach, weil sie wachsen. Weil sie plötzlich andere Sachen können oder andere Interessen haben. Aber weißt du was? Manchmal spüre ich noch eine klebrige kleine Hand in meiner. Eine Patschhand, die mich genauso festhält wie ich sie. Das ist die Hand von einem deiner Kinder. Es schaut mich an. Und will mit mir mit. Weißt du, wie gerne ich mit meinem Enkelkind zum Zeitungskiosk laufe? Nur wir beide. Hand in Hand. Das Kind darf sich dort ein Comicheft aussuchen. Oder was Süßes. Genauso wie ich vor 60 Jahren beim Naschkater in Berlin. Da spüre ich den großen Kreislauf des Lebens. Bin ganz bei mir. Und glücklich.

Die Kinder regen mich zum Nachdenken an, sie werfen Fragen auf, sie geben Antworten, sie bringen mich zum Lachen, zum Weinen, zum Innehalten, sie lehren mich Demut.

Nicht eine Sekunde, die ich mit meinen Kindern verbracht habe, tut mir leid. Ich habe Kotze weggewischt und das Kacka. Einmal, als sie noch sehr klein waren, haben die Kinder sich nachts die Windeln selbst ausgezogen, sind aus dem Bett geklettert und haben das ganze Kinderzimmer mit dem Windelinhalt vollgeschmiert. Anschließend haben sie uns fröhlich geweckt und wir sahen, was sie angerichtet hatten. Stundenlang haben wir die Spielsachen geputzt, die Kinder geduscht, alles desinfiziert, den Boden geschrubbt, Waschmaschinen beladen, nach nur drei Stunden Schlaf. Aber wir wussten, bald lachen wir drüber.

Ja, das ist die Liebe! Ohne sie könnte man nur ganz sachlich sagen: Kinder machen Sorgen, Kinder machen Arbeit, Kinder kosten Geld. Man lebt in Abhängigkeit zu seinem Kind. Wenn es klein ist, sorgt man sich, dass es gesund ist, laufen, sprechen, überhaupt sehr vieles lernt. Eltern investieren meist sehr viel in die Kindererziehung. Es ist ja leider nicht wie bei einem Pferd, wenn man am Zügel links zieht, dann geht das Pferd links herum und wenn man rechts zieht, geht's rechts herum. Erziehung ist der Versuch, so gut es geht das weiterzugeben, von dem man meint, dass es zum richtigen Weg führt.

Aber was ist der richtige Weg? Es gibt ja nicht nur den einen richtigen Weg, so wie im Märchen die Zaubertür, durch die man hindurchmuss, um den verborgenen Schatz zu finden. Dafür gibt es kein Google Maps.

Dennoch habe ich dich immer als eine Mutter wahrgenommen, die genau weiß, was zu tun ist. Diese Entschlossenheit hat mir als Kind oft Sicherheit vermittelt. Ich mochte das gern an dir. Was magst du eigentlich besonders an dir?

Ich kann viel Freude empfinden. Manchmal kann ich mich ausschütten, weil ich etwas beobachtet oder gelesen habe. Wenn ich es dann erzählen will, muss ich so sehr lachen, dass ich nur Wortfetzen herausbekomme, und darüber muss ich dann noch mehr lachen.

Aber zu meinen schönsten Lebenserfahrungen zählt, dass ich Freundschaften schließen kann, die ewig halten. Ich hatte das große Glück, als Kind Freundinnen zu finden, mit denen ich meine gesamte Kindheit und Jugend verbracht habe. Das war wie ein weiches Nest, diese engen Freundschaften, in denen ich mich sehr geborgen gefühlt habe. Wir haben alles geteilt, die 50 Pfennig für Süßigkeiten ebenso wie die neuen Schallplatten oder die Unruhe des Erwachsenwerdens. Ich habe mich dadurch selten einsam oder voller Zweifel gefühlt. Ich wusste immer, die Freundinnen sind auf jeden Fall da. Das hat mich durchs Leben begleitet: dass ich glücklich bin, wenn ich meine Kinder und Freunde sehe, und dass mich auch mein Beruf sehr oft glücklich gemacht hat.

Wann warst du denn am glücklichsten?

Ich bin am glücklichsten, wenn ich mich lebendig fühle. Wenn ich das Gefühl habe, ich erlebe etwas. Etwas außerhalb des Erwartbaren. Es kommt auf die Momente an, die etwas in mir auslösen, ein starkes Gefühl. Das ist meist nicht Silvester oder ein Geburtstag. Oft sehe ich mein Leben wie einen Film in Zeitlupe mit Filmmusik, Schnitt und allem. Welche Szenen eignen sich für den Trailer? Ich habe versucht, mein Leben so zu leben, dass ich immer genug Stoff für einen Trailer hätte. Genug Peng und Drama und Spannung und Leidenschaft. Das passiert nicht an diesem einen Fest zum runden Geburtstag, nein, das passiert an einem kleinen, vermeintlich unbedeutenden Tag.

Und wann warst du am glücklichsten?

Ich war sehr glücklich als Kind. Und auch als junges Mädchen. Vor meinem 30. Geburtstag hatte ich wahnsinnige Angst, weil ich dachte, ab dann sei die Unbeschwertheit der Jugend endgültig vorbei. Wir haben meinen 30. Geburtstag sehr groß zu Hause gefeiert. Es war wunderbar. Am nächsten Morgen habe ich mich auf die Schaukel im Wohnzimmer gesetzt – die hatten wir für dich, du warst damals anderthalb Jahre alt. Jedenfalls schien die Sonne ins Zimmer, ich habe geschaukelt und wusste, dass ich in genau diesem Moment wahnsinnig glücklich bin. Also, ich war oft glücklich in kleinen Momenten. In der Natur oder an einem Tisch mit Freunden. Dann, wenn ich spürte: Jetzt, genau jetzt ist es die richtige Zeit am richtigen Ort mit den richtigen Menschen. Aber so überwältigende Glücksgefühle gibt es nur ganz selten.

Mama, war ich dir eigentlich mal peinlich?

Nicht wirklich. Aber wenn du zu aufgetakelt ausgegangen bist, obenrum nur wenig an und untenrum sehr hochhackige Schuhe, auf denen du umgeknickt bist, dazu noch deutlich überschminkt mit so einer dicken Pampe im Gesicht, dann habe ich mich gefragt: Das kann doch nicht mein Kind sein? Ich habe diese Tochter hübsch auf die Welt gebracht und sie zur Selbstständigkeit erzogen. Jetzt kann sie nicht mal richtig gehen und kleistert sich ihr schönes Gesicht zu. Was soll das?

Aber ich habe mich doch erst viel später aufgetakelt, mit Ende 20. Als Kind und Jugendliche war ich ganz natürlich, auch als Studentin lief ich eher in Cowboyboots herum als in hohen Pumps. Jahrelang habe ich eigentlich nur Mascara benutzt; in den 2000ern gab es ja noch kein Social Media, keine Make-up-Tutorials, von Contouring oder Highlighter ganz zu schweigen! Da hat man sich die Wimpern getuscht – und das wars! Einfachere Zeiten … Heute sollst du dir ja mithilfe dieser Youtube-Anleitungen Gesichtsknochen schminken, die gar nicht existieren! Aber wie auch immer, ich finde, jede Frau darf so aussehen und herumlaufen, wie sie will!

Sicher. Bloß, warum will man aufgetakelt aussehen? Ich versteh's nicht.

Aber natürlich muss ich dich jetzt auch fragen: War ich dir mal peinlich?

Also, Papa war mir als Teenager irgendwie peinlicher als du, weil er so laut, polternd und ungestüm war – manchmal noch dazu betrunken. Einmal ist er auf eine Party reingeplatzt, die ich zu Hause gegeben habe, weil er Zahnweh hatte und früher von eurer Feier wiederkam. Da war ich ziemlich gemein und habe ihn vor allen Gästen angeraunzt, er solle sofort verschwinden. Er hat auch mal auf einer fremden Hochzeit gesungen, als wir in Kalifornien waren und in unserem Hotel eine Hochzeitsgesellschaft feierte. Da ist er mit seinem deutschen Akzent reingepoltert und hat gegrölt. Im Nachhinein geniere ich mich, dass ich mich für ihn geschämt habe, weil ich ihn ja liebte, bis heute liebe, und es eigentlich süß und liebenswert war. Aber als Teenager fand ich es einfach nur schlimm.

Du warst mir eher peinlich, wenn du schroff zu anderen Menschen warst. Du kannst schon barsch sein und mir kam das unhöflich oder aufdringlich vor. Ich dachte dann: Jetzt kommt aber die Berlinerin in ihr durch …

Ich wollte gerade sagen, das ist meine Berliner Art. Dit versteht ihr Westdeutschen nicht. Meine Freundin Tina, mit der ich in Berlin aufgewachsen bin und die auch in Hamburg lebt, sagt manchmal: »Komm, jetzt können wir mal so sein, wie wir wirklich sind, und müssen uns nicht für die Westdeutschen zusammenreißen.« Aber das ist natürlich Quatsch. Nach 40 Jahren in Hamburg fühle ich mich eher als Hamburgerin.

Na ja, du bist ja trotzdem Westberlinerin. Ich erinnere mich, dass mir das schon etwas fremd war, weil wir uns da charakterlich gar nicht ähneln. Bis heute denke ich manchmal: Jetzt ist sie aber direkt, ungnädig, brüsk. So bin ich gar nicht, eigentlich nie. Ich bin impulsiv und laut, aber nie arrogant oder bewertend. Ich war Papa schon sehr ähnlich, der war nie so verkniffen …

Also verkniffen bin ich nie. Arrogant schon gar nicht. Das passt nicht zu mir. Ich empfinde Direktheit als wesentlich ehrlicher, als anderen etwas vorzuschleimen. Wenn ich manchmal zuschaue, wie sehr sich Menschen gegenüber jemandem, der Macht oder Geld hat, verbiegen oder besser gesagt, verändern, dann stößt mich das echt ab. Nein, das will ich nicht. Und du tust gerade so, als würde ich auf Leute zugehen und sie anblaffen: »Sie gefallen mir nicht.« Ich bin immer freundlich zu anderen Menschen. Allerdings kühlt das sehr schnell ab, wenn ich jemanden nicht mag.

… vielleicht meine ich nicht verkniffen, sondern kühl. Papa war zu anderen eher überfreundlich. Bei Veranstaltungen hat er Leute immer ganz herzlich gedrückt – bevor er sich zu uns umdrehte und uns zuraunte: »Wer ist das?« Haha.

Papa hat mal zu mir gesagt: »Deine Mutter findet, du bist wie ich«, und nach einer kurzen Pause fügte er hinzu: »… und das meint sie nicht als Kompliment!« Was wolltest du ihm und mir damit sagen?

Ihr seid beide so gefühlig, du und er. Ihr weint bei bestimmter Musik. Ich nicht. Ganz selten mal bei einem Buch oder einem Film. Ihr seid sehr viel aufbrausender, viel vulkanischer. Auch sehr viel ungerechter und verbissener, wenn es darum geht, sich mit einem Thema zu beschäftigen. Wenn dein Vater etwas beweisen wollte, hat er in den unmöglichsten Situationen ein Lexikon geholt. Er hat Lexika gesammelt. Dann hat er darin geblättert und gesucht, um zu beweisen, dass es dort genauso steht, wie er es gesagt hat. Ihr seid beide unglaubliche Rechthaber. Du denkst immer, du lässt fünfe gerade sein, aber im Grunde genommen verbeißt du dich wie ein Wolfshund in ein Thema und lässt erst locker, wenn alles zu deiner Zufriedenheit geregelt ist. Ich würde viel früher nachgeben. Einfach um des lieben Friedens willen und damit man sich wieder mit etwas anderem beschäftigen kann.

Also meinst du, mein Selbstbild stimmt nicht mit der Fremdwahrnehmung überein, weil ich mich für absolut tolerant halte und überzeugt bin, ich sei total der entspannte Zeitgenosse?

Tolerant bist du. Sehr sogar. Aber dein Selbstbild unterscheidet sich deutlich von dem Bild, das andere von dir haben. Du denkst immer, du seist vollkommen entspannt: »Leben und leben lassen« ist dein Motto. Aber als entspannt würde ich dich nicht bezeichnen. Du machst dir viel zu viele Gedanken über Bewertungen durch andere. Über die Welt, über dich, deine Kinder, Freunde, deine Arbeit oder über eine x-beliebige WhatsApp. Du hörst nie auf. Du bist immer sehr angefasst, wenn du etwas ungerecht oder falsch findest. »Stell dir mal vor, der schreibt mir so was. Wie kann ich dem jetzt noch begegnen?« Und nachts um 2 Uhr hast du das Thema immer noch nicht ad acta gelegt, weil du noch nicht den perfekten Satz zur Entgegnung gefunden hast. Im Übrigen glaube ich, dass dein Bruder unterstreichen würde, dass dein Selbstbild nicht mit dem Fremdbild übereinstimmt.

Also, normalerweise mag ich es gar nicht, wenn Leute so argumentieren: »Die anderen sagen auch, dass du so bist …« Ein Kollege in der Kanzlei hat mal ganz blöd zu mir gesagt: »Die anderen finden auch, dass du etwas laut bist.« Immer schön die anderen vorschieben, wie feige.

In dem Fall muss ich dir aber recht geben, weil mein Bruder tatsächlich mal zu mir gesagt hat: »Bei dir klafft was auseinander zwischen dem, wie du dich siehst, und dem, wie du auf andere wirkst.« Und entspannt bin ich mit anderen, nicht mit mir.

Du musst ja beruflich viel reisen, bist dauernd mit der Bahn unterwegs. Natürlich ärgerst du dich da über Verspätungen oder über eine kaputte Klimaanlage. Aber du regst dich darüber sehr lange auf, schreibst mir vier oder fünf Nachrichten, wie schlimm das wieder ist. Ich verstehe das und du hast auch recht, aber ich füge mich in solchen Situationen viel schneller in mein Schicksal und versuche, an etwas anderes zu denken. Du schickst mir noch Kommentare von irgendwelchen Bekannten hinterher, die auch Schreckliches in der Bahn erlebt haben oder finden, dass die Deutsche Bahn das schlimmste Transportmittel in Europa sei.

Ja, du hast recht. Ich steigere mich in alles rein. Ich weiß auch, dass ich getrieben und rastlos bin. Ich halte mich aber für entspannt im Sinne von: großzügig gegenüber anderen Menschen. Man kann mich nicht besonders schnell vergraulen. Ich finde

Fehler in Ordnung, ich bin nicht nachtragend, vorwurfsvoll oder eingeschnappt.

Aber um darauf zurückzukommen, was dich mit deinem Vater verbindet: Das ist im positiven Sinne auch die große Empathie. Und natürlich, dass ihr beide wunderbar schreiben und formulieren könnt. Wobei du das auch von mir haben kannst, ich schreibe ja auch. Bei uns wurde immer viel über das, was wir lesen, gesprochen. Auch über schlechte Texte, darüber, wie man's auf keinen Fall machen sollte.

Ich erinnere mich noch an einen Strandurlaub, da haben wir beim Spaziergang ganz banale Sachen zu einem Mega-Aufregerthema im Stil einer Boulevardzeitung formuliert: »Unfassbar, Bank umgekippt« oder »Blaubeeren immer blauer«, »Totalschaden, Möwe abgestürzt« und »Horrorwellen killen Krebs«. Drei-Wort-Sätze, Subjekt, Prädikat, Objekt. So was hat uns immer Spaß gemacht. Da waren wir sehr kreativ.

Einmal gab es im Skiurlaub in unserem Hotel eine Art Preisausschreiben für den Namen der Hotelbar. Wir wollten mit unseren Vorschlägen den ersten Preis gewinnen. Die Bar war immer schlecht besucht und deshalb enthielt unsere Liste Vorschläge wie »Pisto Leero«, »Einer geht noch rein (aber wirklich nur einer)«, »Leerer Inn«, »das Glas ist halb voll, der Laden leider nicht«, »all bar myself«. Auch sonst haben wir uns dauernd Filmtitel, Songs und Gedichte ausgedacht und uns darüber amüsiert.

Einmal haben wir ganz viele Weihnachtslieder umgedichtet, zum Beispiel »Leise pieselt ein Reh, gelb verfärbt sich der Schnee …« Wir fanden uns in dem Moment sehr originell. Aber vielleicht war es einfach nur albern.

Ich weiß gar nicht, wie du dich selbst siehst. Glaubst du denn, dein Selbstbild stimmt mit dem überein, wie du bist?

Absolut. Ich halte mich für realistisch, zuverlässig, unternehmungslustig und sehr anpassungsfähig.

Ich glaube, du denkst auch, du seist total entspannt, dabei bist du ein ganz schöner Kontrollfreak. Du hast es gern, wenn die Dinge so laufen, wie du sie machst, das geht beim Thema Essen los: »Ich muss jetzt aber Mittagessen, weil es 13 Uhr ist und ich dann immer etwas esse.« Wenn man dann nicht mit dir essen will, empfindest du das als Affront. Oder wenn man gerade nicht das tun will, was du machen möchtest, wirst du maulig, bist sofort gekränkt. Ich glaube, du siehst manchmal nicht, dass du dazu neigst, beleidigt oder eingeschnappt zu sein.

Ich esse nicht, weil es 13 Uhr ist, sondern weil ich gerne zu Mittag esse. Das ist immer ein guter Anlass, um Kollegen und Freunde zu treffen. Ich mache morgens Sport und frühstücken finde ich öde. Da darf ich ja wohl um 13 Uhr Hunger haben. Ja, und ein Buch in Konfliktmomenten zu lesen, halte ich auch für richtig. Du weißt ja, ich meide gern Auseinandersetzungen.

Kann sein, dass ich mal beleidigt oder eingeschnappt war, wenn du etwas gesagt hast. Es gibt aber auch keinen Menschen auf der ganzen Welt, der so gegen mich ausgeteilt hat wie du.

Das ist nur, weil ich Gefühle habe. Das ist mein Liebesbeweis, Mama.

Ich hätte mich niemals getraut, so verletzende Dinge zu meiner Mutter zu sagen, wie du es getan hast. Neulich habe ich eine Freundin gefragt, ob ihre Tochter sie auch so anschreit. Sie hat geantwortet: »Wir haben uns sogar schon beworfen.« Und ihr Mann ergänzte: »Ja, Mütter und Töchter.« Aber da bin ich gleich heftig geworden und habe gesagt: »Das sind ja echt blöde Vorurteile. Hellmuth und sein ältester Sohn haben sich sogar mal geprügelt. Ich finde nicht, dass die Beziehung zwischen Mutter und Tochter besonders schwierig ist.« Aber manche Leute haben diese Assoziation. Wieder mal ein dummes Vorurteil über Frauen.

Jaja, das kennen wir doch, Mama: Frauen wird immer Stutenbissigkeit oder Zickenkrieg unterstellt.

Das sind auch so blöde Bezeichnungen für etwas, was angeblich nur Frauen machen. So als würde man zu Männern, die miteinander konkurrieren, sagen, sie sind bärbeißig oder Rüden-Rabauken.

Aber beworfen habe ich nur Papa. Mit einer Birne aus dem Obstkorb. Dich nie! Zählt das denn gar nicht, Mama? Habe ich wirklich mehr ausgeteilt als mein Bruder?

Viel mehr. Niko ist viel verbindlicher. Der hat auch mal schlechte Laune und sagt dann einfach: »Lass mal.«

Ja, der ist dann eher so wortkarg und abweisend wie du.

Du reagierst oft auf beiläufige Bemerkungen von mir so, als hätte ich dich persönlich angegriffen. Anscheinend fühlst du dich von mir kontrolliert, beobachtet, einsortiert. Als würde ich mit einer Überwachungskamera dein Leben begleiten und dein Verhalten kommentieren.

Ja, so kam es mir oft vor. Ich war längst erwachsen, trotzdem hast du mannigfaltige Gelegenheiten gefunden, mir meinen Lebensstil vorzuwerfen:

wann ich ins Bett gehe,

um halb vier Uhr nachts.

Was ich anziehe,

oft zu wenig und zu aufgedonnert.

Wann ich rauche,

viel zu oft.

Wann ich trinke,

besser weniger.

Wie ich esse,

hör mir auf mit deiner ungesunden Ernährung.

Wann ich feiere,

immer zu lange.

Wann ich am Handy bin,

leider auch ausdauernd, wenn ich danebensitze.

Wann ich aufstehe,

irrsinnig spät.

Aber es ist besser geworden, jetzt wo du älter bist. Niko ist niemals ausfallend gegen mich geworden. Das kenne ich nur von Hellmuth und dir, von niemandem sonst. Und genau so etwas meine ich, wenn ich sage, ihr seid gleich. Du hast mich schon auf eine Weise angeschrien, da würden andere Menschen zusammenbrechen. Aber du bist auch empathischer mit mir als dein Bruder. Vielleicht können wir einander als Frauen besser verstehen.

Ich bin empathisch, vielleicht sogar zu sehr. Ich kann mich schlecht abgrenzen, es schwer aushalten, wenn Menschen sich unwohl fühlen. Aber ich bin auch fahrig und impulsiv. Auf der Beerdigung von Papa hat irgendjemand am Familientisch gefragt, wer ihm am ähnlichsten sei – da haben meine drei Brüder und Halbbrüder ohne Zögern auf mich gezeigt.

Mich wundert es, dass du diese Impulsivität übernommen hast. Weil du ja am meisten unter Papas Ausbrüchen gelitten hast. Du hast dich lautstark mit ihm gestritten und fandest das immer schrecklich. Ich stand als Dritte dazwischen und war fürchterlich zerrissen, weil ich gar nicht entscheiden konnte, wer recht hatte. Es hat mich jedes Mal viel Kraft gekostet, nicht zu weinen. Ihr konntet euch richtig angiften, aber ihr habt euch auch sehr geliebt. Das ist in beide Richtungen ausgeschlagen. Doch dass du ausgerechnet diese Eigenschaft kopierst, verbal zu verletzen, die dir selbst so zu schaffen gemacht hat, wundert mich schon sehr. Empfindest du dich in solchen Situationen eigentlich als, sagen wir mal, »temperamentvoll«? Das hätte ja auch etwas mit Selbstwahrnehmung zu tun. Denn für mich ist das alles andere als temperamentvoll. Auf mich wirkt das beängstigend.

Ich weiß gar nicht, ob mir seine Hitzköpfigkeit und Unbeherrschtheit dermaßen zu schaffen gemacht haben. Denn ich brauche Streit und Gefühle – zumindest, wenn ich mir sicher bin, dass der andere mich nicht verlässt. Wir hatten diese Erwiderungsgewissheit, Papa und ich. Die Liebe war immer da und der Streit war ein Ausdruck dieser Liebe oder eine Auseinandersetzung mit sehr starken Gefühlen. Wir konnten sehr grob miteinander sein, aber immer berührbar, nahbar, wir liebten Pathos und waren im Nachhinein sehr rührselig. Ich weiß noch, dass wir uns einmal schlimm gestritten hatten. Anschließend bin ich ausgegangen, habe es aber kaum ausgehalten. Und als ich mitten in der Nacht nach Hause kam, war er noch wach und schlurfte wie so ein Nachtwandler über den Flur, weil er auch keine Ruhe fand. Wir haben uns in den Arm genommen und uns versöhnt.

Ich nehme lieber jemanden in den Arm, der mich nicht vorher verletzt hat.

Ich finde es schlimmer, wenn Menschen erbarmungslos sind. Ich kann zwar verletzen, aber ich kann auch verzeihen. Das kenne ich so aus unserer Familie. Wir konnten grob sein, uns aber schnell vergeben. Zu Hause sind wir auch mit unseren Schwächen liebevoll umgegangen.

Was hältst du denn für eine meiner Schwächen?

Du bist schnell genervt, wenn etwas nicht so läuft, wie du es dir vorgestellt hast.

Ja, das stimmt. Ich bin leider extrem ungeduldig. Und welche deiner Schwächen ist dir am lästigsten?

Dass ich schlecht »Nein« sagen kann und mich leicht ablenken lasse. Dauernd stören meine Gedanken mich beim Denken. Und beim Einschlafen.

Aber es ist schrecklich, dass du sagst, niemand habe sich so aggressiv oder verletzend dir gegenüber verhalten wie Papa und ich. Ich kann zu meiner Verteidigung bloß sagen, dass ich solche Gefühlsausbrüche nur bei Menschen habe, die mir wichtig sind. Nur dort traue ich mich. Nur dort bedeutet es mir etwas. Das klingt jetzt wie eine billige Ausrede, aber so empfinde ich es. Als Nähebeweis.

Schön ist es trotzdem nicht, wenn man sich so anschreien lassen muss. Das möchte ich mir eigentlich von keinem Menschen gefallen lassen, auch nicht von meinem Mann oder meiner Tochter. Wenn es passierte, empfand ich das immer als sehr schmerzhaft und war froh, wenn's vorbei war.

Aber es gibt noch etwas, worin du deinem Vater sehr ähnlich bist. Ihr seid beide sehr bedürftig nach Aufmerksamkeit. Manch-

mal war es mir direkt ein bisschen peinlich, dass jemand so offen um Aufmerksamkeit und Zustimmung bittet und immer hören will, wie toll er ist. Eigentlich muss man doch dem Menschen, den man liebt, nicht dauernd sagen, dass er eine ganz wunderbare Rede gehalten oder einen ganz klugen Gedanken geäußert hat.

Ach, an Komplimenten sollte man nicht sparen, warum auch? Ich habe das nie verstanden, diesen Geiz von Menschen. Es wird immer als etwas Dümmliches verkauft, wenn man zu freundlich ist. Als ob das schleimig sei oder unecht. Ich finde es nicht affig oder aufgesetzt. Guck mal, wir leben in einer Zeit voller Wut, Shitstorms und Empörung im Netz. Dem Beschimpfen kann man schon etwas entgegensetzen.

Ja, das meine ich mit deiner Gefühlsamplitude. Entweder anschreien oder Komplimente machen. Wo bleibt da die Mitte?

Die Mitte ist so ein Gefühlsvakuum. Aber zurück zu uns! Es ist natürlich richtig, dass Papa und ich dieses Bedürfnis nach Zuneigung und Zuspruch teilen und nach Bestätigung gesucht haben. Vielleicht auch, weil wir sie uns selbst nicht so geben konnten und das ganz stark von außen kommen musste. Wobei mein Bruder auch nicht gerade bescheiden ist. Also, die Bescheidenste von uns vieren bist sicherlich du. Papa neigte dazu, angeberisch zu sein und uns zu fragen, ob wir schon seinen tollen Artikel gelesen hätten. Selbst zu unserer Kinderfrau Susi sagte er manchmal: »Haben Sie schon mein Plakat gesehen? Meine Lesung war wieder ausverkauft!« Das hing dann auch bei uns im Flur – mit diesem riesigen »AUSVERKAUFT«-Stempel quer überm Plakat. Es fehlten eigentlich nur die blinkenden Leuchtpfeile als Lichtinstallation oben drüber. Oder dass er sich sein eigenes Poster auf einen Pullover druckt und sich Tassen mit HELLMUTH-Ausverkauft-Logo anfertigen lässt …

Nein, ich brauche diese Anerkennung von außen nicht. Ich weiß, was ich kann und was nicht. Du hast mir aber mal gesagt, ich hätte manchmal einen intellektuellen Dünkel. Kann sein. Ich glaube, jeder kann und jeder sollte etwas dafür tun, dass er klüger wird. Ich kann dumme Menschen nicht leiden.

Ihr habt uns auf Leistung getrimmt. Du bist nicht so bedürftig wie ich und hattest nicht dauernd das Gefühl, dir Bestätigung holen zu müssen. Dafür bist du manchmal auch etwas härter oder weniger empathisch. Als ich noch bei euch gewohnt habe und wegen irgendetwas traurig oder aufgebracht war, hast du mich ermahnt, nicht »herumzuheulen«. »Lies lieber ein Buch!«, hast du immer gesagt.

Sag ich doch. Das passt fast immer!

Du mochtest es nicht, wenn ich mich von meinen Gefühlen so einnehmen ließ. Einerseits hattest du recht: Es hilft manchmal mehr, sich zusammenzureißen statt sich in Selbstmitleid zu wälzen. Andererseits war das für mich als dein Kind auch hart. Manchmal wollte ich einfach weinen oder schreien.

Früher habe ich das nicht verstanden, weil ich fast nie weinen musste. Aber seit dem Tod von Hellmuth muss ich sehr oft weinen. Völlig unvermittelt. Wenn ich an meine Mutter denke, bestimmte Lieder höre, eine Geschichte von früher erzähle. Selbst wenn ich an hilflose oder einsame Menschen denke. Vielleicht fühle ich mich jetzt schutzloser.

Du bist auf jeden Fall rührseliger geworden. Das finde ich schön. Auch wenn es ungewohnt ist, weil du für mich so stark warst. Und eher nüchtern. Ich habe als Kind immer gedacht, du seist durch nichts zu erschüttern, unbesiegbar fast. So möchte man, glaube ich, seine Mutter gern sehen.

Ja, aber diese Stärke ist oft nur gespielt. Weil man das Kind behüten möchte. Damit es keine Angst hat. Ich hatte mit Hellmuth natürlich auch Auseinandersetzungen. Hatte Stress im Büro, Ärger, Kummer und habe manchmal einfach nur noch funktioniert. Warum soll ich das meinem Kind zeigen? Ich muss doch mein Kind beschützen. Es wäre ja verrückt, wenn sich das Kind meinetwegen sorgen müsste.

Du hast so viel erreicht, Mama. Ich weiß ja, dass es nicht nur leicht war. Weder in deinem Leben ohne mich noch in deinem Leben mit mir. Aber du hast es dir als Mutter nie anmerken lassen. Ich dachte, du schaffst alles. Du hast mich nie spüren lassen, wenn du gestrauchelt bist. Ich versuche auch, für meine Kinder immer stark zu sein, selbst wenn ich mich gar nicht so fühle.

Siehst du, Mama, wir sind doch nicht so unterschiedlich. Haben wir eigentlich noch etwas gemeinsam?

Jetzt, wo du älter bist, sehe ich auch mehr Gemeinsamkeiten. Wir schauen ähnlich aufs Leben, das heißt, wir schätzen Offenheit, Gerechtigkeit, Wettbewerb. Wir umgeben uns mit ähnlichen Menschen, also Leuten, die kreativ sind und Spaß am Lernen haben. Es kann natürlich sein, dass du diese Prägung durch mich bekommen hast. Wenn wir das gleiche Buch lesen, stimmen wir oft darin überein, ob es gut oder schlecht ist. Genauso bei Kinofilmen. Auch wenn wir uns über gesellschaftliche Themen unterhalten, sind wir fast immer einer Meinung. Und, was sehr wichtig ist, wir haben einen ähnlichen Humor, der etwas bissig ist und nicht mit Klischees hausieren geht. Das sind natürlich keine charakterlichen, sondern intellektuelle Übereinstimmungen. Charakterlich sehe ich nicht so viele Übereinstimmungen, aber das ist auch gar nicht wichtig. Du musst ja kein Klon von mir sein. Dass jeder ein anderer Mensch ist, ist ja viel spannender. Damit setze ich mich sehr gerne auseinander. Also, ob du jetzt so bist wie ich oder nicht, ist mir egal, Hauptsache, du bist nicht doof.

Ach, das ist ja beruhigend, also doof findest du mich schon mal nicht. Puh. Dafür findest du mich gefallsüchtig, fahrig, impulsiv und zu aufgebrezelt. Na, das ist doch mal ein schönes Fazit!

Habe ich dir zu wenig Liebe gegeben, dass du dir so viel Liebe von anderen holen musst? Das meine ich mit gefallsüchtig und es beunruhigt mich. Ich kann mir das nicht erklären. Ich habe dich immer sehr geliebt, die gesamte Familie hat dich sehr geliebt. Ich habe dir das immer gezeigt, du warst der Mittelpunkt meines Lebens.

Aber was mich ärgert, ist, dass du ständig zu spät kommst. Ich finde das sehr unhöflich und rücksichtslos gegenüber demjenigen, der gezwungen wird zu warten und sinnlos Zeit totzuschlagen. Warum kannst du dir da nicht ein bisschen mehr Mühe geben?

Und wenn wir schon bei Kritik sind: Ich finde auch, dass du zu exzessiv feierst. Ich habe mein Leben lang sehr gerne und viel gefeiert. Aber wenn du ausgehst und sagst, du seist in einer Stunde wieder zu Hause, wird es am Ende doch 5 Uhr morgens. Dann denke ich: Wow, von abends um 9 Uhr bis morgens um 5 Uhr, das ist länger als ein ganzer Arbeitstag. Was passiert da eigentlich noch morgens zwischen vier und fünf, dass du nicht nach Hause kommst?

»Die Angebote des Vormittags sind zumeist recht unerfreulich«, sagt jedenfalls Udo Lindenberg. Außerdem weißt du doch, dass ich kein Ende finde, dass ich exzessiv bin und nicht Abschied nehmen kann, dass ich es schlecht ertrage, wenn irgendetwas vorbeigeht. Nach vier Stunden passieren ja die ECHTEN Dinge, das Allerbeste und Allerschrecklichste, da trennt sich die Spreu vom Weizen, da tun sich die Abgründe auf. Ich habe das immer als »Recherche« für meine schriftstellerische Tätigkeit betrachtet: Ich möchte in menschliche Abgründe hineingucken, auch in meine eigenen. Ich möchte sehen, was sich da abspielt. Eigentlich bin ich quasi nur auf der Suche nach Material für mein nächstes Werk, so kann ich es mir zumindest verkaufen.

Das kenne ich. Für Menschen, die schreiben, ist immer alles Recherche. Quasi als Entschuldigung. Es gab mal einen Journalisten-Kollegen, der in ein teures Restaurant zum Essen gegangen ist und die Quittung bei seinem Arbeitgeber eingereicht hat. Als Begründung schrieb er: »Gespräch mit mir selbst. Interessanter Gesprächspartner.« Recherche ist dann alles, was man irgendwie nicht unter Alltag verbucht: Ich trinke, ich kaufe mir etwas Teures und dann frage ich mich, wie ich mich fühle. Von wegen Recherche! Das lasse ich nicht gelten.

Aber was sagst du eigentlich zum Zuspätkommen?

Ich habe ja bewusst nichts dazu gesagt! Ich habe ein beschissenes Zeitgefühl, ich verzettele mich. Immerhin weiß ich über die meisten meiner Schwächen Bescheid. Manche versuche ich zu ändern, aber es gelingt mir nicht; andere will ich auch gar nicht ändern, muss ich dir ganz ehrlich sagen. Das exzessive Feiern, die Impulsivität – was bliebe denn übrig, wenn ich das glatt bügelte, wenn ich darauf verzichtete? Ginge damit nicht auch einher, dass ich ganz viel von der anderen Emotionalität und Empathie verlieren würde? Wenn das eine abhaut, dackelt doch das andere hinterher. Wer nichts spürt, ist leer.

Ich spüre mich und vor allem das, was andere Menschen ausmacht, auch ohne dabei in den Schleudergang zu gehen. Also, leer bin ich nicht. Auf einer Party morgens um drei Uhr spüre ich beispielsweise, dass sich die meisten schon aufgegeben haben. Da möchte ich eigentlich nicht dabei sein.

Zu den Selbstzweifeln und der Gefallsucht – und, wie ich glaube, zum schriftstellerischen Arbeiten an sich – gehört ja eine positive und eine negative Egozentrik. Um zu schreiben, musst du dich mit dir selbst beschäftigen.

Das tust du ja ausgiebig! Genau wie dein Vater!

Ja, aber was willst du von mir? Ich weiß gar nicht, ob sich Menschen überhaupt ändern können. Vielleicht im Laufe der Jahre, durch bestimmte Erlebnisse. Aber ich kann mir ja schlecht vornehmen: »Ab morgen fühle ich weniger! Bäm!« Und es gibt eben Dinge, die ich an mir nicht ändern kann, weil ich sie gar nicht ändern will. Das kennst du doch auch, oder?

Ein bisschen was geht immer. Man kann bewusst Angewohnheiten oder Verhaltensweisen ändern. Jeder, der älter wird, merkt, wie er sich im Laufe des Lebens verändert. Nicht nur körperlich, sondern auch in der Einstellung. Man kann beispielsweise 10 Kilo abnehmen, man kann pünktlich sein, man kann jemandem seine Hilfe anbieten, obwohl man so eine Tätigkeit vorher noch nie übernommen hat. Mit jedem Jahrzehnt, das ich älter geworden bin, habe ich andere Vorlieben und Eigenschaften entwickelt. Beispielsweise singe ich heute im Chor, das hätte ich früher spießig gefunden.

Jetzt machst du es dir aber sehr einfach: Man kann sich ändern und 10 Kilo abnehmen! Ich rede nicht von »überschüssigen Pfunden« aus Frauenmagazinen, ich rede von Wesenszügen. Kann ein Mensch, der schüchtern ist, eine Rampensau werden?

Nein, sicher nicht. Ich war früher auch schüchtern und habe mir ganz bewusst abgeguckt, wie es Menschen machen, die nicht schüchtern sind. Beispielsweise sprechen sie Fremde freundlich an. Das mache ich jetzt auch oft und bekomme darauf viele positive Reaktionen. Die meisten Menschen freuen sich, wenn man freundlich auf sie zugeht. Die suchen ja auch Kontakt. Aber zur Rampensau wär's für mich noch ein weiter Weg.

Ich habe von dir sehr stark die Arbeitsdisziplin und einen gewissen Ehrgeiz übernommen. Papa war sehr fleißig, aber in manchen Dingen auch undiszipliniert. Uns beiden ist Familie wichtig, das Beisammensein. Ich kann gar nicht gut chillen. Du auch nicht.

Ja, das stimmt. Ehrgeizig und diszipliniert sind wir beide. Wir raffen uns immer auf. Du joggst jeden Tag, ich gehe täglich schwimmen. Wir arbeiten beide gern. Wir träumen nie in den Tag hinein – schade eigentlich. Ich wollte dir immer vorleben, dass man nicht faul sein und sich nicht bedienen lassen soll. Ich finde es wichtig, dass man als Mutter der Tochter ein Vorbild sein kann. Und ihr auch vorlebt: Du kannst alles erreichen, allerdings musst du dir Mühe geben und fleißig sein. Heute, da ich älter bin, denke ich oft, dass es vielleicht nicht falsch wäre, alles etwas entspannter anzugehen.

Das sagst du neuerdings immer: »Laura, sei mal ein bisschen gnädiger zu dir!« Das hättest du früher nie gesagt.

Ja, ich empfinde es jetzt anders. Ich finde, du solltest ein bisschen lieber zu dir selbst sein, freundlicher mit dir umgehen. Du lebst von Liebe, du schreibst über Liebe, aber dich selbst scheinst du nicht genug zu lieben. Du bist zwar hart zu mir, aber am härtesten bist du zu dir selbst. Du lässt dir keine Schwächen durchgehen. Na ja, das Zuspätkommen leider doch.

Ich treibe mich eben gern an Grenzen, ich möchte mir etwas beweisen. Aber dieser Leistungsdruck, ich weiß gar nicht, ob der von euch kam oder von mir selbst. Jedenfalls habe ich mir immer Druck gemacht. Ich wollte alles, was ich mache, gut machen. Und ich wollte viel machen.

Meine Mutter hat auch schon Leistung von mir erwartet und ich wurde zu Disziplin erzogen. Ich bin sechs Jahre auf eine konfes-

sionelle Schule gegangen, die sehr streng war. Nachmittags musste ich zweimal in der Woche zum Ballettunterricht in die Schule von Tatjana Gsovsky. Oh, da mussten wir spuren, der Stock der Ballettlehrerin war beängstigend. Auch wenn ich unsere Nachbarin mal nicht gegrüßt hatte, gab's ein Donnerwetter.

Andererseits erinnere ich mich daran, dass ich als Kind sehr viel draußen gespielt habe, ohne Aufsicht der Eltern. Ich konnte viel auf Bäume klettern, Höhlen bauen, Rollschuh laufen. Nur wenn abends um sechs Uhr die Glocken läuteten, musste ich wieder zu Hause sein.

Es gibt natürlich keinen Gegenbeweis, was aus dir geworden wäre, aber vielleicht hätte ich dich ein bisschen lässiger erziehen sollen.

Das hättest du mir mal vor 30 Jahren sagen sollen! Jetzt ist es zu spät. Ich habe das erst viel später erkannt und dachte, es sei bei allen so. Ich wollte immer abliefern: bei Schulnoten, Geschichten, Pointen und habe das nicht als anstrengend empfunden. Nur finde ich es heute ein bisschen schade, dass ich mich sehr schlecht entspannen kann, weil ich das sofort mit Schuldgefühlen verbinde.

Schuld, dass du dir mal eine kleine Auszeit nimmst?

Ich mag keine Auszeiten. Ich mag *An*zeiten. Ich kann mich auch nicht tagelang am Strand entspannen. Jedenfalls bin ich dann mit mir nicht so zufrieden. Ich mag lieber Städtereisen oder eine Art »Aktivurlaub«.

Doch, im Urlaub mache ich gerne gar nichts. Obwohl: Ich will dann immer mindestens drei Bücher lesen.

In diesem Gespräch kann ich dir Dinge sagen, die ich dir bisher nicht sagen konnte, nicht gesagt habe. Das fällt mir hier viel leichter.

Gibt es eigentlich Fragen, die du deiner Mutter gerne gestellt hättest?

Ich habe meiner Mutter viele Fragen gestellt, die sie auch beantwortet hat. Aber viele auch nicht. Jetzt durch unser Buch wird mir klar, dass ich sie nie gefragt habe, wie ihr Verhältnis zu ihrer Mutter war. Und das macht mich traurig. Ich erinnere mich nur daran, wie meine Mutter mal erwähnt hat, dass ihre Mutter sich nur Söhne wünschte. Vielleicht sah meine Großmutter für Töchter zu wenig Perspektiven im Leben. Sie selbst durfte keinen Beruf erlernen. Obwohl meine Urgroßmutter Geschäftsfrau war. Mein Urgroßvater hatte zu seiner Tochter gesagt: Wenn du einen Beruf erlernen willst, lasse ich dich für verrückt erklären.

Meine Mutter habe ich vor allem nach der Nazizeit und den Kriegsjahren gefragt. Sie war bei Ausbruch des Krieges 18 Jahre alt. Ich konnte nicht verstehen, warum die jungen Leute damals nicht massenweise gegen Hitler protestiert haben. Meine Großeltern hatten jüdische Freunde und Nachbarn, die nach und nach abgeholt worden sind. Ich habe meine Mutter gefragt, warum ihr das nicht aufgefallen war. Sie sagte, dass sie erst nach Kriegsende, durch die Aufklärungsfilme der Alliierten, erfahren habe, was die Deutschen angerichtet hatten. Ich fand das vollkommen unverständlich. Aber immerhin konnte ich mit ihr darüber sprechen. Von meinem Vater weiß ich nur, dass er im Krieg Funker war und in italienische Kriegsgefangenschaft geriet. Er hat niemals über den Krieg gesprochen. Politisch war er eher linksliberal. Vielleicht als Folge des Krieges.

Habt ihr euch denn auch über Männer oder Liebschaften unterhalten?

Ja. Ich habe meine Mutter auch in anderen Lebenssituationen kennengelernt, also als Mensch, der sie war, bevor sie meine Mutter wurde. Ich kenne ihre Lebensgeschichte. Meine Mutter hat mir von ihren früheren Freunden erzählt und ich glaube, ihre große Liebe war der portugiesische Gesandte, von dem sie sich bei Kriegsende tränenreich trennen musste.

Von dem hat sie sogar mir erzählt. Und das nicht nur ein Mal.

Sie ist oft mit mir an der zerstörten portugiesischen Botschaft im Tiergarten vorbeigegangen und hat dabei von der aufwühlenden Trennung berichtet. Als sie schon sehr alt war, zeigte sie deinem Bruder, der ja Portugiesisch spricht, den letzten Brief des Gesandten und war ganz aufgelöst, nachdem Niko ihn ihr übersetzt hatte. Dieser Mann hatte unter der Trennung offenbar genauso gelitten wie sie.

Hat sie mit dir darüber gesprochen, was eine Schwangerschaft und Geburt mit einer Frau machen?

Merkwürdigerweise ist das ja ein Tabuthema. Ein Freund hat mir gegenüber mal erwähnt, ich hätte nach deiner Geburt gesagt: »Das war so schrecklich. Das mache ich nie, nie wieder.« Na, dann habe ich trotzdem noch ein Kind bekommen. Die Schwangerschaften waren für mich sehr leicht. Aber die Geburten waren der Horror. Ich habe beide Male gedacht, ich würde sterben. Am Ende war's mir dann auch egal. Ich wollte nur, dass der Schmerz aufhört. Davon hatte mir meine Mutter nichts erzählt. Ich dir aber auch nicht, oder?

Du hast dir auf jeden Fall große Sorgen gemacht, als ich schwanger war. Das kannte ich so von dir gar nicht; du warst sonst nie ängstlich, eher robust und mutig. Du hast mich immer ermutigt, Dinge zu tun, mich nicht zu sehr »anzustellen« oder mich zu fürchten. Dabei habe ich mich als Kind nachts gefürchtet. Ich dachte beispielsweise, dass ein Löwe reinkommt und mir den Arm abbeißt, wenn der aus dem Bett hängt. Deswegen musste mein ganzer Körper immer zugedeckt sein. Als ich schwanger war, hast du dauernd besorgt angerufen und wolltest, dass ich mich schone. Vielleicht auch, weil ich Diabetes habe und Zwillinge erwartete. Als ich hochschwanger noch jeden Tag Rad fuhr und zum Schwimmen ging, gefiel dir das gar nicht. Du und Papa habt sogar meinen Mann angerufen und ihn gebeten, auf mich einzureden.

Ja, weil du immer so fahrlässig mit dir umgehst und meine Ratschläge für übertrieben hältst.

Du weißt doch, dass ich es nicht leiden kann, wenn über mich verfügt wird. Aber ich fand es rührend, wie sehr du Anteil genommen hast. Trotzdem: Gewarnt vor einer Schwangerschaft hast du mich nie.

Im Gegenteil! Ich habe zu euch Kindern immer gesagt, selbst als ihr noch Teenager wart: »Egal, wie jung ihr seid. Ich freue mich über ein Enkelkind und werde mit für das Kind sorgen.« Wobei das natürlich eure Entscheidung gewesen wäre.

Es ist ja auch gut, dass man nicht weiß, was in der Schwangerschaft alles auf einen zukommt. Bei mir war es deutlich komplizierter als bei dir. Aber abgesehen von der Schwangerschaft: Welche Fragen hättest du noch an sie gehabt?

Vielleicht genau solche, wie du sie mir jetzt stellst. Also: Worüber warst du glücklich, enttäuscht, traurig? Was hättest du anders gemacht, wenn du gekonnt hättest? Was bedauerst du?

Hättest du gerne noch mehr Kinder gehabt?

Das hätte ich nicht geschafft. Ich habe sehr viel gearbeitet und wir hatten ein aktives Privatleben. Später, als ihr Teenager wart, habe ich gedacht: Ach, noch ein Kind wäre sehr schön, bereichernd.

Und was lernt man von seiner Mutter, das einem der Vater nicht beibringen kann?

Welche Frau man sein will. Meine Mutter hat beispielsweise nicht gearbeitet, als ich klein war. Später habe ich mit ihr darüber gestritten. Ich fand es ungerecht, dass mein Vater, den ich auch sehr liebte, den ganzen Tag arbeiten musste und sie nachmittags durchaus mal auf dem Sofa sitzen und ein Buch lesen konnte. Im Endeffekt war meine Mutter der wichtigere Mensch für mich. Das hängt aber auch damit zusammen, dass sie sehr fröhlich, sehr aufgeschlossen, sehr gastfreundlich und tolerant war. Tolerant war mein Vater auch, aber von meiner Mutter habe ich gelernt, dass man freundlich zu anderen Menschen sein sollte und vor allen Dingen auch freundlich zu sich selbst. Ohne dabei egoistisch zu sein. Wenn sie noch mal einen Tag leben könnte, würde ich ihr auf jeden Fall sagen, was für ein wunderbarer Mensch sie war. Das habe ich nie so deutlich zu ihr gesagt und das bedaure ich heute sehr.

An Oma habe ich diese Resilienz bewundert. Sie hat mir vom Krieg erzählt, das Haus war weggebombt, sie wusste nicht, wo ihre Familie war, und sie besaß nichts bis auf die Sachen, die sie am Körper trug. Sie sagte immer zu mir: »Kind, du schaffst alles!« Das hat mir Mut gemacht. Sie war so positiv und optimistisch. Du hast das auch. Du jammerst nicht, höchstens nörgelst du, aber du bist ja auch Kritikerin. Du willst nicht jedem gefallen.

Bin ich meiner Großmutter eigentlich ähnlich?

Es gibt Ähnlichkeiten zwischen dir und meiner Mutter. Sie war sehr lebenslustig, sehr feierfreudig, sehr offen.

Ich glaube, dass ich meine Begeisterungsfähigkeit und Neugier von ihr habe. Papa hat sich ebenfalls gerne amüsiert, aber aus seiner Familie kommt auch die Schwermut; von meiner anderen Oma habe ich diese Melancholie. In gewisser Weise bin ich deiner Mutter charakterlich fast ähnlicher als dir. Wobei ich immer häufiger feststelle, dass ich inzwischen bei manchen Sätzen klinge wie du. Ich ertappe mich dann dabei, dass ich das Gleiche sage. Wird man also irgendwann immer mehr wie seine Mutter? Mama, vielleicht bin ich in 20 Jahren auch eine nüchterne Frau, die zu ihrer Tochter dauernd sagt: »Heul nicht, lies lieber ein Buch.«

Aber je mehr ich darüber nachdenke, desto mehr Ähnlichkeiten zwischen uns fallen mir auf. Wir sind beide berufstätige Mütter, wir sind beide finanziell unabhängig, wir arbeiten beide gerne und diszipliniert. Wir sind beide gern unter Menschen. Das ist doch eine ganze Menge an Gemeinsamkeiten.

Von dir habe ich sicherlich gelernt, dass ich mich nicht gehen lassen soll. Du hast mich beruhigt, wenn mich dumme Sprüche oder andere Menschen aus der Bahn geworfen haben. Und erst als ich selbst Mutter geworden bin, habe ich wirklich begriffen, was du alles geleistet hast. Wie es ist, zu arbeiten, Kinder zu haben, liebevoll zu sein, den Kindern immer das Gefühl zu geben, dass sie das Wichtigste sind. Erst seitdem kann ich nachempfinden, wie sehr du uns liebst. Ich denke heute: Krass, sie hat mich auch so geliebt, wie ich jetzt diese Wesen liebe. Früher wollte ich mir nichts sagen lassen und bis heute reagiere ich trotzig auf manche deiner Sätze. Da verirrt sich wohl immer noch ein Teenager in mir.

Und ich dachte schon, du würdest sagen: »Nun, da ich selbst Mutter bin, ist die Teenager-Trotzphase endlich vorbei!« Schade, da habe ich mir wohl Illusionen gemacht. Aber noch mal zum Thema Trotz: Ich war auch genervt von vielem, was meine Mutter gesagt hat, und sogar, dass sie so überfröhlich war, hat mich gelegentlich gestört.

Dennoch hätte ich meiner Mutter nie ins Gesicht gesagt: »Du nervst mich.« Vielleicht hängt es damit zusammen, dass ich strenger erzogen wurde als du. Ich habe zwar oft mit meinen Eltern argumentiert, doch nie hätte ich sie auf ihr Verhalten mir gegenüber angesprochen. Das hätte ich mich gar nicht getraut.

Aber ist es nicht schrecklich, wenn ein Kind sich nicht traut, seinen Eltern Dinge zu sagen? Was ist denn die Alternative?

Wenn man in der Familie nicht ehrlich miteinander sein kann, entsteht leider oft eine Atmosphäre der Verklemmtheit und Sprachlosigkeit.

Dieses Gespräch klingt allerdings so, als würde ich den ganzen Tag herumschreien. Das tue ich ja nur selten.

Selten mag ja sein. Doch so heftig wie deine Ausbrüche sind, prägen sie sich einem eben ein.

Aber Mama, ich explodiere doch nur ganz kurz. Im Grunde bin ich eher zerbrechlich und bespreche all meine Zweifel und Ängste mit dir. Ich glaube, wir sind da sehr aufrichtig miteinander und definitiv intimer, als du und deine Mutter es wart. Wenn du jemandem nahe sein willst, kannst du nicht immer höflich und beherrscht sein.

Wir haben ein sehr gutes, inniges, vertrauensvolles Verhältnis. Wir verbringen viel Zeit miteinander, fahren gemeinsam in Urlaub. Wir stehen uns näher, als ich meiner Mutter gestanden habe. Aber das Verhältnis zwischen Eltern und Kindern war früher eben nicht so freundschaftlich. Kinder hatten die Eltern zu respektieren und man hat sehr wenig Persönliches miteinander besprochen. Das ist bei uns ganz anders, wir reden ja wirklich über alles. Teilweise arbeiten wir auch zusammen, und das empfinde ich als sehr schön. Das empfinde ich als großes Geschenk. Wir sind sicher abhängig voneinander. Aber gleichwertig.

Berufswelt: Work hard, play hard?

Mama, du warst ja dein Leben lang berufstätig. War dir das wichtig?

Ja, sehr. Ich wollte schon in meiner Schulzeit irgendwas am Theater machen. Die beste Freundin meiner Mutter war mit dem Schauspieler Carl Raddatz befreundet, der zur Herrenriege des Schiller-Theaters in Berlin gehörte. Von ihm habe ich mir eine Schauspiellehrerin empfehlen lassen. Da war ich 17 und ging noch zur Schule.

Ich wollte auch mal Schauspielerin werden. Wollen das nicht viele junge Menschen?

Ja, aber das war gar nicht so lustig, leicht und verspielt, wie ich es mir gedacht hatte. Die Schauspiellehrerin hat zwei Rollen mit mir geprobt, etwas aus Shaws »Frau Warrens Gewerbe« und Strindbergs »Fräulein Julie«. Etwas richtig Ernstes eben. Ich fand mich viel zu verklemmt, um bei ihr im Wohnzimmer große Frauen zu spielen. Ich habe mich für mich geschämt, konnte überhaupt nicht aus mir rausgehen. Und ich glaube, wenn ich das heute sehen könnte, würde ich in Grund und Boden versinken. Nach drei Monaten habe ich ihr dann einen Kasten Konfekt und einen großen Blumenstrauß gekauft und gesagt: »Heute ist mein letzter Tag bei Ihnen.« Aber der Traum war damit ja nicht zu Ende. Ich habe mich als Komparsin beim Film beworben und in so was wie »17 Mädchen und ein Pauker« mitgespielt. Und dabei habe ich gemerkt, dass ich viel lieber über etwas berichten würde, als irgendwo mitzumachen.

Vielleicht sind deshalb diese Schülerpraktika gar nicht so schlecht: Immerhin erfährt man dadurch, was man eben doch auf keinen Fall will. Obwohl man es kürzlich noch für seinen Wunsch hielt. Deshalb ist es vermutlich gut, dass du es probiert und gemerkt hast: Ich bin desillusioniert, ich will was anderes.

Ich bin noch als Schülerin zum Sender Freies Berlin (SFB) gegangen. Es gab eine Sendung, die hieß »S-F-BEAT«, da durfte ich Beiträge für junge Hörer machen. Und eine Theaterredaktion gab es auch beim SFB. Die Herren dort wollten natürlich nur über die großen Premieren berichten, also haben sie mich nach Kreuzberg ins Off-Theater geschickt. So kam es, dass schon in unserer Abi-Zeitung stand, ich wolle Theaterkritikerin werden. Und das bin ich ja dann auch geworden. Ich erzähle das, weil ich eine lange Ausbildung gemacht habe, also sechs Jahre Studium mit anschließender Promotion über Komik. Danach noch zwei Jahre Assistentin am Theater. Da war es doch klar, dass ich diesen Beruf auch ausüben und nicht zu Hause rumsitzen wollte. Insbesondere, da es mir immer wichtig war, ein eigenes Leben zu führen, eigenes Geld zu verdienen, nicht von einem Mann abhängig zu sein.

Das hast du mir ja auch immer eingetrichtert und vorgelebt. Für mich wäre es nie infrage gekommen, nicht zu arbeiten. Da warst du schon mein Vorbild. Ich kannte es von zu Hause so, dass beide Eltern arbeiten, dass ihr euch auch als Ehepaar über eure Berufe ausgetauscht habt. Ich glaube, dass ich dadurch immer den Eindruck hatte, ihr würdet eine sehr gute Ehe führen. Ihr habt einander nicht gelangweilt, keiner hat den anderen irgendwie bevormundet. Da war immer Austausch, waren immer anregende Gespräche am Esstisch: über Literatur und Theater, über Fernsehen, Schauspieler, Rivalität, Ehrgeiz. Du hast mir schon früh gesagt, dass ich alles darf, sofern ich gute Noten habe. Ich habe mir dadurch viel Freiheit erkauft, durfte immer lange feiern gehen.

Meine Eltern waren auch schon sehr liberal. Aber meiner Mutter war Disziplin sehr wichtig. Da bin ich preußisch erzogen worden.

In der Grundschule ging ich auf eine katholische Privatschule in Berlin, obwohl wir gar nicht katholisch waren. Das war kein Zuckerschlecken. Wir evangelischen und jüdischen Kinder waren so etwas wie die Heiden, jedenfalls deutlich Menschen zweiter Klasse. Die Nonnen waren unnachgiebig streng. Für die Jungs gab es sogar noch die Prügelstrafe. Wer vermeintlich etwas ausgefressen hatte, musste nach vorne gehen, die Hand ausstrecken und unser Deutschlehrer hat dann dreimal den Rohrstock niedersausen lassen. Und wenn der Junge seine Hand weggezogen hat, gab's zehn Schläge. Vor der ganzen Klasse.

Diese Prügel waren schrecklich, aber Disziplin stand für mich ganz oben. Ohne die wäre es nicht gegangen. Das habe ich euch Kindern sicher weitergegeben.

Dabei wart ihr total liberal, wenn es ums Feiern, um Freiheiten und Jungs ging. Aber bei Leistung warst du hinterher. Deswegen wäre es mir völlig abwegig vorgekommen, nicht zu arbeiten. Wieso auch? Nur weil ich als Mädchen geboren wurde? Soll mein Gehirn deshalb weniger können, soll meine Leistung weniger wert sein?

Aber was ist so wichtig an der Arbeit?

Neben der Tatsache, dass man Geld verdient, vor allem, dass man im Beruf Wertschätzung erfährt. Für das, was man tut. Weil man ja unmittelbar über die Ergebnisse seiner Arbeit bewertet wird, weil man Kollegen hat, weil man sich im Beruf weiterentwickelt. Man muss flexibel bleiben und sich auf neue Anforderungen einstellen. So bleibt man beweglich, erlebt Neues, erstarrt nicht.

Was waren die Herausforderungen? Gab es harte Zeiten, an die du dich besonders erinnerst oder die dir schwerer fielen, als du jünger warst? Musstest du dir im Laufe der Zeit ein »dickes Fell« (wo gibt's das? Kann man das online bestellen?) zulegen?

Ich glaube, jeder Beruf kennt große Herausforderungen, ist anstrengend. Ich hatte drei Berufe in meinem Leben. Ich war Regieassistentin am Deutschen Schauspielhaus, Pressesprecherin des Kultursenators der Freien und Hansestadt Hamburg und dann Theater- und Literaturkritikerin beim Hamburger Abendblatt. Einige Bücher habe ich auch übersetzt und manchmal habe ich bei Abendveranstaltungen moderiert.

Ich habe jeden Beruf mit Leidenschaft gemacht, aber die zwei Jahre am Theater waren die allerschönsten. Ich liebe Proben, Rampensäue. Es gibt viele Schauspieler, die aus jeder Szene etwas Lustiges oder Ergreifendes herausholen können. Darüber kann ich mich, auch wenn ich es zum 20. Mal sehe, immer wieder freuen. Ich bin ein äußerst dankbares Probenpublikum, weil ich oft laut lache oder überhaupt reagiere. Ich liebe es, mit vielen kreativen Menschen zu arbeiten. Das war ein sehr schöner Beruf, weil man im Theater wirklich wie eine große Familie ist. Man ist morgens, mittags und abends zusammen und geht danach meistens noch irgendwo hin, wo man bei ein paar Getränken den Stress der Vorstellung verarbeitet. Ich habe die Arbeit am Theater sehr, sehr geliebt. Man hat mir allerdings nach zwei Jahren gesagt, dass es nicht so viel Sinn ergeben würde, wenn ich dortbliebe. Weil man als Frau nicht Regisseurin werden kann. Das war 1978.

Und du wolltest Regisseurin werden?

Ursprünglich nicht. Ich wollte das Theater besser kennenlernen, weil ich Kritikerin werden wollte. Aber dann habe ich gemerkt, dass ich auch gerne inszenieren würde. Ich hätte in der Dramaturgie bleiben können. Da, wo man unsichtbar ist, das Programmheft zusammenstellt oder die klugen und weniger klugen Gedanken zum Stück formuliert. Aber ich wollte auch gesehen werden.

Wer hat dir damals gesagt: »Eine Frau kann nicht Regisseurin werden«? Und vor allem: Wie hast du darauf reagiert? Hast du das hingenommen und gedacht: »Na gut, ich wollte eh Theaterkritikerin werden und so ist es halt als Frau«? Oder ist da ein Traum zerplatzt und du hast dich zur Wehr gesetzt?

Ich fand es schlimm. Der Intendant und die Dramaturgen haben es mir gesagt. Alles Männer natürlich. Es gab damals keine Frauen in Leitungspositionen. Und es gab auch nur ganz vereinzelt Regisseurinnen. Ruth Berghaus, die war aus der DDR. Ariane Mnouchkine hatte ein eigenes Theater in Paris. Und Judith Malina, die leitete das Living Theatre in New York. Aber das war's auch schon. Man braucht ja auch Vorbilder. Und wenn es die gar nicht gibt, denkt man, dass man vielleicht spinnt und alles völlig unrealistisch ist. Wenn du die erste Frau irgendwo bist, musst du tapfer sein. Das war ich nicht. Die erste Ministerin, die erste Medizinstudentin – die bewundere ich, aber ich hätte das nicht sein können.

Ein paar Jahre später gab es dann vereinzelt Regisseurinnen. Ich habe damals für das ZEIT-Magazin eine Reportage über Frauen, die inszenieren, geschrieben. Da habe ich sechs gefunden. Ich bin wieder zurück an die Uni gegangen, habe mein Studium beendet. Ja, vielleicht war ein Traum kaputt. Zum Glück hatte ich mehrere Träume. Ich habe dann als Journalistin angefangen.

Aber du fragst mich jetzt nach Träumen für den Beruf. Was wäre denn dein Traumberuf gewesen? Du hast Jura studiert, den Beruf aber gewechselt.

Ach, ich glaube, Jura ist von wenigen Menschen der Traum. Wäre das die wilde Fantasie von Willenserklärungen, Pfändungspfandrechten und der hessischen Bauordnung? AGB-Klauseln – wie interessant! Die Verlockung ist ja eher das, was man damit anstellen kann, was einem nach dem Studium offensteht.

Ich habe Rechtswissenschaften studiert, weil ich mich nicht festlegen wollte. Ich lege mich bis heute ungern fest, das ist schrecklich. Ich quäle mich furchtbar mit Entscheidungen.

Genau das Gegenteil von mir. Ich entscheide mich schnell. Dann ist die Sache vom Tisch.

Bei Jura dachte ich: Damit schiebe ich die endgültige Entscheidung über einen konkreten Beruf noch für ein paar Jahre auf. Außerdem mache ich nichts falsch; ich lerne etwas über gesellschaftliche Zusammenhänge, über Gesetze, über Sprache, Verträge, Grundrechte, über Demokratie, über den Rechtsstaat … irgendwie alles. Was ist ein Misstrauensvotum oder eine räuberische Erpressung? Wann überwiegt die Meinungsfreiheit, wann das allgemeine Persönlichkeitsrecht? Das erschien mir vielseitig.

Aber ich ging eigentlich davon aus, dass ich nur das erste Staatsexamen machen und danach an eine Filmhochschule oder Journalistenschule gehen würde. Ich wollte natürlich auch in den Bereich Medien – wie originell! –, vielleicht sogar Regisseurin (das schien inzwischen zumindest möglich, es waren die 2000er) oder Produzentin werden. Für die Schauspielerei hat mir das Talent gefehlt, da war ich so hölzern und verklemmt. Dir hat ja mein Auftritt neulich auf dem »Traumschiff« auch nicht gefallen …

Oje. Da warst du wieder ganz unnatürlich und steif.

Wenigstens bist du ehrlich! Dabei habe ich es geliebt: ein Dreh im Offiziersoutfit mit Florian Silbereisen. Das ist doch was! Eigentlich sollten wir auf den Seychellen drehen. Aber dann war Pandemie und wir haben in Bremerhaven gedreht. Vor einem Greenscreen mit karibischem Meer als Projektion. Du siehst: Nicht nur Jura kann desillusionieren, auch die Medienbranche!

Aber ich habe das Jurastudium nie bereut, ich habe da etwas

gelernt, das mir fremd war. Und da wir keine Juristen in der Familie hatten, war es schön für mich, weil es auch etwas Eigenes war, eine neue Welt.

Ich fand es sehr gut, dass du Jura studiert hast. Damit stehen einem viele Berufe offen. Du hättest damit auch an die Oper oder ans Theater gehen können. Wir hatten das vorher ja besprochen. Da Hellmuth und ich so leidenschaftlich in unseren Berufen gearbeitet haben, kam etwas anderes als ein ähnlicher Job für euch wohl nie ernsthaft infrage. Auch im juristischen Bereich. Ich habe dich jedenfalls nicht als Architektin oder Biologin gesehen.

Ich mich auch nicht! Was schade ist, denn diese Idee ist mir nie gekommen. Vielleicht war ich doch unfreier oder beeinflusster, als ich es mir eingestehe. Jedenfalls lief das erste Staatsexamen gut und ich habe gedacht: Ach, Jura ist ja gar nicht so trocken, mach ich das zweite Staatsexamen halt auch noch. Wie man eben bei Dingen hängen bleibt, mit denen man mal angefangen hat. Ich kann grundsätzlich schlecht mit Dingen aufhören, das weißt du ja.

Ja, vor allem, wenn's ums Feiern geht. Oder auch ums Rauchen, leider. Was haben wir alles versucht, um dich davon abzubringen. Nichts hat geholfen. Ich betrachte es wirklich als einen großen Erziehungsfehler, dass ich da versagt habe.

Vielleicht tröstet es dich ja, dass ich zwar rauche, aber dafür auch zwei Staatsexamen bestanden habe. Vielleicht ist das meine Art der Kompensation.

Ha, das ist ja wie bei Aale-Dieter aufm Fischmarkt! Zweimal Staatsexamen gegen einmal rauchen. Wer legt noch was drauf?

Das zweite Examen lief auch gut und so habe ich in Frankfurt am Main in einer riesigen Wirtschaftskanzlei angefangen. Das war natürlich reizvoll. Internationale Mandate, ein großes Team, viele Deals, gutes Gehalt, Business ... wie in einer Anwaltsserie. Ich fühlte mich da manchmal wie auf Safari: So geht das also zu in der Wirtschaft, so funktionieren Übernahmen, Gerichtsprozesse ... Das Sachliche und Vernunftgetriebene in so einer seriösen Kanzlei war für mich eher ein Ausflug oder ein Experiment. Wie weit kann ich da kommen, wie schaffe ich es, mich in dieser Männerwelt durchzusetzen? Es war eben mein erster Job. Das war nicht meine Welt, ich musste immer wieder Begriffe googeln, die bei den Meetings fielen. Was war jetzt noch mal das »Agio«: eine italienische Oper, eine Nudelsorte oder ein Hotel am Comer See? Haha. Ich kannte die Welt der hohen Bankentürme nicht, ich wollte schließlich in den Kulturbereich, an die Oper, zum Film, dorthin, wo Gefühle und Sehnsüchte sind – aber die Kanzlei war irgendwie schon aufregend und spannend für mich. Auch wenn es ursprünglich nicht unbedingt mein Traumberuf war.

Das sagen sie alle, dass Jura nicht ihr Traum ist! Aber dafür gibt es ganz schön viele Juristen. Ich habe dir immer abgeraten, in den Kulturbereich zu gehen oder Geisteswissenschaften zu studieren. Vielleicht auch, weil ich mein Studium der Geisteswissenschaften als recht freizeitorientiert empfunden habe. Also, ich habe da einiges gelernt, aber vor allen Dingen viel Zeit totgeschlagen. Damals diskutierte man wochenlang darüber, ob man im Seminar rauchen darf oder ob man sich für Salvador Allende in Chile engagieren soll. Das wurde alles in der Seminarzeit verhandelt. Allein für die Raucher-Diskussion gingen sieben Wochen drauf. Ich glaube, wenn man Jura studiert, muss man viel mehr lernen und bekommt zwangsläufig was in den Kopf. Man wird geprüft und weiß dann, was man weiß. Hast du den Schritt, den Anwaltsberuf verlassen zu haben, mal bereut?

Ich war sehr gerne Anwältin. Mir gefiel es, in die Kanzlei zu gehen und Schriftsätze zu schreiben, Verfahren zu führen. Es war sehr arbeitsintensiv, aber ich habe irgendwie immer gern gearbeitet. Vielleicht, weil ihr als Eltern mich so erzogen habt.

Dann war das doch genau der richtige Platz.

In der Kanzlei war es nie langweilig, weil so verschiedene Menschen sehr viel Zeit miteinander verbringen. Das war auch eine Art Familie. Wir haben dort alles geteilt, die Sorgen und Zweifel als Berufsanfänger, Versagensängste, Ehrgeiz, Konkurrenz. Das wappnet einen auch. Nächtelang muss man Dinge entwerfen, »draften«, und es gibt Deadlines, es gibt Mandanten, die dich immer erreichen wollen. Ich habe Druck verspürt, aber guten Druck. Ich saß im 35. Stock eines Hochhauses in Frankfurt, wir hatten verglaste Fenster und Türen, ich schaute auf die Skyline, mein Mail-Postfach war voll, manchmal kam ich mir da schon »busy« vor, erwachsen. Manchmal konnte ich es überhaupt nicht fassen, dass das mein Arbeitsplatz war. Aber vielleicht ist das im ersten Job immer so. Da ist eine gewisse Faszination für die Tatsache, dass man überhaupt ernst genommen wird.

Ja, das kenne ich. Als ich beim Theater gelandet war, konnte ich es kaum glauben, mit all diesen Menschen nun wirklich zusammenzuarbeiten. Aber als ich dann in der Politik war, als Pressesprecherin eines Senators, empfand ich die Arbeit auch als überlebensgroß, wie im Film. Glücklicherweise wächst man ja schnell mit seinen Aufgaben. Denn das Getriebe, in das man sich da einfügt, hat irgendwie so etwas Ewiges. Es war schon vorher da. Und wird auch nach uns weiter da sein.

In so einer großen Kanzlei haben alle das Gefühl, unabkömmlich zu sein, jeder nimmt sich wichtig. Da geht es um viel, meistens um viel Geld. Natürlich sind wir keine Ärztinnen oder Pflegekräfte, aber wir kamen uns groß vor. In jedem Job ist ja immer ein bisschen Hybris dabei, ein bisschen Show, das Abliefernwollen. Ich mochte mein Team. Ich hatte einen ganz tollen Chef, der eigentlich auch etwas anderes werden wollte, nämlich Rockstar. Er hatte 60 E-Bässe in seinem Büro, Gibsons, und wir hatten eine Anwaltsband und haben im Keller der Kanzlei immer gesungen und geprobt. So richtig mit Schlagzeug und Keyboard im schalldichten Raum.

Für mich hört sich das toll an.

Ich habe die Kanzlei dann mit Mitte 30 verlassen, obwohl ich nach der Geburt meiner Kinder zunächst in Teilzeit zurückgekehrt war. Aber dieses Teilzeit-Ding war nichts für mich. Nach Papas Tod habe ich mich so verloren gefühlt und gleichzeitig so viel hinterfragt. Ich habe gedacht, was mache ich hier überhaupt? Was ist mit meinen Wünschen? Ich fragte mich, worauf ich eigentlich noch wartete. Ich wollte doch immer noch mehr Bücher schreiben (einen Roman hatte ich immerhin bereits veröffentlicht), aber ich wollte vor allem noch etwas anderes: Filme und Fernsehen machen, Shows, unterhalten, berühren. Mehr Gefühl, weniger Gesetz! Dann bin ich diesen Schritt gegangen.

Das war ja nicht nur ein Berufswechsel. Du hast dich aus deiner gesicherten Angestelltenwelt ins Freiberufliche gestürzt. Ohne Berufserfahrung. Also, für mich als Mutter hörte sich das wahnsinnig risikoreich an. Und Niko hat sich ungefähr zur selben Zeit auch selbstständig gemacht. Aber ich hatte mir das Knieschlottern verboten.

Was mir heute fehlt, ist das Team. Mir fehlt es, in ein Büro zu kommen, und da sind Menschen, die sich über dieselben Dinge ärgern – über einen Mandanten, der nervt, oder den Chef, der nicht lobt. Jetzt bin ich eben alleine, muss viel mit mir selbst ausmachen, was ich gar nicht gut kann und gar nicht gut leiden mag. Ja, ich bin frei, eine Freiberuflerin. Die Freiheit trügt aber, denn ich bin dennoch komplett abhängig von der Nachfrage. Und ich drehe zwar mit anderen Menschen, aber die verschwinden nach jeder Produktion wieder aus meinem Leben – dabei hänge ich so lange noch an ihnen. Damit muss man auch umgehen können, mit diesem saisonalen Umschwung, mit dem unvorhersehbaren Wechsel zwischen Megastress und gähnender Leere. Ich muss mich immer wieder herantasten, beweisen. Es ist nicht sehr beständig.

Du hast ganz schön viel aufgegeben, um in einem anderen Beruf noch mal neu anzufangen. Woher wusstest du, dass in den Medien zu arbeiten das ist, was du willst? Dafür hast du letztlich deine lange Ausbildung sausen lassen. Fiel dir das schwer?

Ach, vielleicht ist es gar nicht so schwer, sich einen beruflichen Wunsch zu erfüllen, wenn man ihn denn kennt. Viel schwieriger ist es doch, ihn herauszufinden. Es geht darum, überhaupt etwas zu WOLLEN. Als ich ungefähr wusste, was ich wollte, wusste ich auch ungefähr, was ich dafür tun muss. Auch wenn es ungewiss und heikel war.

Ich bin mehr als 30 Jahre lang jeden Tag ins Büro gegangen. Der Büroalltag hat mein Leben strukturiert.

Mir fehlt natürlich manchmal Struktur. Aber ich liebe meinen Beruf und fände es für mein Leben total schlimm, wenn ich nur auf die Ferien oder die Brückentage hinarbeiten würde; wenn ich mich ständig zwingen und mich an einen Arbeitsplatz schleppen müsste. »Thank God it's Friday«, »Der Hunger treibt's rein«, »Ach, bin urlaubsreif«, »Endlich wieder Feiertag«. Das würde ich nicht aushalten. Ohne den Beruf hätte ich so viele Menschen nicht getroffen und wäre auf manche Gedanken gar nicht gekommen. Ich wollte immer Abwechslung. Ich bin ja genauso getrieben wie Papa. Der war so rastlos. Aber der Preis ist eben, dass ich mich selbst disziplinieren muss.

Das musste ich nicht. Für mich gab es nicht die Frage: Was mache ich heute Vormittag oder morgen Nachmittag? In den vier Jahren als Pressesprecherin des Kultursenators habe ich unfassbar viel gearbeitet. Ich musste jeden Vorgang kennen, alles, was in den einzelnen Abteilungen verhandelt und vorbereitet wurde. Die politischen Abstimmungen, die Reden vor dem Parlament und zu allen sonstigen Gelegenheiten. Immer ordentlich, immer zuverlässig, nie etwas vertagen, vergessen, versäumen. Das war sehr, sehr anstrengend, aber auch sehr lehrreich.

Dann war ich 25 Jahre lang Redakteurin beim Hamburger Abendblatt. Da musste beinahe täglich ein Artikel zu einer bestimmten Uhrzeit fertig sein und Spätdienst hatte ich natürlich auch. Wochenenddienst sowieso. Jeden zweiten Abend nach der Arbeit auf eine Veranstaltung oder in eine Premiere, nachts Bücher lesen. Ich weiß gar nicht, wie ich das geschafft habe. So etwas ist auf jeden Fall stressig. Aber es gibt dem Tag eine Struktur, man hat keine Zeit zu verplempern.

Ich glaube, die Berufe haben mir vor allen Dingen beigebracht, dass ich zuverlässig sein muss, diszipliniert. Ich fände es sehr viel schwieriger, selbstständig zu sein. Obwohl es wahrscheinlich mehr Spaß macht, als immer auf den Chef zu hören. Manchmal war ich eingezwängt wie in eine Schraubzwinge. Ich hatte die Zeit im Nacken, ich hatte die Kollegen im Nacken. Du musst fertig werden, hat es im Kopf gedröhnt, um 21 Uhr ist Andruck. Oder um 20 Uhr. Um 19 Uhr. Ich konnte mir keinerlei Ausfälle leisten und wahrscheinlich hat mich das auch charakterlich geprägt. Ich glaube, der Charakter wird durch Äußerliches mitgeprägt.

Das glaube ich auch. An Drehtagen muss ich auch sehr diszipliniert sein, da muss man funktionieren, abliefern. An »freien« Tagen schreibe ich. Das ist weniger strukturiert.

Natürlich wäre das damals ohne unsere Kinderfrau nicht gegangen. Susi hat für euch und eure Freunde nach der Schule Mittagessen gemacht, mit euch gebastelt, gespielt. Ihr habt ja immer viele Freunde mit nach Hause gebracht. Susi hat so gut gekocht, dass alleine das schon ein Anreiz war. Ich hätte mich gar nicht um so viele Kinder in unserem Haushalt kümmern mögen. Und dann die Streitereien, dass ihr losmüsst, zum Klavier- oder Gitarrenunterricht, zum Sport.

Ja, Susi war natürlich toll für uns. Wobei unsere Familie fast die einzige in meiner Klasse war, die eine Kinderfrau oder jedenfalls eine Kinderbetreuung hatte. Selbst in den Neunzigerjahren waren viele Mütter meiner Freundinnen nicht berufstätig, die meisten waren zu Hause – wenigstens ab mittags.

Ich habe fast alles, was ich verdient habe, für eure Betreuung und die Musik- und Sportstunden ausgegeben. Jedenfalls hatten wir das so festgelegt, Hellmuth hat alles andere bezahlt. Und so hatten wir alle etwas davon.

Außerdem habe ich euch sehr oft mit ins Theater genommen. Als du vier Jahre alt warst, bist du in die Premiere von »Cats«, dem Musical, mitgekommen. Ich musste mir danach jahrelang die Lieder anhören, die du mitsangst. Leider fand ich die scheußlich.

Ja, du hasst Musicals und Opern! »Das Gejaule!«, hast du immer gesagt. Ich liebe Musicals und Opern. Ich liebe Kontraste: Pimmelwitze und Puccini sozusagen.

Ich habe durch meinen Beruf unzählige tolle Menschen getroffen. So viele großartige Schauspieler und Schriftsteller, allein sieben Nobelpreisträger: Günter Grass, Elfriede Jelinek, Imre Kertész, Dario Fo, Herta Müller, Joseph Brodsky, Peter Handke.

Aber das Highlight war ein Mittagessen mit Paul McCartney. Ich habe wirklich meine gesamte Jugend für ihn geschwärmt. Die Beatles, das waren für uns Götter. Meine erste Platte, eine kleine 45-er, war »I Want to Hold Your Hand«. Aus heutiger Sicht wirklich keine gute Musik. Aber wir sind ausgeflippt.

Ich fand als Teenager die New Kids on the Block gut, Roxette, später Ace of Base und Dr. Alban. Und natürlich Take That! Da musstest du ja mit uns aufs Konzert … die Mädels fielen reihenweise in Ohnmacht.

Wenn mir jemand als Teenager gesagt hätte, dass ich einmal Paul McCartney treffen würde, wäre ich auch in Ohnmacht gefallen. Als ich ihn dann Jahrzehnte später wirklich traf, fand ich ihn erst mal sehr groß. Und sehr witzig. Ich hatte zu dem Essen ein Foto von mir und meinen Freundinnen mitgebracht: Wir sind 13 Jahre alt und halten jede eine Beatles-Platte in der Hand. Ich wollte mir ein Autogramm von ihm geben lassen, habe mich dann aber nicht getraut, weil ich nicht wie eine ihn anhimmelnde Autogrammjägerin rüberkommen wollte. Und leider war das ja noch vor der Zeit der Selfies, ich glaube, 1990. Dann habe ich allen Mut zusammengenommen und am Ende seinem Tourmanager mein Foto in die Hand gedrückt und um ein Autogramm von Paul gebeten. Er würde es ihm geben, sagte der. Morgen flögen sie nach Moskau und er würde es mir dann von dort schicken. Tja, kam natürlich nie.

Ich glaube, ohne den Beruf wäre mein Leben stinklangweilig geworden.

Natürlich gibt es in jedem Beruf auch sinnloses oder redundantes Zeug. In der Kanzlei bekam ich viel Resonanz, jemand bildet dich aus, jemand ist dein Mentor. Das habe ich jetzt als Freiberuflerin nicht. Früher hatte ich sozusagen »nur« Angst vorm Chef, vor seiner Kritik. Heute ist es ja so, dass ich theoretisch vor viel mehr Leuten Angst haben muss.

In dem Beruf, in dem ich jetzt bin, kann sich jeder eine Meinung über dich bilden: »Das Buch ist miserabel«, »Die kann nicht schreiben«, »Wenn die im Fernsehen kommt, schalte ich weg!« Das kann schon sehr wehtun. Ich ärgere mich über Ablehnung und weine dann auch mal. Du mühst dich monatelang ab, schreibst ein Werk, kehrst dein Innerstes nach außen – alles nur, damit letztlich Bärbel12 dein Buch bei Amazon mit einem Stern bewertet, weil es zu spät geliefert wurde. Oder BUCHSTABENBABSI schreibt: »Ich gebe drei Sterne für den angenehmen Zeilenabstand.«

Zum Thema Chefs möchte ich noch sagen, dass ich ein- oder zweimal auch welche hatte, die schlecht waren. Entweder sie sind an mir vorbeigezogen, weil sie Männer waren oder weil sie intrigiert haben. Und eine schreckliche Chefin hatte ich auch. Die war nie da, hat kaum gearbeitet.

Das wirklich Anstrengende am Job ist, dass man sich wahnsinnig behaupten muss. Wenn du Tageszeitungsredakteurin bist, schenkt dir niemand was. Du musst alles selbst schreiben, recherchieren, organisieren. Du musst das Interview alleine führen. Aber du musst vor allem dafür sorgen, dass du möglichst viel Platz für deine Themen bekommst. Der Platz ist ja nicht endlos. Also gibt es auch ständig Konkurrenz unter Kollegen und man muss sich in diesem Haufen durchsetzen.

Aber ich hatte sehr, sehr angenehme Kollegen, mit denen ich wirklich gerne zusammengearbeitet habe. Wir sind fast jeden Tag zusammen essen gegangen, haben viel miteinander diskutiert, nicht nur über kulturelle Themen, sondern auch viel über Politik.

Das Wichtigste an der Berufstätigkeit ist die Autonomie. Und das eigene Geld, das man verdient. Die Wertschätzung durch die Kollegen. Nichts davon bekommt man, wenn man nicht arbeitet. Ich hatte einen Kollegen, mit dem ich mehr als 20 Jahre lang alles besprochen habe, von Kindererziehung bis zur Wiedervereinigung. Das ist sozusagen mein Büro-Ehemann gewesen. Hattest du das auch?

Ich hatte auch so einen Büro-Ehemann, mit dem ich alles besprochen habe. Ich war Anfängerin und er schon länger dabei. Zu Beginn habe ich diesen Welpenschutz genossen; als Nesthäkchen im Team haben mir alle geholfen, die Tricks am Computer gezeigt. Das lässt mit der Zeit, mit steigender Seniorität in der Kanzlei nach. Ich fand das schade. Das klingt vielleicht unfeministisch, aber es gefiel mir, dass ich »die Kleine« war und noch »lernen« durfte. Seltsam. Bescheuert. Aber es wird ja auch weniger von dir erwartet, wenn du etwas zum ersten Mal machst.

Irgendwann wurde mir klar: Das ist vermutlich das letzte Mal in meinem Leben so, dass ich die Unerfahrenste im Team bin. Schrecklich. Und dann wird man auf einmal als Konkurrenz gesehen, als Bedrohung. Auch das war neu. Fortan musste ich souverän und professionell rüberkommen – bloß wie sollte ich das anstellen? Manchmal dachte ich, ich müsste erwachsen spielen oder wenigstens kompetent wirken. Ich habe mir gar nicht so viel zugetraut. Ich bin noch immer unsicher, aber ich mag es, das zu überwinden.

Mein Büro-Ehemann hat mich auch manchmal getröstet, wenn ich im Büro geweint habe oder wütend war – über eine unfaire Behandlung, eine Ungerechtigkeit. Wieso wird das jetzt nicht wertgeschätzt, dass ich nächtelang einen Schriftsatz entworfen habe? Ich hab mir dann die roten Flecken im Gesicht abgepudert und er hat mich irgendwie beschützt, beim Mittagessen in der Kantine mein verheultes Gesicht verdeckt, indem er sich vor mich setzte und mir gut zuredete.

Ja, ich wollte beschützt werden! Du wirst jetzt wieder mit mir schimpfen. Du hast mich gescholten, als ich dir erzählt habe, dass ich im Büro geweint habe. Du sagtest, ich sollte mir diese Zweifel und Unsicherheiten nicht anmerken lassen, mir nicht diese Blöße geben. Hast du etwa nie im Büro geweint?

Nein, ich habe im Büro nie geweint, weil ich immer wusste, ich würde mich damit sehr angreifbar machen. Die Kollegen, vor allem diejenigen, die über mir waren, hätten gesagt: »Die ist wohl dem Job nicht gewachsen.« Diese Blöße wollte ich mir nicht geben. Ich bin gelegentlich ausgerastet und habe dann rumgetobt und geschimpft: »Das mache ich nicht, so was lasse ich mir nicht gefallen.« Merkwürdigerweise gab's für diese Ausbrüche am Ende Anerkennung. Ich hatte nie eine Machtposition, aber ich habe immer versucht, doch so ein gewisses Dominanzverhalten an den Tag zu legen. Das ist mir ganz gut gelungen, weil ich mich seltener als andere mit Dingen und Themen beschäftigen musste, die in meinen Augen belanglos waren.

Also, nach dem, was du sagst, und nach ein paar Jahren eigener Recherche und Expedition ins Arbeitsreich, stelle ich fest: Man muss doch ein bisschen gefühlskalt sein, um Erfolg zu haben, oder?

Na ja, im Beruf geht's um den Kopf, nicht ums Herz. Das heißt aber nicht, dass du da mechanisch wie eine Sprinkleranlage funktionieren sollst.

In der Kanzlei habe ich mir anfangs viel zu Herzen genommen, ohne mich zur Wehr zu setzen. Nächtelang habe ich gegrübelt, bessere Antworten formuliert, Dialoge nachgespielt.

Obwohl ich Jura studiert und zwei Staatsexamen gemacht habe, hatte ich dennoch das Gefühl, dort eigentlich nicht hinzugehören. Ich fühlte mich wie so eine Mogelpackung: Bald fliege ich auf, bald merken alle, dass ich gar nicht souverän und professionell bin. Das nennt man auch Imposter-Syndrom. Und dann sagen einem die Leute: »Ach, die anderen kochen auch nur mit Wasser.« Aber das nützt dir ja nichts, wenn du denkst: »Ogottogott, in diesem Meeting habe ich jetzt schon seit zwei Stunden nichts gesagt, ich muss jetzt mal was sagen.« Ich hatte mehrere Meetings, in denen ich als einzige Frau inmitten sehr vieler Männer am Tisch saß, die nicht nur alle älter, sondern natürlich auch erfahrener waren, und der Druck wurde immer größer, weil ich unbedingt etwas Gescheites von mir geben wollte.

Das geht sicher allen jungen Berufsanfängern so. Man ist unerfahren, eingeschüchtert, unsicher. Wäre doch schlimm, wenn man da ganz heftig auf die Tonne hauen würde. Da würde man ja total selbstverliebt und eingebildet wirken.

Es gibt ja auch dieses typische Phänomen, dass eine Frau in der Besprechung etwas sagt, ein Mann es – in leicht veränderten Worten – wiederholt, und beim Mann wird anerkennend genickt. Manchmal hätte ich dann schon gern gerufen: »Diese Idee habe ich bereits vor fünf Minuten geäußert!« Leider wird Wut bei Frauen ja anders wahrgenommen. Ein Mann ist dominant und hat Führungsqualitäten, eine wütende Frau ist hysterisch, schwierig, unkontrolliert, unsympathisch. Und wir Frauen sollen ja vor allem eins: likeable sein! Also gefallen.

Also, ob die Leute mich jetzt mögen oder nicht, ist mir natürlich nicht egal. Aber ich war Kritikerin von Beruf. Ich habe zuweilen ausgeteilt und ich kann auch einstecken. Es muss mich nicht jeder mögen. Mir reichen meine Freunde und meine Familie. Ich habe genug Menschen, die ich liebe.

Dass Kritik oder Lautsein bei Frauen so aufgefasst wird, dass man als zickig, nervig oder schwierig bezeichnet wird, denken sich böse Menschen aus, meist Männer. Das war mir schon immer egal, sonst hätte ich meinen Beruf gar nicht ausüben können. Und dass Männer sich in den Vordergrund drängeln, habe ich in jedem meiner Berufe gemerkt. Allerdings war es zu der Zeit, als ich in der Politik gearbeitet habe, irgendwann schon so, dass man Frauen für politische Jobs suchte. Ich hätte sicherlich auch in der Politik bleiben können und hätte da vielleicht was werden können. Das weiß ich natürlich nicht. Aber die Ochsentour durch die Ortsvereine wollte ich nicht. Ich fand die Zusammenarbeit in einem großen Team wie bei einer Zeitung attraktiver als dieses ständige Gehacke in der Politik, wo man selbst in der eigenen Partei damit rechnen muss, dass einem ein Messer in den Rücken gerammt wird.

Ich war sehr gerne Journalistin. Aber ich weiß nicht, ob ich es heute noch gerne wäre. Denn der Beruf hat sich wahnsinnig verändert. Das hängt zum einen mit Corona und dem Homeoffice zusammen; jetzt trifft man seine Interviewpartner fast nur noch per Zoom-Meeting statt persönlich. Außerdem wird heute meist digital gelesen und im Netz hat jeder Artikel den gleichen Stellenwert. Durch eine Zeitung wurde man als Journalist stärker wahrgenommen, auf Papier sieht man, wer vorne steht.

Ich glaube, das, was du jetzt machst, Fernsehen, hängt auch mit dem Bedürfnis zusammen, wahrgenommen und gesehen zu werden. Jeder Mensch möchte gesehen werden. Aber jemand, der sich traut, in die Öffentlichkeit zu gehen, setzt sich auch der Kritik aus. Heute mehr denn je. Das schafft nicht jeder. Dazu muss man psychisch entsprechend ausgestattet sein, glaube ich.

Und wie! Du musst dafür gewappnet und gerüstet sein. Ich bin immer so nervös, vor jedem Auftritt ist mir mulmig, es kommt mir wie eine Mutprobe vor. Noch bis vor Kurzem musste ich vor jedem Fernsehauftritt einen Schluck Sekt trinken, das hat mich irgendwie beruhigt. Kurz bevor es losgeht, frage ich mich jedes Mal, warum ich mir das antue, ob ich mich nicht vielleicht überschätzt habe, was ich mir eigentlich einbilde! Wie vermessen, zu glauben, ich könne diese Bühne bespielen! Aber das ist ja auch eine Hybris zu glauben, jeder würde über mich etwas denken, zumal etwas Schlechtes. Was für eine Wichtigtuerei. Das Schockierende ist doch: Für andere bist du gar nicht so wichtig.

Vielleicht mache ich das tatsächlich aus einem Defizit heraus. Das hast du schon richtig beobachtet. Vielleicht ist es ein Wunsch nach Anerkennung, nach Sichtbarkeit. Weil ich mir das selbst nicht so geben kann, weil ich immer den Blick von außen gebraucht habe, den Applaus, eine Geste der Zuneigung. Da ist eine Unsicherheit und Rastlosigkeit, die mich immer wieder dorthin treibt, zu dieser Angst, aber auch zur Überwindung von Angst. Ich habe Flugangst und bin trotzdem Fallschirmspringen gegangen. Das Hochfliegen war wirklich schrecklich, das Runterfliegen war total geil. Geholfen hat es leider nicht.

Ich mache mir da gar nicht so viel Stress. Ich brauche solche Mutproben nicht, um zu wissen, ob ich meine Angst besiegen kann oder nicht. Ich stelle mir solche Überwindungsaufgaben nicht.

Ich stelle sie mir dauernd. Da ist sicher auch eine Sehnsucht zu gefallen. Und natürlich kann ich nicht jedem Menschen gefallen. Das ist in Zeiten von Social Media sowieso unmöglich, weil alle zu allem eine Meinung haben. Selbst, wenn man nur twittert, dass man Pfirsiche mag. Dann heißt es: »Warum denn Pfirsiche, igitt, wo kommen die überhaupt her, sind die fair produziert, was ist mit Aprikosen, wieso hat die so eine doofe Hose an, hör mal, die schrille Stimme.« Da muss man sich fernhalten.

Unbedingt! Ich habe mein Berufsleben weitgehend damit verbracht, Menschen zuzuschauen und zu beobachten. Ob im Theater oder im Leben. Dabei habe ich sehr viel gelernt. Über direkte und indirekte Botschaften. Was sagen mir Körpersprache, Ausdruck, ein Blick, ein Gang oder die Stimme? Warum macht jemand etwas? Daraus kann man unendlich viele Informationen und Schlüsse ziehen. Und beobachten, was sich ergibt. All das fehlt bei den Kommentaren im Netz. Da trötet irgendwer irgendwas raus. Der Mensch dazu ist nicht mal sichtbar. Ich finde es grässlich. Es führt ja auch zu nichts. Derjenige, der kommentiert, kann nicht mal sehen, wie sein Kommentar wirkt. Dann kann er's auch gleich sein lassen.

Mir fallen auch 295 andere Beschäftigungen ein, bevor ich auf Internetforen anfange, Leute zu hassen. Wie kann man sich in etwas hineinsteigern, das man hasst? Ich steigere mich lieber in etwas Schönes rein.

Es ist ja allgemein schwierig, mit Ablehnung umzugehen, und für einen Beruf wie Schriftstellerin oder Fernsehmoderatorin ist es relevant, ob jemand dein Buch kauft oder dich sehen will. Als Anwältin gibst du ein Produkt ab, einen Vertragsentwurf, eine Klageschrift – aber es ist nicht ganz so persönlich. In meinem jetzigen Beruf bin eben ich das Produkt. Das macht eine Absage schmerzhafter. Aber vielleicht sind in solchen kreativen Berufen Absagen Teil der Berufsbezeichnung. Jeder Tag ist ein Pitch, jeder Auftrag muss rangeholt werden, wie ein Marktschreier, der seine Brötchen loswerden will. Dauernd muss man sich anbieten, sein eigenes Produkt bewerben: das Produkt ICH. Seht her: mein Buch, meine Sendung, meine Kolumne, meine Idee, meine Visage, schaltet ein, bucht mich.

Manchmal komme ich mir wie eine menschliche Litfaßsäule vor: »Kauft mich, lest mich, bewertet mich!« Das kostet mich schon Überwindung. Wie eine fleischgewordene wandernde Werbetafel.

Wie ein Vertreter. Früher sind manche von Tür zu Tür gegangen, haben geklingelt und beim Öffnen gleich den Fuß in die Tür gestellt. Das verstehe ich, dass du das unsympathisch findest.

Und ich schäme mich, Menschen um Gefallen und Unterstützung zu bitten. »Kannst du vielleicht auf Instagram was zu meinem Buch sagen? Möchtest du mal was über meine Sendung posten?« Ich traue mich nicht. Es ist mir zu peinlich. »Was soll denn Schlimmeres passieren, als dass sie NEIN sagen?«, halten mir Freunde entgegen.

Aber ich finde ein Nein ganz schlimm. Natürlich sollte man eine Absage nicht persönlich nehmen – ich tue es aber dennoch und fühle mich extrem mickrig und uncool. Ich verzweifele ja schon an den blauen Haken bei WhatsApp. Wenn man mir binnen zwanzig Minuten nicht antwortet, gehe ich davon aus, dass man mich schrecklich findet (mein letzter Hoffnungsschimmer ist, dass der Adressat vielleicht gerade im Flugzeug sitzt oder seit 72 Stunden schläft). Und das schließt Handwerker oder Hotline-Mitarbeiter mit ein. Selbst von denen erwarte ich eine unverzügliche Antwort.

Für manche Auftritte schäme ich mich hinterher auch ganz von alleine, ohne dass ich blöde Online-Kommentare lese. Geht dir das auch so? Dass du im Nachhinein skeptischer mit dir bist?

Ja, das kenne ich. Ich habe gelegentlich Veranstaltungen moderiert und in meiner Schnoddrigkeit gedacht: Ach, das kann ich, darauf muss ich mich nur ein bisschen vorbereiten. Und damit bin ich natürlich ziemlich vor die Wand gefahren, weil mir nach der dritten Frage keine vierte mehr einfiel und schon gar keine fünfte. Das war ganz schön unangenehm. Aber diese zermürbenden Selbstzweifel wie du hatte ich nie. Wieso sollte mich jemand schrecklich finden, nur weil er mir nicht sofort antwortet? Und klar ist ja auch: Wenn man fünf Artikel pro Woche schreibt, wie ich es manchmal tun musste, kann nicht jeder gleich gut sein. Ich glaube, man hat in jedem Beruf gute und schlechte Tage.

Wobei ich eines ganz wichtig finde: Selbstironie. Ich kann über mich lachen, finde mich selbst manchmal lächerlich oder tollpatschig. Natürlich fällt mir das leichter, wenn es immer wieder auch Erfolgserlebnisse gibt. Es geht ja im Beruf nicht darum, keine Fehler zu machen, sondern darum, wie wir mit diesen Fehlern umgehen und auch wie gnädig andere mit uns sind. Ich habe immer versucht, tolerant zu sein, und ich wünsche mir eine Fehlerfreundlichkeit in unserer Gesellschaft.

Das ist wahrscheinlich ein schöner Traum. Wer öffentlich sichtbar ist, wird heute viel gnadenloser kritisiert als früher. Heute darfst du als Fernsehmensch oder Politiker nicht mal mehr in der Nase bohren. Irgendjemand würde ein Foto davon machen. Ganz zu schweigen von größeren »Verfehlungen«. Kein Wunder, dass jeder heute Filter über seine Fotos legt, wenn er sie postet.

Alles soll makellos aussehen. Makellosigkeit gibt es aber nicht. Sie wäre sowieso schnarchlangweilig.

Jedes Mal, wenn ich mein Manuskript abgegeben habe, verzweifele ich erst mal. Ich habe eine blühende Fantasie und male mir aus, wie die Verlegerin mir eine Mail schreibt, dass leider die Zusammenarbeit beendet werden müsse, da ich talentfrei sei, und für wen oder was ich mich eigentlich hielte, dass ich ernsthaft glaubte, diese aneinandergereihten Wörter könnten irgendwen interessieren. Da lese sich ja ein Einkaufszettel spannender! Die schlimmste Nacht ist für mich immer die Nacht vor dem Veröffentlichungsdatum. Dann liege wach und denke: Morgen erscheint mein Buch – und was ist, wenn keiner das Buch liest und es einfach niemanden interessiert? Für mich als Autorin ist das ein so großer Tag, auf den ich monatelang hingearbeitet habe, und für andere ist es bloß ein Dienstag, an dem sie sich durch Amazon klicken und mein Buch NICHT bestellen. Als ob Leute auf mein neues Buch warten würden wie auf das neue Album von Taylor Swift! Träum weiter, Laura …

Was meinst du, wie es Schauspielerinnen vor einer Premiere geht? Die meisten haben Lampenfieber ohne Ende. Barbra Streisand war weltberühmt, betrat aber 27 Jahre keine Bühne mehr, nachdem sie 1967 bei einem Konzert im Central Park den Text zu einem ihrer Songs vergessen hatte. Der Schriftsteller Mark Twain hat es treffenderweise so beschrieben: »Das menschliche Gehirn ist eine großartige Sache. Es funktioniert vom Moment der Geburt an – bis zu dem Zeitpunkt, wo du aufstehst, um eine Rede zu halten.«

Ich glaube, ich fühle mich auch deshalb wie eine Mogelpackung, weil ich mein Hobby quasi zum Beruf gemacht habe. Ich tue etwas, das ich liebe, also habe ich das Recht zu jammern verwirkt. Manchmal fühle ich mich, als müsste gleich jemand hereinplatzen und mich wegen Betrugs festnehmen. Warum diese Selbstzweifel? Dürfen nicht auch Frauen mal angeberisch sein? Oder wurde uns das bereits als Mädchen abtrainiert? Seid bescheiden, dezent, nicht zu überzeugt, nicht zu viel. »Sei wie das Veilchen im Moose, sittsam, bescheiden und rein und nicht wie die stolze Rose, die immer bewundert will sein.« Das stand noch in meinem Poesiealbum. Als Aufruf an mich, die Inhaberin des Albums, das Mädchen. Ihr als meine Eltern und ich haben es Gott sei Dank anders gesehen, und wenn ich sittsam, bescheiden und rein gewesen wäre, wäre ich heute verblüht, verwelkt oder zertrampelt. Wie ein Veilchen.

Du hast ja auch den Beruf ausgeübt, den du geliebt hast, als Kritikerin. Hast du denn trotz deiner traurigen Erfahrung als Schauspielschülerin mal auf einer Bühne gestanden?

Ja. In einer winzigen Rolle, zu meiner Regieassistentinnen-Zeit am Schauspielhaus. Ich sollte eine Zuschauerin spielen, die aus dem Publikum auf die Bühne gebeten wird. Ich war total verängstigt und verschreckt. Wahrscheinlich war das genau die Reaktion, die der Regisseur wollte. Auch wenn man von der Bühne aus wegen der grellen Beleuchtung nur die ersten Reihen im Zuschauerraum sehen kann, wollte ich da so schnell wie möglich wieder runter. Nein, Schauspielerin wäre kein Beruf für mich gewesen. Dazu war ich zu schüchtern.

Obwohl es auch schüchterne Schauspieler gibt. Ich habe eine Freundin, die ganz leise spricht. Sie ist eine gute Schauspielerin. Sehr zurückhaltend, hat auch relativ wenig Freunde. Einmal habe ich sie gefragt: »Warum bist du eigentlich Schauspielerin geworden?« Sie sagte: »Weil ich auf der Bühne das ausleben kann, was ich im echten Leben nicht tue.« Aber mir war die Gabe nicht gegeben, auf der Bühne irgendetwas auszuleben.

Ich bewundere Schauspieler und hab mir das insgeheim immer für mich selbst gewünscht, aber ich war dafür dann doch zu unfrei im Kopf. Ich versuche eher, es im Leben auszuleben.

Oder im Schreiben. Durch das Schreiben kannst du erleben, was sein könnte. Ein zweites Ich, eine zweite Version, ein zweites Leben. Die Figuren können etwas sagen, das du selbst nicht wagen würdest auszusprechen. Ja, vielleicht sage ich mit meinen Figuren die Dinge, die ich im echten Leben gern gesagt hätte.

Insofern kann ich diesen Wunsch nachempfinden – was heißt: nachempfinden? Ich empfinde ihn andauernd: den Wunsch, mich durch ein Medium auszudrücken, durch Fiktion, so wie kleine Kinder, die eine Puppe nehmen und mithilfe der Puppe oder des Kuscheltiers etwas ausdrücken, das sie selbst fühlen. Das ist für mich so, wenn ich Bücher und Texte schreibe, weil ich auf diese Weise woanders hingehen kann als im echten Leben; ich kann eine Kostprobe eines anderen Lebens haben, eine andere Abzweigung nehmen und gucken, wo mich das hintreibt. Ich liebe Fiktion, ich liebe Gefühle. Ich meine, wenn ich mich für Fakten interessieren würde, wäre ich Gerichtsvollzieherin geworden.

Wir reden hier ja auf einem Niveau, dass man sich durchs Arbeiten seine Wünsche erfüllt. Dass man seinen Traumberuf ausübt oder sich ein zweites Ich erfindet. Den meisten Menschen ist so etwas nicht vergönnt. Die müssen einfach Geld verdienen. Vielleicht haben die Eltern sie zu einer Berufsausbildung gezwungen, die ihnen nicht liegt. Vielleicht müssen sie eine Firma übernehmen. Oder sie haben keinen Beruf gefunden, der ihnen gefällt. Der Beruf ist oft kein Wunschkonzert. Aber ich glaube, es ist in jedem Beruf wichtig, dass man ihn gut macht. Und dass man Freude daran hat.

Das ist wohl wahr und ein unglaubliches Privileg. Du und Papa, ihr habt mir schon vorgelebt, dass eure Arbeit euch glücklich macht, euch Inspiration bringt. Ihr wart Vorbilder für mich.

Aber du hattest ja eine Mutter, die nicht gearbeitet hat. Ist es für dich je infrage gekommen, nicht zu arbeiten?

Nein, diese Vorstellung hatte ich nie. Ich habe schon in meiner Schulzeit darüber nachgedacht, welchen Beruf ich später mal ausüben möchte. Es war außerhalb meiner Vorstellungskraft, nicht zu arbeiten. Das wäre für mich einer Amputation gleichgekommen. Das wäre nur das halbe Leben gewesen.

Liebesleben

Mama, ich habe oft sehr starke, kitschige, auch schmerzvolle Momente in der Liebe gehabt. Ich dachte immer, dass Liebe alles sein muss, mich verrückt machen muss, wehtun muss, und habe gern meine eigene Telenovela ausgelebt. Du überhaupt nicht, glaube ich.

Nein, ich eher nicht. Höchstens als Teenager. Ich wünsche mir in der Liebe die Abwesenheit von Schmerz. Gezankt habe ich mich mit meinen Partnern nie gerne. Für mich war es eher so, dass Streit die Liebe vertrieben hat. Ich habe mich nach dem Schönen in der Liebe gesehnt, dem Berührtwerden, dem gemeinsamen Aufbruch zu etwas Neuem.

Das Wunderbare an so einer Verknalltheit ist ja, dass man sich fühlt wie ein Teenager und sich auch wie ein Teenager verhält. Am Anfang wirkt doch alles makellos. Man sieht nicht das »Echte« – man sieht denjenigen so, wie man ihn sehen will. Und man sieht auch sich selbst so, wie man sich sehen will, man kann selektieren, das Best-of sozusagen, The Greatest Hits. Nicht zu viel Realität.

Aber warum denn? Ich will doch einen echten neuen Menschen kennenlernen.

Realität gibt es auch in Celle, Realität gibt es im Wartezimmer beim Arzt – dafür bin ich ganz sicher nicht auf diesem Date. Ich will Unrealistisches. Ich will knutschen, fühlen, schwärmen, träumen.

Ich will was ganz Realistisches. Zum Anfassen. Er soll sich in mich verlieben, nicht in die Märchenversion meiner selbst. Sonst weiß ich ja nie, ob er mich liebt. Ich bin mit deinem Vater, ein halbes Jahr nachdem wir uns kennengelernt hatten, zusammengezogen. Das hatte nichts mit Greatest Hits zu tun. Wir haben ganz realistisch gemerkt, dass wir sehr harmonieren.

Das behaupten ja immer alle: Sie wollen unbedingt echt sein. Ich verstelle mich ja nicht, will aber manchmal eben ein Werbeversprechen sein, eine Aussicht. Und das kann man ganz gut, wenn man frisch verknallt ist.

Verknalltheit hat mit Realismus wenig zu tun. Da gibt es keinen Alltag, keine Zahnpasta, kein »Das Klopapier ist alle«. Natürlich kommt irgendwann die Entzauberung, aber diesen Moment zögere ich gern möglichst lange hinaus.

Jeder Mensch weiß doch, dass der Zustand der Verliebtheit maximal ein Jahr andauert. Willst du dich etwa jedes Jahr neu verlieben, damit du ewig in der Verliebtheitsschleife schwebst?

Ich finde die Vorstellung jedenfalls total schön.

Na ja, im Traum vielleicht. In Wahrheit wäre mir das viel zu anstrengend. Ich möchte auch ein Leben. Ein echtes.

Das Allerschlimmste ist doch, gar nichts zu fühlen. Immer gleich zu bleiben, ohne Bässe, ohne Dur, ohne Moll. Ich will keine Gleichgültigkeit, die mir garantiert, dass niemand mir wehtut.

Gleichgültigkeit und Liebe – das schließt einander aus. Wer gleichgültig ist, liebt nicht. Doch warum sollte ich immerzu etwas Neues haben wollen? Ich möchte lieber Geborgenheit und Gewissheit.

Für mich ist das Ungewisse ein Sehnsuchtsort. Ich finde die Eroberung spannender als das Angekommensein.

Sicher, Verliebtheit ist das Schönste, das wünsche ich mir auch. Aber ich habe mein Leben nicht danach ausgerichtet. Ich war nie so darauf fixiert.

Ich habe halt eine große Begeisterung für Verliebtheit. Ich bin Fan. Du vielleicht eher von der Liebe, der Beständigkeit.

Geht es dir wirklich um die Verliebtheit oder suchst du eher Bestätigung, egal von wem?

Irgendjemand muss mir die Dosis Hormone doch geben. Hauptsache, keine Lieferengpässe. Ich suche das absolute Gefühl.

Heute fällt es mir schwerer als früher, mich zu verlieben, denn ein großer Nachteil des Älterwerdens ist auch, dass die Männer in meinem Alter kein bisschen ausgelassen und unkompliziert sind. Die bringen so viele Probleme mit. Entweder sie jammern ihrem Job hinterher oder sie haben Stress mit ihren Ex-Frauen, mit ihren erwachsenen Kindern oder, noch schlimmer, mit ihrem körperlichen Verfall. Das ist wirklich total unsexy. Deswegen würde ich mich heute lieber in einen 45-Jährigen verlieben als in einen altersgemäßen Mann. Viele, die älter als 60 Jahre sind, finde ich total unattraktiv, oft haben sie Haarausfall und Bauch, sind träge, eingefahren. Das mögliche Objekt der Begierde ist gar nicht mehr verspielt. Wie soll mich das in einen Hormonrausch versetzen? Und so etwas gehört ja auch dazu, wenn man einen Menschen neu kennenlernt.

Aber ein pubertierender, pickliger Junge, der nur saufen will, Döner mit Knoblauchsauce isst und Fussballhymnen grölt, ist auch kein Traummann! Da gehört ja auch eine Portion Reinsteigern dazu.

Um mich in den Mann hineinzusteigern, der bei mir zu Hause als Erstes nach einem rückenschonenden Sitzkissen oder einer Ablage für seinen rechten Fuß fragt, fehlt mir die Fantasie.

Findest du es nicht süß, wenn er fragt, ob ihr gemeinsam unter seiner Rheumadecke kuscheln wollt? Das Schöne an einer Sehnsucht ist doch, dass sie sich nicht danebenbenehmen kann – im Gegensatz zur Realität, die sich ständig danebenbenimmt. Ich will eine Portion Hans Zimmer zulassen, Projektion. Und nicht sofort die Realität mit Baumarkt und Steuererklärung.

Na ja, da ist ja noch eine Menge Platz zwischen Leidenschaft und Steuererklärung. Vielleicht fängt man mal mit einem Wochenendausflug an.

Es liegt ja nicht nur daran, dass sich mit dem Älterwerden die Auswahl verringert, sondern dass man auch anspruchsvoller wird. Man ist nicht mehr so begeisterungsfähig, nicht mehr so unvorsichtig und stürzt sich nicht mehr kopflos in etwas hinein. Vor allem, weil man natürlich immer vergleicht, ob man will oder nicht. Paul war lustiger, Kilian hat besser geküsst …

Das weiß ich heute noch, wer am besten geküsst hat.

Ich auch! Und ich liebe die Anfangsphase. Das Beste am ersten Kuss ist die Ungewissheit, das Überraschungsmoment. Und alles, was neu ist, ist irgendwie verheißungsvoll.

Aber kennst du das nicht, diesen Gedanken, dass du schon so oft am Strand geknutscht hast, dass sich alles nur wie eine Wiederholung anfühlt und der Rausch sich abnutzt? Ich glaube, diese ersten Male sind deswegen so magisch, weil wir in dem Augenblick das Gefühl haben, wir sind der erste und einzige Mensch auf der Welt, der so was gerade erlebt!

Ja, vielleicht. Aber es gehört auch das Gefühl dazu, dass wir nur mit diesem einen Menschen etwas Wunderbares erleben und teilen.

Später weiß man aber auch, dass so ein Moment vergeht. Man glaubt nicht mehr an die Unbesiegbarkeit. Und trotzdem hätte ich mehr Angst davor, mich nie wieder zu verlieben, als enttäuscht zu werden.

Verliebtheit ist die letzte Zuflucht, die letzte Utopie, der Moment der Pause vom Denken, vom Analysieren, vom Optimieren – einfach nur Fühlen.

Ich könnte auch noch ein elftes Mal mit jemandem nachts am Strand liegen. Es würde mich überhaupt nicht stören, dass ich das schon mal gemacht habe, weil es zu den wirklich unvergleichlichen Momenten in meinem Leben zählt. Das würde ich gerne noch mal erleben. Man geht oder fährt ja auch gerne wieder dorthin, wo es schön war.

Ich bin in meiner Jugend, als ich mal sehr in einen Jungen verknallt war, mit ihm über die Absperrungen zum Schloss Charlottenburg geklettert und wir waren dann die ganze Nacht alleine im Schlossgarten. Das war aufregend, aber das würde ich aus sportlichen Gründen heute nicht mehr schaffen. Gerne machen würde ich es trotzdem.

Nimm doch eine Trittleiter mit zum Date!

Ich habe im Urlaub mal einen Typen aus München kennengelernt. Das war in Südfrankreich, wir haben Beachvolleyball gespielt, es gab Schaumpartys und einen Surfkurs. Danach haben wir uns jeden Tag Faxe geschickt, die Papa immer aus seinem Arbeitszimmer gezogen und mir gebracht hat. Eigentlich total romantisch, mit Zeichnungen, Gedichten, jeder hat da was zu Papier gebracht – und ich glaube, er musste dafür auch ins Büro seiner Eltern. Aber dann hat mich der Typ später mal in Hamburg besucht und schon nach zwei Stunden fand ich ihn gar nicht mehr so gut wie in dieser Strand-Crêpes-Beach-Bacardi-Kulisse. Da war er plötzlich kein sonnengebräunter Surfschüler mehr, sondern ein blasser Lulatsch, der komplett von mir abhängig war und in der Bar hilflos herumstand. Er kannte natürlich niemanden. Sein Besuch nervte mich, seine ganze Anwesenheit nervte mich, ich wollte ihn nur loswerden. Ein Großteil meiner Verknalltheit hatte sich anscheinend aus der Kulisse gespeist, aus dem Salz auf der Haut und dem Salz zum Tequila. Manche Gefühle passen eben nur an einen Ort.

Ach ja, Urlaubsflirts. Man ist unbeschwert, verliebt und macht Ferien. Auf der Skala der unglaublich schönen Gefühle stehen diese drei Dinge ganz oben.

Solche magischen Orte habe ich auch. Ich war 13, im Skiurlaub, und da war ein 19-Jähriger aus Düsseldorf. Nach dem Abendessen sind wir im Schnee spazieren gegangen, und ich habe unter dem Sternenhimmel meinen ersten Kuss bekommen. Der war so unfassbar schön, dass ich fast ohnmächtig geworden bin. Ich habe gedacht: Das will ich jetzt immer wieder haben. Der Junge sah weder besonders gut aus, noch hatte er sonst irgendwelche Eigenschaften, die für mich attraktiv waren. Aber ich war so überwältigt von diesem herrlichen Gefühl unterm Sternenhimmel, dass ich hin und weg war. Ich glaube, meine Einstellung zum Thema Liebe wurde dadurch insgesamt sehr positiv geprägt. Ich habe gleich beim ersten Kuss gemerkt, dass das etwas Wunderschönes ist. Und dass man es nur zu zweit erleben kann und wenn man irgendwie ein bisschen verknallt ist.

Mein erstes Mal war in Paris, eigentlich eine gute Geschichte – bis auf die Tatsache, dass der Typ am nächsten Tag mit mir Schluss machte. Na ja, ich war froh, dass ich es »hinter mich« gebracht hatte, irgendwie war da auch so ein Druck, beinah ein Gruppenzwang. Er war der coolste Typ an der Schule, er war 20, ich 16 und da lief ab und zu was mit ihm. Er hat mit Gras und anderem Zeug gedealt und wohnte allein auf 20 Quadratmetern; die Wände waren voller Graffiti und er war meist voller anderer Sachen.

Am nächsten Tag sagte er: »Laura, du gehst jetzt eh bald zurück nach Deutschland und ich bleibe hier. You're kicking a dead horse.« Diesen Satz werde ich nie vergessen: Du trittst ein totes Pferd! Aber er verkaufte es mir so, als wolle er die Trennung nicht noch schwerer machen.

Klar war das desillusionierend, aber irgendwie war es eine wichtige, wilde Erfahrung. Bei mir war es eben nicht dieses klassische »erste Mal«: Ach, wie süß, wir sind jetzt fast zwei Jahre zusammen und haben lange genug gewartet, alles ist geplant und ausgetüftelt und da liegen Rosen auf dem Bett und wow, er hat drei Kerzen von Rossmann angezündet. Das wäre nicht mein Ding gewesen. Für solche Kitsch-Romantik war ich nicht zu haben. Mein Kitsch war anders: Ich hatte keine Kerzen, keine Blümchen, aber ich habe nach meinem ersten Mal auf den Eiffelturm geschaut, neben mir lag ein Joint und es lief Cat Stevens. Wild World. Ich habe mir sein Schlussmachen damals nicht so zu Herzen genommen und wenn ich in Paris war, haben wir uns immer gesehen. Vor ein paar Jahren hat er mich zu seinem 40. Geburtstag eingeladen und hin und wieder schreibt er mir.

Mein erstes Mal war auch nicht romantisch. Ich war Schülerin, er aber schon Student. Er hatte eine Studentenbude. Da standen nur ein Bett, ein Schreibtisch und ein Schrank herum. Heute würde ich sagen, es sah aus wie in einem 1-Sterne-Hotel. Für mich waren's aber 5-Sterne plus, denn er war kein Junge mehr, sondern schon ein erwachsener Mann mit eigener Wohnung. Das fand ich umwerfend. Ich glaube, ich hatte ihn auch nur gewählt, weil ich's endlich hinter mich bringen wollte.

Was findest du denn an Männern besonders aufregend?

Ich finde Männer attraktiv, die begeisterungsfähig sind, natürlich, klug. Mit einem Dummkopf könnte ich keine drei Tage zusammen sein. Ich möchte auch niemanden, der so festgefahren ist, dass er jedes Wochenende auf sein Segelboot oder zur Jagd gehen will. Ich finde Neugier gut bei Männern, Anteilnahme, Männer, die Abwechslung wollen, die offen sind. Was mich total abstößt, ist Kleinkariertheit, Leute, die nur von sich selbst erzählen, Besserwisser, Pedanten, Angeber.

Ich finde Klarheit bei Männern besonders attraktiv. Also Entschlossenheit, ja, Entschlossenheit ist total anziehend. Aber natürlich mit Entertainment. Schlimm sind solche Hinhalter: »Melde mich nachher, kann spät werden …« Oder wenn jemand hilflos und träge ist und so wehleidig rumeiert, das fand ich nie hot: »Hach, ich weiß auch nicht, was ich jetzt machen soll … ich bin platt. Meine Nase läuft. Ich glaube, ich schaff das nicht mehr …«

Selbstbewusst sollte ein Mann auf jeden Fall sein. Aber unbedingt gleichberechtigt. Und anders als ich. Aber dann auch wieder ähnliche Interessen haben. Ich sag mal so: Ein Messie, der zu Reserveübungen beim Militär einrückt, Buddelschiffe sammelt, mit 'nem Hund im Bett schläft, um 5 Uhr aufsteht, im Schützenverein ist, am liebsten Filme mit Sylvester Stallone guckt und Sülze isst, der wäre eher im unteren Bereich meiner Verliebtheitsskala. Obwohl – dein Vater liebte Sülze.

Oder bei ihm zu Hause riecht es nach Eintopf und er besucht gern Mittelaltermärkte. Auch Geiz ist unsexy. Eine Freundin von mir hat nach dem Sex bei einem Typen übernachtet und am nächsten Morgen wollte er Geld haben, weil sie bei ihm geduscht und folglich »Strom und Wasser« verbraucht hätte. Ich kannte auch mal eine, die Geld verlangt hat, wenn sie Freunde in ihrem Auto mitgenommen hat. Aber nicht nur fürs Benzin, was ja total okay wäre, sondern sie wollte zusätzlich eine Abnutzungsgebühr für den Wagen. So nach dem Motto: »Du hast den Beifahrersitz platt gesessen.«

Wenn mir ein Mann an seiner Wohnungstür sagt, ich solle die Schuhe ausziehen, gehe ich gar nicht erst rein.

Ach, diese Wohnungstür-Situationen sind doch immer schwierig. Bleibt man davor stehen, muss man reinbitten, küsst man sich? Ich habe mal bei einem Typen übernachtet, und als wir uns am nächsten Morgen etwas tapsig an seiner Tür verabschiedeten, sagte er zu mir: »Komm gut nach Hause!« Und ich: »Ja, du auch.« Aber er war ja längst zu Hause!

Ich habe mir auch schon vor einem Telefonat mit meinem Schwarm Stichworte auf ein Post-it geschrieben, mit Spiegelstrichen. Als Ideengeber für lustige Anekdoten aus meinem Repertoire, falls wir uns anschweigen. Also ich würde sagen: Ich hab die Coolness erfunden!

Man wird mit den Jahren kreativer, schlagfertiger, souveräner. Weil man mehr Erfahrung hat.

Ich wäre so gern geheimnisvoll und mysteriös. Rätselhaft. Es ist aber schwer, rätselhaft zu bleiben, wenn man immer online ist. Ich checke bei WhatsApp dann auch, wann er zuletzt online war. Außerdem beantworte ich Nachrichten meist in unter 60 Sekunden. Und wenn ich mal nicht sofort antworte, dann ganz bestimmt nicht, weil ich es »vergessen«, »übersehen« oder »nicht gelesen« habe. Nein! Das ist ein gewiefter, strategischer Move, weil ich so tue, als hätte ich was Besseres zu tun und sei wahnsinnig beschäftigt. »Sorry, kam jetzt erst dazu …«

Und dann diese Grausamkeit, dass man da blaue Haken sieht, die Bestätigung, der andere hat es gelesen, ist auch dauernd »online« und reagiert einfach nicht … Ich habe Freundinnen, die sind den ganzen Tag mies gelaunt, wenn ihr Schwarm ihre Instagram-Story nicht anschaut. Ich weiß noch, als man auf dem Handy nur wenige SMS speichern konnte und dann welche löschen musste, weil sonst kein Speicherplatz mehr da war. Wie romantisch! Man musste sich für die zwanzig schönsten Nachrichten entscheiden. Sich festlegen!!! Ja, das konnten wir damals! Wer macht das Rennen und schafft es in die TOP 20? Wird es Maik mit seinem »Ok – bis später«? Oder doch Hannes mit seinem »Sweet dreams«?

Ach, was waren das für erholsame Jahre: keine blauen Haken, kein Ghosting, kein Abtauchen, Ignorieren, Unsichtbarwerden, keine schlaflosen Nächte!

Na ja, ich komme jetzt nicht aus der Zeit der Postkutsche, habe aber noch einige sehr schmachtig-leidenschaftliche Liebesbriefe. Wäre es nicht auch heute eigentlich viel schöner, man würde einen Brief erhalten, in dem steht: »Schreib mir, oder ich sterbe.« Ich wartete so gerne auf solche Briefe. Und habe sie immer wieder gelesen. Das finde ich deutlich verführerischer als so eine WhatsApp.

Ach, aber bei WhatsApp ist das Tolle ja die Unmittelbarkeit! Die Augenblicklichkeit, die Gegenwart. Du kannst im Moment der Sehnsucht schreiben und der andere kann sofort reagieren. Das kann dir ein Liebesbrief nicht bieten. Auch das Hin und Her ist toll, die Wortspiele, die Schlagfertigkeit. Es ist doch durchaus aufregend, dass man manchmal nur eine einzige WhatsApp-Nachricht von einem Nervenkollaps entfernt ist. Oder eben von absoluter Euphorie. Außerdem habe ich schon SMS bekommen, in denen stand: »Ich sterbe gerade, weil du nicht hier bist.« Also sterben kann man auch ohne Brief.

Bei einem Brief kann man sich wenigstens einreden, er sei von der Post verschlampt worden. Und manchmal nippelt die Verliebtheit ja auch schon in der Entstehungsphase ab, wenn man merkt: Diese Romanze könnte mühsam werden.

Man verliert in Zeiten von WhatApp und ständiger Erreichbarkeit schneller die Geduld. Da sind schon zwei Tage ohne Antwort eigentlich ein sehr deutliches Signal. Heute kannst du ja dank Social Media alles herausfinden, alles miterleben, seine Reisen, seine Hobbys. Du kannst so gründlich recherchieren, wer der Typ ist, was er macht, wie seine Fotos aussehen, wo er Urlaub macht, wie sein Hund heißt, ob er seinen Latte macchiato am liebsten mit Hafermilch trinkt, als würdest du eine wissenschaftliche Arbeit über ihn schreiben.

Ich bin da altmodisch. Ich finde das alles lieber erst bei einem richtigen Treffen heraus. Im Internet wird mir zu viel gelogen. Wobei, man kann auch im echten Leben böse Überraschungen erleben. Sobald ich merke, ein Mann macht blöde Witze über Frauen oder benimmt sich wie ein Macho, ist das für mich der absolute Abturner. Da kommt es gar nicht erst zum Verlieben.

Haha, ich habe leider gar kein so großes Problem mit Machos oder Angebern. Ich habe sowieso mit nicht so vielen Leuten ein Problem – vielleicht ist genau das mein Problem! Meine Freundinnen sagen immer: »Laura, du magst ja JEDEN!« Das geht natürlich nicht. Man soll immer alles verurteilen, an allen die Fehler suchen, auf Twitter, beim Dating, da herrscht so wenig Toleranz, so wenig Nachsicht. Ich kann vielen Menschen etwas abgewinnen, Hauptsache, sie langweilen mich nicht. Manchmal finde ich Angeber total unterhaltsam, wie eine Stand-up-Show. Mir ist ein lautstarker Angeber, ein Poser, einer, der dick aufträgt, lieber als ein schmallippiger Langweiler, ein Gutmensch, der immer alles richtig macht, ganz bescheiden und seriös in der Ecke sitzt, all seine Mails ausdruckt und in Klarsichtfolien packt. Ich mag Schwächen. So war Papa doch auch. Der war nicht leise, schüchtern und bescheiden. Ich brauche dieses Kontra, ich stehe auf Provokation.

Wie du wieder polarisierst! Jemand ist entweder ein Macho und Angeber oder sitzt mit seiner Klarsichtfoliensammlung bescheiden in der Ecke und bügelt seine Socken. Also, den Klopapierabzähler will ich auch nicht. Das wäre ja ein Albtraum. Dazwischen gibt's noch hunderttausend andere Männer. Dein Vater war weder ein Macho noch einer, der einen Fahrradhelm aufgesetzt hätte.

Ich möchte jemanden nicht sofort durchschauen, ich möchte, dass der Mensch irgendwie widersprüchlich ist: ein Fußballer, der Rilke-Gedichte vorträgt, ein Rapper, der Puccini-Opern hört. Ein Herkules mit Harfe. So was eben!

Träum weiter! Das ist ja vollkommen unrealistisch. Solche Männer gibt es gar nicht.

Ich habe dir mal einen Comic geschenkt, da saß ein Skelett auf einer Parkbank und unter dem Skelett stand »Warten auf den Traummann«, weil du echt wählerisch warst. Auf solche Typen kannst du warten, bis du wirklich zum Skelett wirst. So einer wird in 100 Jahren nicht vorbeikommen.

Stimmt, an den Comic erinnere ich mich! Aber eigentlich ist es doch schön, dass bei Teenagern unrealistische Fantasien vollkommen in Ordnung sind. Also, für was Realistisches brauche ich doch keinen Mann. Dafür reicht eine Zugfahrt in einem verspäteten ICE mit defekter Toilette und ohne WLAN. Wenn ich mir beispielsweise vorgestellt habe, mit Robbie Williams zusammen zu sein, hat mich niemand mitleidig getätschelt. Es reichte für mein Glück auch vollkommen aus, mir eine Romanze mit Robbie Williams auszumalen. Ja! Bereits damit war ich zufrieden – wie genügsam ich doch war!

Im Übrigen, Mama, habe ich solche Typen durchaus schon getroffen: grob und sanft. Ich bin ja selbst voller Widersprüche. Und ich finde es gut, wenn er gefährlich ist, ein bisschen Ganove.

Ganoven? Geht's noch? In welchem Film bist du denn unterwegs? Bankräuber, Dealer, Betrüger? Nein danke! Was Wirklichkeitsnahes willst du nicht? Dann schweb auf 'ner Schaukel ins Postkartenidyll. Ich will keinen Spinner.

Was die Illusionen betrifft: Ich will ja auch nicht, dass der andere sofort alles von mir sieht und ich alles von ihm: Blasenentzündung, Jogginghosen, Ausschlag, grüne Salbe im Gesicht, abgeblätterter Nagellack, Unterwäsche, die aussieht, als wäre sie aus einem Kostümfilm übers Mittelalter. Irgendwann gern, da will man diese Nähe vielleicht oder nimmt sie in Kauf. Aber zu Beginn? Um Himmels willen, nein danke! Streng dich an, gib dir Mühe. Begehren speist sich aus dem Geheimnisvollen, aus der Verheißung. Und ganz sicher nicht, wenn ein Typ sich vor mir den Pickel ausdrückt und mich bittet, ihm eine Creme gegen Fußpilz aufzutragen. Oder findest du das sinnlich und hot?

Du liebst die Extreme, oder? Das ist doch alles vollkommen unwahrscheinlich. Ich habe in meinem ganzen Leben noch nie jemandem Fußpilzsalbe aufgetragen. Nicht mal mir selbst. Und Pickel hat sich auch keiner vor mir ausgedrückt. Allerdings in den Zähnen gepult oder dreckige Fingernägel gehabt. Aber nicht am ersten Abend.

Klar gibt es schon zu Beginn Ausschlusskriterien: Jammerigkeit, Kleingeist, eckige Schuhe, Dreiviertelhosen, einer, der mich zum Date mit dem Beerbike abholt, kurzärmelige Hemden mit zu viel Muster, Mottosprüche auf T-Shirts: »Ich bin Dachdecker und kein Frauenarzt, aber ich kann es mir ja trotzdem mal anschauen« oder »Wer mit mir nicht auskommt, muss eben noch an sich arbeiten« – bitte Jungs, haltet eure Shirts da raus! Niemand möchte mit dem 5,99-Euro-Polyester-Ding aus dem Souvenirshop in einen Dialog treten. Ich stehe auch nicht auf bordeauxrote Satinbettwäsche oder Leute, die immer »chillen« wollen. Oder auf einen, der sich für total irre hält: »Ich bin ein ganz wilder Kerl, ich fahre Segway – ohne Helm. Und manchmal bestelle ich online ein Produkt, ohne die AGB zu lesen!« Oder so einer, der über sich selbst sagt, er sei voll der »lonely wolf«, weil er einmal 24 Stunden allein in Budapest war, nachdem er dort seinen Anschlussflug verpasst hat. Oder wenn gleich Gefälligkeiten eingefordert werden: »Kannst du noch Bier mitbringen und vom Kiosk Kippen; und falls du beim Supermarkt vorbeikommst, bräuchte ich noch Spüli und 'ne WC-Ente.« Kauf dir dein Calgonit doch selber!

Ich mag es schon, gebraucht zu werden. Ich finde die Vorstellung, dass mich kein Mensch auf der Welt braucht, deprimierend. Aber unselbstständige Männer sind schrecklich. Ich kann mit kindischen oder kindlichen Männern gar nichts anfangen. Wenn mich einer »Knuffelchen« nennt und ich »Bärlibär« zu ihm sagen oder ihm die Wäsche rauslegen soll.

Oder Babysprache! Ganz schlimm. Aber ich finde auch Männer albern, die einen auf Kosmopolit machen: »Hola Chica. Später einen Latte auf der Sonnenterrasse? Spring schnell noch unter die Dusche, check, besos.« Oder: »Gute Nacht, Guapa, süße Träume!« Oder: »Ciao Bella! Ich werde dich verwöhnen, bacio.« Oder: »Was geht, Bunny?« Wow, da spricht einer Spanisch! Und Italienisch! Und Englisch! Beeindruckend. Der sitzt dann auch im Restaurant neben dir und bestellt ganz wichtigtuerisch alles auf Italienisch, »due Cappuccinos«. Puh, also wenn ich mir diese Liste von Ausschlusskriterien anschaue, ist es fast erstaunlich, dass ich überhaupt jemals verliebt war!

Also, zuerst gucke ich natürlich auf das Äußere. Nicht nur aufs Aussehen, sondern: Wie bewegt sich ein Mann, wie guckt er, was macht er mit seinen Händen? Strahlt er? Glücklicherweise bin ich durch mein jahrzehntelanges Zuschauen im Theater sehr auf

Körpersprache geschult. Wenn einer verklemmt ist, erkenne ich das. Ich finde es wichtig, wie lebendig ein Mensch ist. Nicht zu hektisch, aber bitte auch nicht lahm. Einer, der Mottosprüche trägt, hat oft selbst nichts zu sagen. Und einer, der nur von seiner Arbeit quatscht, erlebt möglicherweise sonst wenig. Man sagt ja, ob einem jemand sympathisch ist, entscheidet sich in den ersten sieben Sekunden des Kennenlernens. Kann ich bestätigen.

Leider bin ich immer dann besonders cool, wenn ich nicht versuche, jemanden zu beeindrucken – der ist dann Feuer und Flamme für mich. Und bei demjenigen, den ich um jeden Preis beeindrucken will, werde ich nervös und tollpatschig. Dummerweise bleibt dann mein Kleid an der Tischkante hängen, sodass ich nicht mehr nach meinem Getränk greifen kann und heimlich versuche, den Faden durchzureißen. Da bin ich dann so bedürftig. In dem Moment, in dem ich zu sehr gefallen möchte, habe ich schon verloren.

Tollpatschig bin ich überhaupt nicht, aber ich kenne das auch, dass ich mich von meiner besten Seite zeigen will. Und die heißt bei mir: Ich will irgendwas Schlaues sagen. Das gelingt mir natürlich auch nicht immer. Da bin ich dann nervös und sage etwas völlig Belangloses wie: »Stell dir mal vor, in meinem Schrank sind Motten.«

Oder fragst du ihn ganz verführerisch: »Tun dir auch immer so die Füße weh, wenn du neue Schuhe anhast?«

Ich rede aus Nervosität und Verlegenheit auch eher zu viel und höre mich Sätze sagen wie: »Ich bin ganz gerne mal eine verrückte Nudel. Ich bin so crazy, dass ich nach 17 Uhr noch Cola trinke!«

Ehrlich gesagt, habe ich oft das Gefühl, etwas Schlaues beeindruckt den Mann weniger als ein hübsches Lächeln. Du musst dir also wegen der Motten im Schrank gar keinen Kopf machen, Mama.

Ja, peinlich ist es mir trotzdem – vor mir selbst.

Mich stört vor allem, dass es für Frauen beim Dating so viele Regeln gibt. Dauernd muss man einen auf »hard to get« machen, also bloß nicht leicht zu haben sein. Da wird mir doch als Frau ein Teil der Selbstbestimmung und der Lust abgesprochen: Es kommt nicht drauf an, was DU willst – Hauptsache, du vergraulst IHN nicht! Als ich jünger war, hieß es für uns Mädchen, sich bloß nicht zu leicht »herzugeben«, das sei »billig«. Da würde der Typ das Interesse verlieren! Aber was ist denn mit unserer eigenen Sexualität? Die sollst du unterdrücken, um begehrenswert zu sein. Vielleicht, weil du als Frau immer Sex haben könntest. Biete dich nicht an, biedere dich nicht an. Außerdem kannst du ja schwanger werden! Und der Mann ist schließlich ein »Jäger«, der will erobern. Also: Gib dich nicht zu leicht her, sei nicht zu anhänglich, sei nicht zu verfügbar, der Mann ist futsch, wenn du zu leicht zu haben bist. Das sind natürlich Klischees.

Diese Spielregeln gab es schon zu meiner Zeit. Ich mag diese Spielchen auch nicht. Eigentlich ist es doch viel besser, wenn beide, Mann und Frau, gleich viel Interesse aneinander haben und das einander auch zeigen können. Ich wollte mich eigentlich nie auf einen Mann einlassen, der von mir erwartet hat, dass ich so tun soll, als ob ich ihn nicht will. Zu deinem Vater hab ich gleich zu Anfang mal gesagt: »Ich bin doch nicht aus Stein.«

Es gab Männer, die haben sich für mich interessiert, obwohl es schnell ging – und es gab Männer, die haben mich verschmäht und geghosted, obwohl ich NICHT mit ihnen geschlafen habe. Also, ich möchte eigentlich nicht, dass sich jemand nur für mich interessiert, weil ich nicht verfügbar bin. Ich mag es, wenn der Mann mir zeigt, dass er mich will – und ich finde das umgekehrt auch schön. Es ist ja ein Kompliment. Es gibt für Verliebtheit keine Regeln. Wenn es immer funktionieren würde, würde es uns nicht reizen. Es reizt uns, weil es nicht »optimierbar« ist.

Natürlich gibt es keine Regeln fürs Verlieben. Ich habe mich allerdings oft gefragt: Warum verliebe ich mich in diesen Mann und nicht in jenen? Hat das etwas mit kindlicher Prägung zu tun? Weil der Vater blaue Augen hatte, verliebt man sich in Männer mit blauen Augen? Oder eben gerade nicht? Und wie sehr prägt es uns, dass die Regeln, wie sich eine Frau zu verhalten hat, alle von Männern aufgestellt werden? Zu deren Vorteil. Es geht ja immer darum, die weibliche Sexualität zu domestizieren. Vor der Sexualität der Frau haben Männer die größte Angst, überall auf der Welt. Vielleicht, weil Frauen Leben erschaffen. Und die Männer können das eben nicht.

Es geht aber nur gemeinsam. Also, das mit dem Leben erschaffen. Uns Frauen wird dieses Störgefühl eingeredet, wenn sich der Typ nach dem Sex nicht meldet. Als seien wir irgendwie verarscht worden oder auf jemanden reingefallen. Und bis heute sagen Freundinnen zu mir: »Ich melde mich doch nicht zuerst bei dem!« Das wäre aufdringlich. Dabei ist es doch unselbstständig und passiv, sich in die Position der Wartenden zu begeben.

Wobei ich selbst auch schüchtern war. Sobald ich das Gefühl hatte, dass es ein Machtgefälle gibt, wurde ich uncool, unbeholfen und unsouverän. Ich habe mich bei dem Mann, der mir wirklich gefiel, nie was getraut. Und eigentlich habe ich immer erwartet – sei es geprägt durchs Patriarchat, sei es aufgrund meines Wesens –, dass der Mann den Move macht, dass der Mann anruft, dass der Mann fragt, dass der Mann küsst. Da war ich irgendwie total altmodisch und so hat es ja auch Lucilectric in meiner Teenagerzeit gesungen: »Mir geht's so gut, weil ich ein Mädchen bin! Und dann lehn ich mich zurück und lass dem Mann den ersten Schritt …« Das ist total passiv! Klar entscheiden wir, auf was wir eingehen. Aber ich war damals nicht so, dass ich selber mein Liebesleben in die Hand genommen habe.

Heißt Liebesleben in die Hand nehmen, auf jemanden zuzugehen? Oder nur, den Mann zu ermuntern, dich anzusprechen? Ich habe nie aktiv einen Mann angesprochen. Aber ich habe auch nicht rumgesessen und gewartet, dass irgend jemand mich anspricht. Wenn mir jemand gefallen hat, dann wusste ich schon, wie ich es anstelle, dass er zu mir kommt. Ich habe da nichts verpasst.

Ich habe das schon auch eingesetzt. Warum soll ich mich rarmachen, wenn ich viel lieber mit dem Typen zusammen sein und knutschen würde? Mich selbst bestrafen? Aber vermutlich ist dieses Verlieben auch ganz situativ und hängt viel vom Timing ab. Ich hatte nie Angst, mich zu verlieben – ich hatte immer Angst, mich NICHT zu verlieben. Was ist daran cool oder erstrebenswert, keine Gefühle zu haben? Wie kann man darauf stolz sein?! Es ist doch nur stumpf und trostlos, wenn mir niemand etwas bedeutet. Aber ich habe auch gemerkt, dass ich es nicht erzwingen kann. Manchmal habe ich es mir anders gewünscht – das erinnerst du vielleicht noch. Manche Typen waren hinter mir her und eigentlich total toll. Die haben mich abgeholt, mir Mix-Kassetten aufgenommen und mir Briefe geschrieben. Aber ich habe mich einfach nicht in die verliebt. Und in einen anderen habe ich mich verliebt. Von dem gab's keinen Brief und der hat mir auch keine Songs aufgenommen. Noch nicht mal einen einzigen.

Ich glaube nicht, dass wir MIT aussuchen. Ich glaube, wir suchen aus. Meist entscheiden doch die Frauen, wer ihr Mann wird. Die Frauen sind viel wählerischer als die Männer. Klingt nach Klischee, ist aber keins.

Vermutlich überschätzen wir die Häufigkeit des Verliebens. So oft passiert das nicht, auch wenn dir im Film oder durch die Werbung »alle elf Minuten« suggeriert wird, die »große Liebe« ist direkt um die Ecke! Melde dich nur an, schließ ein Abo ab, such, such, arbeite dafür! An manchen Abenden hätte ich einfach meinen Spaß haben können, anstatt nach dem großen Gefühl zu suchen.

Oft habe ich mich schon gewundert, wer sich da in wen verliebt. Und wie unberechenbar das ist. Ich hatte mal eine Freundin, die mir wochenlang von einem Mann vorschwärmte, den sie kennengelernt hatte. Sie hat ihn mit so verliebten Worten beschrieben und konnte kaum noch von etwas anderem sprechen. Ich sah dabei so einen Robert Redford mit magischen Fähigkeiten vor mir. Irgendwann holte der Neue sie dann mal in der Bar ab, in der wir uns getroffen hatten. Herein kam ein dickbäuchiger, schlecht gekleideter, mittelalter Mann mit Brille. Er hat sich zu uns gesetzt und innerhalb von 20 Minuten die gesamte Erdnussschüssel auf dem Tisch geleert. Das war also der Mann, in den sich meine Freundin rasend verliebt hatte? Nix Robert Redford, eher Gérard Depardieu. Da war ich froh, dass ich durch meine Arbeit Shakespeare so gut kannte. Da heißt es im »Sommernachtstraum«: »Verliebte und Verrückte sind beide von so brausendem Gehirn.« Wahrscheinlich sind Verliebte echt einfach nur verrückt. Die sehen ihr Objekt der Begierde vollkommen unrealistisch.

Ich habe meine Freunde mal gefragt, wie oft sie verliebt waren. Manche waren es nur drei- oder viermal – und die sind heute 40. Ich habe mich schon etwas häufiger richtig verknallt. So mit schwärmen und sich vorstellen, wie man zusammen auf einer Vespa sitzt, Autokennzeichen nach seinen Initialen absuchen und sich einbilden, es sei ein Wink des Schicksals, wenn »unser Song« gerade im Radio lief.

In der Schule habe ich mal für einen Jungen geschwärmt, der

total gut Klavier spielen konnte, und plötzlich wollte ich im Klavierunterricht nur noch Sachen aus der Romantik üben, weil ich mit ihm über Schubert reden wollte. Die Klavierlehrerin muss sich gewundert haben, dass ich da eine ganze Epoche spielen wollte, auch Schumann und Tschaikowski. Das ist doch süß. Am Ende wurde es nichts mit dem Jungen – aber dafür konnte ich die ganzen Moll-Stücke sehnsuchtsvoll klimpern!

Rührend. Aber je älter man wird, desto seltener passiert einem das. Ja, es »passiert« einem, es ist ein Widerfahrnis.

Und was kommt nach dem Kennenlernen?

Wenn du ein Paar bist, lauern auch überall Gefahren. Anfangs schickst du noch heiße Textnachrichten, verführerische Selfies, irgendwann folgt schon das »HDGDL« und dann nur noch die Einkaufsliste per WhatsApp: »Das feuchte Toilettenpapier nicht vergessen!« Es kommen »Hausschlappen« ins Spiel und »Wohlfühl«-Pullis. Die Zeit der Regenjacken im Partnerlook von Jack Wolfskin oder Northface ist angebrochen, sonntags der gemeinsame Brunch. »Wie war dein Tag, Schatz?«, »Komm nicht so spät nach Hause«, »Trink nicht so viel, Mausi«. Was kommt als Nächstes? Wenn dein Wochen-Highlight der Samstag bei Obi ist oder du in deinen Kalender am Mittwochabend immer den Termin »Bio-Tonne« eingetragen hast, ist es mit den lasziven Nachrichten längst vorbei. Dann kommt maximal noch ein liebevolles »Denkst du an den Zahnarzttermin, Knuffel?« oder »Ruf du bitte den Monteur an!« auf dein Handy.

Ich möchte nicht Teil eines Paares sein, das nur in der ersten Person Plural von sich spricht: »WIR mochten den Film. WIR sind ja im Sommer immer auf Rügen.« Ich möchte autark sein, mich nicht nur als Paar definieren.

Ich finde es schön, Teil eines »Wir« zu sein. Gemeinsam das Wochenende zu verbringen, Reisen zu planen, zusammen zu essen, zu kochen, Gäste einzuladen und sich hinterher über den Abend zu unterhalten. Zu fragen: »Wollen wir heute ins Kino?« oder »Kommst du mit?«, wohin auch immer. Das merkst du wahrscheinlich erst, wenn du es nicht mehr hast. Diese unglaubliche Geborgenheit im Gemeinsamen.

Ich brauche Freiheit. Aber ich brauche auch das Gefühl von Zugehörigkeit. Früher fühlte ich mich oft verloren, das tue ich jetzt nur noch selten. Weil ich weiß, wo ich geliebt werde und dort auch lieben kann. Ohne Agenda, ohne dass wir aufrechnen, wer mehr gibt oder mehr tut. Dort ist das Gute, das Heile, das Gesunde, das ist für mich das Zuhause. Die Komplizenschaft, das gemeinsame Amüsieren über Dinge, die Erlebnisse, Erinnerungen. Ich klang jetzt wahrscheinlich zynischer, als ich es bin, Mama. Ich glaube ja nicht an Gott, aber ich glaube an Liebe.

Ich vermisse die Gemeinsamkeiten, die ich mit deinem Vater hatte, unendlich. Das Kochen zu zweit am Wochenende, die Diskussion über einen Film oder die Gespräche über Politik. Daran merke ich, dass der gemeinsame Alltag in einer Beziehung unfassbar wichtig ist. Das heißt nicht, dass man dauernd aufeinanderglucken soll. Ich bin natürlich auch oft allein irgendwohin gegangen. Schon wegen meines Berufs. Und er war viel auf Lesereisen oder hat Vorträge gehalten. Wir haben uns aber über alles ausgetauscht, Menschen, Artikel, Ereignisse. Dafür ist eine Beziehung wichtig, das ist wie Kitt. Jeder hatte seins. Und wir hatten unseres.

Ich war auch schon in Männer verliebt, die ihre Abgründe hatten. Ich fand Abgründe gut, den Exzess, die Gier nach irgendwie mehr, mehr Gefühl, mehr Leben, das hat mich angezogen.

Ich hatte durchaus giftige Beziehungen. Jeder hat immer neue Waffen gezückt, wir haben aufgerüstet, neue Foltermethoden gefunden: Handy aus, Tür absperren, Weglaufen, Hinterherlaufen, Ringen. Mehrmals wollten Nachbarn die Polizei rufen. Manches spielte sich auf offener Straße ab, das Publikum war uns egal. Einer hat mir mal Geldscheine hinterhergeworfen, ein anderer stundenlang vor meiner Tür kampiert und mir aufgelauert, einer hat sogar meine Tür eingeschlagen und Bilder von der Wand gerissen, ein anderer ist auf meinen Balkon im vierten Stock geklettert und stand dann da, klopfte gegen die Fensterscheibe. Hach, da fallen mir so viele gute Geschichten ein. Und keine gute Geschichte beginnt je mit: »Es war ein harmonischer Tag und sie waren vernünftig, aßen Radieschen und tranken einen Kamillentee …« Nein, die guten Geschichten gehen anders.

Iih, Kamillentee! Aber eine Geschichte könnte doch so anfangen: »Sie schwammen auf eine einsame Insel.« Habe ich mal gemacht, in Griechenland. Das war soooo romantisch. Und überhaupt nicht kaputt.

Einer hat sich mal in meinem Schrank versteckt. Weil ein anderer in die Wohnung kam.

Ja, im Schrank hat sich bei mir auch mal einer versteckt.

Der Klassiker! Mama, wir sind ein Klischee. Mit einem anderen habe ich gerangelt, vor Wut auf ihn eingetrommelt, er hat mich durch die Wohnung gejagt und ich habe mich im Badezimmer verschanzt, bis er die Tür eingedrückt hat. Das war alles so tragisch und herrlich leidenschaftlich! Knutschen, Hingabe, Versöhnung, Hoffnung. Einer hat mal alle Liebesbriefe, die er mir geschrieben hatte, im Büro mit der Schreddermaschine zerstört und davon ein Video gemacht. Das hat er mir dann mit dramatischen Worten geschickt.

Du möchtest, glaube ich, in einem Actionfilm mitspielen. Ich vielleicht lieber in einer romantischen Komödie. Ich finde es ein großes Glück, wenn man schon in der Verliebtheitsphase merkt, dass man mit diesem Mann gerne noch sehr viel erleben möchte. Einer, der sich selbst zerfleischt, wäre mir viel zu mühsam. Und schwierig. Das Leben ist schon ohne kaputte Männer schwer. Ich will den anderen auch nicht heilen. Ich mag eine gewisse Leichtigkeit bei Männern.

Aber ist Ruhe wirklich immer so erstrebenswert? Ja, klar, niemand kann dich retten oder heilen, aber ich fand manchmal diese Grenzen einfach spannender als harmonische Eintracht. Außerdem ist Glück nicht produktiv, Glück allein ist langweilig für die Kunst. Woody Allen hat mal gesagt: »Das Glück schreibt mit weißer Tinte«, das heißt, es ist unsichtbar, es erschafft nichts. Unruhe ist besser – wenn man zum Beispiel Bücher schreibt. Wie du weißt, nenne ich das alles »Recherche«.

Im Unterschied zu dir habe ich mich nie ins Verliebtsein verliebt. Ich hatte unglaublich tolle, aufregende, spannende, neugierige, begeisterungsfähige Partner und glücklicherweise nie jemanden, der mich zerstört hat oder mich zerstören wollte. Vielleicht hängt das damit zusammen, dass ich eine sehr gute Menschenkenntnis habe. Wenn ich neue Leute kennenlerne, merke ich sofort, mit wem ich harmoniere und mit wem nicht. Ich weiß nicht, ob man das lernen kann, aber das hat meine Mutter schon an mir beobachtet und vielleicht hatte ich dadurch das große Glück, Männer zu finden, die sehr gut zu mir passen. Das gilt im Übrigen auch für Freundinnen.

Vielleicht wollte ich manchmal wie Dreck behandelt werden, um dann wieder komplett vergöttert zu werden. Ich liebte dieses Auf und Ab, wenn es knallte, wenn er angekrochen kam. Und es war nicht falsch, mich in Männer zu verlieben, die mir nicht unbedingt guttaten. Ein Mann ist ja kein Yogakurs mit anschließendem Entgiftungstee aus Sellerie. Liebe muss etwas anderes sein. Liebe ist für mich nicht Wellness.

Ich liebe Wellness. Das heißt ja, sich gut zu fühlen. Wo, wenn nicht mit meinem Mann, soll ich mich gut fühlen? Das Gegenteil wäre ja, sich schlecht zu fühlen. Also, dazu sollte mein Partner nicht da sein. Ich kenne sehr viele Männer, mit denen ich mich schlecht fühlen würde. Nie, nie, nie würde ich mich in so einen verlieben. Ich will mich gut fühlen. Ganz besonders, wenn ich verliebt bin. Aber danach auch noch.

Ich habe natürlich auch nicht allen Männern gutgetan. Sobald ein Ungleichgewicht herrscht, eine Überlegenheit, wird es gefährlich, einer wird übermütig, vielleicht auch dreist. Wie weit kann ich gehen, wie weit kann ich ihn provozieren, bis er die Flucht ergreift? Wie sehr will er mich? Vielleicht wollte ich mir selbst auch beweisen, dass ich eigentlich gar nicht liebenswert bin …

Du? Nicht liebenswert? Du bist mein Kind. Du bist das Liebenswerteste, das es gibt. Wer war der Idiot?

… und war dann oft erstaunt, wenn der Typ dennoch blieb. Vielleicht dachte ich auch: Ich habe diese Art von Liebe gar nicht verdient. Warum findet der mich jetzt so toll, betet mich an, obwohl ich ihn nicht gut behandele?! Und dann ist das so eine Spirale: Ich werde immer garstiger, er wird immer anhänglicher. Ich möchte ja keinen treudoofen Hund als Freund. Wir alle sind mal grausam, vielleicht auch ohne es zu wollen. Oft wenn wir einfach weniger fühlen als der andere – da kannst du dich auf den Kopf stellen, du wirst trotzdem nichts empfinden. Ich hatte manchmal einen plötzlichen Ekel, ich konnte den Typen von einem Tag auf den anderen nicht mehr küssen, weil er mir so zuwider war. Ich konnte ihn nicht mal mehr anfassen, musste mich wegdrehen, wehren. Da hat sich alles in mir gesträubt. Entlieben ist so rasch und heftig, sehr brutal. Aber für den Entliebten ist dieser rapide Temperaturabfall, diese Entzauberung, ja auch nicht schön.

Du bist eine echte Dramaqueen! Was du da Entlieben nennst – so wäre ich nicht gerne abserviert worden. Ich war mal sehr, sehr verliebt in einen Mann, der in einem anderen Land lebte. Dadurch sind wir nie richtig lange zusammengekommen. Wir waren total aufeinander fixiert, aber durch lange Trennungen ist es dann irgendwie auseinandergegangen. Das war mir Drama genug.

Ich bin da verdorben, »ge-influenced« von Hollywood, den Seifenopern und Serien. Es muss alles ein Kampf sein: Kriegen sie sich oder nicht? Und wenn sie sich haben, ja, was dann? Was passiert danach, nach dem Happy End?

Dazu gibt es ein schönes Gedicht von Tucholsky, es heißt »Danach«*:

»… Der olle Mann denkt so zurück:
Wat hat er nu von seinen Jlück?
Die Ehe war zum jrößten Teile
vabrühte Milch un Langeweile.
Und darum wird beim Happy End
im Film jewöhnlich abjeblendt.«

Deshalb: Alles musste tragisch und dramatisch sein.

Hattest du denn nie Liebeskummer?

Erstaunlicherweise hatte ich nie schlimmen Liebeskummer. Ich habe viele tolle Männer gekannt und schöne Beziehungen gehabt, aber irgendwann war die Beziehung dann eben zu Ende, ausgeleiert oder so.

Wenn das eigene Kind Liebeskummer hat, ist es natürlich schrecklich. Man kann ihm nicht wirklich helfen, außer zu versuchen, es aus der Aufregung rauszuholen.

* Tucholsky, Kurt: Danach, in: Lerne lachen ohne zu weinen, Ernst Rowohlt Verlag, Berlin 1932, S. 380–382.

Ja, natürlich bist du da als Mutter komplett machtlos. Du kannst höchstens trösten, zuhören – oder lauter neue Jungs nach Hause einladen, kleines Casting sozusagen.

Es ist eine traurige Erkenntnis: Je älter das Kind wird, desto weniger kannst du ihm helfen. Jeder Mensch muss seine eigenen, auch schlimmen Erfahrungen machen. Leider. Meine Mutter hat oft zu mir gesagt: »Das Leben geht immer weiter.« Das mag banal klingen, aber es ist wahr. Wir wissen doch alle: Wenn eine gewisse Zeit vergangen ist, weiß man meist gar nicht mehr, worüber man sich mal so aufgeregt hat. Da versteht man überhaupt nicht mehr, was so schlimm gewesen sein soll. Oder auch, warum man in einen Menschen mal so wahnsinnig verliebt war, der einem inzwischen vollkommen durchschnittlich vorkommt. Der hat dann überhaupt nichts Magisches mehr. Ich glaube, wenn man mit seiner Mutter, von der man denkt, dass sie immer das Beste für einen will, über Kummer spricht, ist es auch sehr hilfreich, wenn man hört: Ja, das ist jetzt schlimm für dich, aber es wird nicht schlimm bleiben.

Das ist schön, dass du das sagst, und es ist tröstlich. Im Grunde weiß man es ja selbst. Und dennoch: Liebeskummer ist was Ernstes! Vielleicht fehlt dir da die Vorstellungskraft, weil du nie ganz schlimmen Liebeskummer gehabt hast. Ist das für dich nun traurig oder gut? Wie kann man nie so stark gefühlt haben?!

Ich hatte vielleicht keinen schlimmen Liebeskummer. Aber ich hatte viel Kummer aus anderen Gründen: Tod, Trennung, Betrug. Wobei das alles ja auch Liebesgründe sind. Das war sehr schmerzhaft, viele Jahre lang.

Durch die Liebe war ich oft unfassbar euphorisch und glücklich, das war das beste Gefühl! Aber manchmal auch wirklich niedergeschlagen. Wenn die Erwiderung ausblieb, wenn ich das Gefühl hatte, ich stoße auf Zurückweisung und verstehe einfach nicht, warum. Warum will er mich nicht wiedersehen? Warum ist er online und schreibt nicht? Du siehst, ich befasse mich hier mit den drängendsten Fragen unserer Zeit … haha. Manchmal frage ich mich, was sich länger anfühlt: sechzig Minuten im Sand bergauf joggen oder EINE Minute abwarten, nachdem ich eine emotionale Nachricht verschickt habe.

Ich habe auch darauf gewartet, dass der Neue, in den ich verknallt war, mich anruft. Aber es gab damals bloß ein Festnetztelefon in der Familie. Da konnte man nicht zwei Stunden danebenstehen, bis der Typ sich meldet. Und es haben andere Familienmitglieder telefoniert. Insofern wusste ich gar nicht so genau, ob er nun angerufen hat oder nicht. Also musste ich mir zwangsläufig etwas anderes für den Nachmittag oder Abend ausdenken.

Wie angenehm! Was man an so einem Nachmittag alles erleben kann, wenn man NICHT neben dem Telefon stehen muss!

Ich war aber auch nie in jemanden verliebt, der nicht auf mich angesprungen wäre. Den hätte ich gleich weggewischt, wie heute bei Tinder. Wenn einer nicht interessiert war, den ich gut fand, dann habe ich gedacht: Der ist ja ganz schön doof, wenn er nicht sieht, wie toll das mit mir wäre.

Glaubst du wirklich, dass es was mit dem Selbstwertgefühl zu tun hat? Ist es nicht vielmehr die eigene Emotionalität? Ich kann mich ja wahnsinnig gut in alle möglichen Dinge reinsteigern. Ich liebe Rausch, als Zustand. Du machst das nicht so wie ich: mich auf dem Boden wälzen, eingerollt wie eine Lakritzschnecke oder in Embryostellung laut Musik hören. Unser Nachbar hat damals dann zu euch gesagt: »Na, Laura hat wohl gerade Liebeskummer, die hört ja schon die ganze Woche Whitney Houston.«

Aber ich habe diese Theatralik auch vor Freude: allein auf der Straße, die Arme weit ausgebreitet, in Slowmotion die Laterne umarmend, ganz laut Musik, Gänsehaut und Glücksgefühle. Hast du dir solche Pirouetten untersagt oder abtrainiert?

Ich glaube, mir hat es im Leben sehr oft geholfen, dass ich sehr pragmatisch bin. Und gar nicht narzisstisch. Wenn ich eine Situation nicht ändern kann, weil der Mann sich in eine andere verliebt hat oder weil die Luft raus ist, habe ich meist – nicht immer – versucht zu sagen: »Ja, das ist Mist. Das bereitet mir Schmerzen, aber ich kann daran nichts ändern. Wie gehe ich jetzt am besten mit der Situation um, damit ich mich nicht im Leid suhle?«

Ich möchte mich selbst nicht in Embryostellung auf dem Fußboden sehen. Dieses Bild akzeptiere ich nicht von mir. Ich möchte nicht hilflos wimmern. Ich möchte nicht jaulen und schreien. Ich empfinde mich dabei als machtlos, gedemütigt und ich möchte auch von keinem Mann zu so einem Menschen gemacht werden. Ich möchte irgendwie noch in der Lage sein, ins Büro zu gehen und Freunde zu treffen und nicht mit verheulten Augen herumzuhängen.

Natürlich habe auch ich öfter verheulte Augen gehabt, aus vielerlei Gründen. Aber ich habe immer versucht, mich in Situationen, die schwierig waren, emotional zusammenzureißen. Eine Freundin von mir, die von einem Tag auf den anderen von ihrem Mann verlassen wurde, hat zu mir gesagt: »Ich habe deswegen keinen Tag im Büro gefehlt.« Nein, ich habe wegen Liebeskrisen auch keinen Tag im Büro gefehlt. Denn das Büro hilft ja in solchen Situationen auch. Dort hat man keine Zeit, an seinen Kummer zu denken.

Ich weiß noch, als Kind hast du immer zu mir gesagt: »Lies lieber ein Buch!« Ist das die Lösung dafür, dass man sich selbst nicht so zerfleischt? Ich neige ja eher zu diesem … ja, Selbstzerstörerischen. Aber auch zu der vollkommenen Hingabe. War ich dir als Tochter dann fremd, weil du dich überhaupt nicht in mir wiedererkannt hast?

Das sind zwei unterschiedliche Sachen. Ob du mir fremd bist oder ob ich mich in dir wiedererkenne, ist in dem Fall nicht wichtig. Weil ich davon ausgehe, dass jeder Mensch anders ist und anders reagiert, und man muss jeden so reagieren lassen, wie er reagieren kann.

Ich würde dir aber aus meiner Lebenserfahrung raten, dich nicht allzu sehr gehen zu lassen. Weil es dir dann selbst besser geht. Wie soll es jemandem gut gehen, der sich auf dem Boden krümmt und heult? Ich habe mir oft selbst pragmatisch zugeredet: Das ist schmerzhaft, das will ich nicht. Ich will alles versuchen, um diese doofe Situation, dieses doofe Gefühl loszuwerden. Sich abzulenken kann ein gutes Mittel sein. Ich glaube, man sollte sich nicht mit Haut und Haar in eine Situation reinbegeben, die einen emotional so sehr aufwühlt, dass man nicht mehr denken, essen, fühlen oder was weiß ich kann. Das ist nicht gesund.

Besessenheit hat mir manchmal gut gefallen, weil sie – wenn sie erwidert wird – natürlich etwas ganz Kraftvolles, Lebendiges, Intensives hat. Letztlich bedeutet es ja, dass man jemand anderem Macht über sich gibt und das zulässt. Vor allem aber: dass man selbst diese Macht über jemanden hat. Das kann ja sehr aufregend sein. Oder ist das Narzissmus? Ego? Borderline?

Ich war selten vollkommen fixiert und absorbiert von einer Idee oder einem Menschen. Ich habe mich immer für so viele Sachen interessiert, dass ich, wenn ich verliebt war, trotzdem noch ein Buch lesen oder meine Freundin treffen wollte. Ich finde, das Leben hat so viel Aufregendes zu bieten und ist ungeheuer abwechslungsreich.

Die einzigen Menschen, denen ich mich total ausgeliefert habe, wart ihr Kinder. Ich hätte immer, wirklich immer alles ste-

hen und liegen lassen, um für euch alles möglich zu machen. Ja, ich hatte eine große Liebe. Aber ihr Kinder wart auch meine große Liebe. Und seid es bis heute.

Ich glaube, es ist ein aus Filmen übernommenes Klischee, dass man leidet, wenn man liebt. Ich glaube, die Liebe ist auch etwas ganz Leichtes, Schönes, Kostbares. Ich habe glückhafte Beziehungen mit Männern geführt, die gleichwertig waren. Wir haben tolle Sachen erlebt, Abwechslung, Anregung, Abenteuer. Wir sind viel ausgegangen, wir haben viel gefeiert, haben viele Sachen unternommen, die einfach Freude gemacht haben. Ich habe mich an die Beziehung angepasst und der andere sicher auch. Aber ich habe mich nicht aufgelöst.

Geliebt zu werden ist vermutlich das Wichtigste, was man haben oder erreichen kann. Am schönsten ist es, von jemandem geliebt zu werden und ihn gleichzeitig auch zu lieben. Nur geliebt zu werden ohne Gegenliebe reicht nicht. Wie würdest du das Gefühl, geliebt zu werden, beschreiben?

Das Schöne am Geliebtwerden ist, dass man sich vollkommen verstanden und angenommen fühlt. Dass man nicht nach dem Sinn des Lebens fragt, sondern der Sinn sich in der Liebe erfüllt. Es ist sicherlich das schönste Gefühl, das es gibt.

Lieben ist etwas, das man weder erlernen noch optimieren kann. Als junger Mensch kannst du »genauso gut« lieben wie jemand, der schon viel mehr Erfahrung hat. Du liebst also nicht fortschrittlicher oder besser, je mehr oder länger du es schon tust. Es ist nicht wie Klavierspielen oder Tanzen. Und du kannst auch nicht daran »arbeiten«, geliebt zu werden, du kannst eigentlich nichts dafür tun. Das ist vielleicht das Einzigartige daran.

Es ist ein Gefühl der Wärme, des Glücklichseins, des Immer-so-bleiben-Wollens. Was erwartest du eigentlich von der Liebe?

Dass sie mir alles gibt: Kraft, Halt, Lust, Euphorie, Freude, Magie. Dass ich immer auf sie zurückgreifen kann, wenn ich Trost oder Zuflucht suche.

In der ersten Verliebtheit erwarte ich, dass sie mich wie ein fliegender Teppich über alle Sorgen und Probleme hinwegträgt. Und wenn es dann Liebe geworden ist, habe ich einen Menschen gefunden, mit dem ich alle Sorgen und Probleme gemeinsam löse. Ich erwarte einen Partner, Freund, Vertrauten, jemand, auf den ich mich verlassen kann und der sich auf mich verlassen kann. Glaubst du, es gibt Menschen, die nie Liebe erfahren?

Vermutlich schon. Aber ich gehöre zum Glück nicht dazu. Es fällt mir zwar leichter, mich zu verlieben als zu lieben, ich kann schnell für jemanden schwärmen und genauso schnell wieder abkühlen. Aber mich hat die Welt der Liebe immer fasziniert und interessiert. Ich finde, Lieben ist ein schöner Zeitvertreib. Auch, um sich von den Schmerzen in der Welt und von der eigenen Sterblichkeit abzulenken.

Hast du je aus einer Liebesbeziehung etwas für eine andere gelernt?

Das weiß ich nicht genau. Bei den ersten Liebesbeziehungen ist man ja noch sehr jung und erprobt erst mal das Gefühl, die Nähe. So stellt man Gemeinsamkeit her. Man weiß, was man mag und was nicht. Mit einem neuen Partner wechselt das natürlich. Da entwickelt man andere Gewohnheiten. Vielleicht lernt man etwas, weil man älter wird. Und weiser. Aber das gilt genauso für alle anderen Lebensbereiche.

Ich habe in jeder Liebesbeziehung etwas für die nächste gelernt. Das heißt aber nicht, dass ich nicht denselben Fehler zwei-, drei- oder viermal gemacht hätte. Ich könnte aber jeden anderen Menschen vor diesen Fehlern bewahren. Nur bei sich selbst hat man ja häufig einen blinden Fleck … Ich habe so viele verschiedene Beziehungen gehabt, dass ich mich durchaus als Expertin bezeichnen würde. Ich habe junge und alte Männer getroffen, habe Frauen und Menschen aus allen möglichen Kulturkreisen gedated. Das widerspricht aber nicht dem oben Gesagten, dass man das Fühlen von Liebe nicht erlernen kann. Das Gefühl muss da sein, da nützen Erfahrung oder Expertentum gar nichts.

Aber was hast du denn dann gelernt, wenn du ständig dieselben Fehler wiederholt hast?

Ich habe mich besser kennengelernt: was ich will, was ich mag. Und ich habe angefangen, Unaufrichtigkeit schneller zu durchschauen und sogenannte Alarmsignale zu identifizieren. Irgendwann erkennt man doch Wiederholungen, Heuchelei, Muster. Sätze wie »Du bist die absolute Traumfrau. Es gibt keine wie dich. Ich habe noch nie so eine Frau wie dich getroffen …«– diese Schwüre, dieses Blabla, wenn es viel zu schnell kommt. Das ist einfach unglaubhaft.

Hast du das denn je geglaubt, als du jünger warst?

Vielleicht schon, vielleicht weil ich es glauben wollte.

Inzwischen falle ich nicht mehr unbedingt auf den anderen Menschen herein, sondern eher auf mich selbst. Ich wollte mich immer wieder auf die Liebe und das Lieben einlassen, weil es so schön ist. Ich habe gelernt, dass Gefühle unberechenbar sein können, dass es keine vertragliche Bindung gibt, dass jedes Versprechen morgen möglicherweise gebrochen werden kann. Und trotzdem will der Mensch jedes Mal wieder denken: Dieses Mal ist es anders, dieses Mal bleibt es so!

Hast du dauerhafte Freundschaften zu Männern gehabt, ohne dass Erotik eine Rolle spielte?

Ja, natürlich habe ich die gehabt! Du weißt doch, dass ich sehr viele Männer als Freunde habe und das total brauche. Ich glaube, am Anfang einer Freundschaft zwischen einem heterosexuellen Mann und einer heterosexuellen Frau schwingt immer kurz die Frage mit, ob da was gehen könnte, doch irgendwann wird eine Freundschaft für mich komplett asexuell. Ich kam aber schon in die unangenehme Situation, dass ein enger Freund mich plötzlich geküsst hat. Danach waren wir beide etwas unbeholfen miteinander.

Als ich jünger war, hatte ich fast nur männliche Freunde, die schwul waren. Irgendwie schwingt bei heterosexuellen Männern immer ein bisschen Erotik mit. Inzwischen habe ich männliche Freunde, die Teil eines befreundeten Paares sind, bei dem ich mich auch mit dem Mann alleine gut verstehe. Ich hatte mal einen sehr engen Freund, der was von mir wollte, wie er mir immer wieder gesagt hat. Aber ich habe ihn wirklich nur als sehr guten Freund gesehen und das hat dann auch funktioniert.

Also, bei mir sind das nicht nur Männer aus Paaren, sondern ich war tatsächlich schon in der Schulzeit und im Studium mit vielen Jungs befreundet. Ich hatte so eine richtige Gang, das war immer toll. Übrigens gibt es auch einige, mit denen ich mal was hatte oder sogar zusammen war und mit denen ich bis heute befreundet bin. Darüber bin ich sehr glücklich. Ich möchte Menschen, die ich mag, gern in meinem Leben behalten.

Ich kenne aber Männer, die behaupten, dass es keine Freundschaften zwischen Männern und Frauen geben könne. Zumindest sei es so, dass der Mann anfangs immer auch ein sexuelles Interesse an der Frau habe, sonst würde er sich angeblich gar nicht erst um eine Freundschaft bemühen. Das finde ich traurig.

Ich finde es schön, dass du mit deinen Ex-Freunden noch so eng bist. Bei mir ist das leider nicht so. Meine Ex-Partner sind entwe-

der tot, leben ganz woanders oder wir haben uns aus den Augen verloren. Jetzt haben wir so viel über deine explosiven Romanzen gesprochen und meine wirkten daneben eigentlich viel solider. Aber am Ende hast du es jetzt wohl doch besser getroffen.

Ich habe in diesem Gespräch neue Dinge über dich erfahren und du vermutlich auch über mich. Wir sind uns beim Verlieben wirklich gar nicht ähnlich, aber das haben wir vielleicht schon geahnt. Trotzdem habe ich gemerkt, dass wir beide Fans der Liebe sind. Wir lieben sie, wir brauchen sie, wir vermissen sie, wenn sie fortgeht, wir schwärmen für sie. Wir leben sie nur ein bisschen anders aus.

Aber sicher ist doch, dass wir uns beide lieben.

Älterwerden

Hattest du eigentlich ein Lieblingsalter, Mama?

Ja, mein Lieblingsalter waren die Jahre zwischen 30 und 40. Das war sicher auch die anstrengendste Zeit in meinem Leben, weil ich beruflich vorwärtskommen wollte und kleine Kinder hatte. Aber ich finde durch dieses Anstrengende lebt man so richtig, das ist das volle Leben. Herrlich! Wann fühlt man sich lebendiger?

Als ihr klein wart, habe ich oft sehr wenig geschlafen. Ich habe immer Vollzeit gearbeitet, das war eine Herausforderung: Familie, Arbeit, Feiern – ich wollte auf nichts davon verzichten und habe alles mit Freude gemacht. Aber man braucht dafür schon Kondition. Wenn ich jetzt daran zurückdenke, empfinde ich das als die schönste Zeit in meinem Leben. Ich war jung, fast das ganze Leben lag noch vor mir. Ich habe meine Familie und meinen Beruf geliebt. Eigentlich war das ein Traum. Aber ich habe auch sehr, sehr viel gearbeitet. Und ich bin natürlich immer ziemlich früh aufgestanden, weil ihr ja zur Schule musstet. Sehr gesprächig waren wir morgens um 7 Uhr alle nicht.

Das bin ich bis heute nicht.

Ich habe immer versucht, euch die besten Sandwiches zu machen, mit Salat, Tomate, Gurke, Sauce und viel Belag.

Ja, die waren super. Niko hat auf dem Schulhof mit deinen belegten Broten gedealt, sie gegen etwas Wertvolles getauscht. Das war auf dem Pausenhof begehrte Ware. Als würde er Drogen verticken. Alle waren ganz heiß auf deine Stullen.

Das habe ich erst Jahre später erfahren. Schade eigentlich um die schönen Brote.

Du bist ja letztes Jahr 40 geworden. Wie schaust du denn auf die vergangenen Jahre zurück?

Es beunruhigt mich ein wenig, dass du die Jahre zwischen 30 und 40 als die schönste Zeit empfunden hast. Denn die ist bei mir ja gerade vorbei. Keine sehr optimistischen Aussichten für die nächsten Jahrzehnte. Da halte ich mich lieber an den Spruch: »40 ist das neue 30!« Das sagen zwar nur 40-Jährige, aber hoffentlich stimmt es. Ich finde das Älterwerden an sich gar nicht so schlimm. Was wäre denn die Alternative: sterben? Nein danke.

Das Gleiche gilt ja für mich. Ich werde dieses Jahr 70. Wollen wir tauschen?

Dann doch lieber 40. Ich finde nur grausam, dass man die eigene Endlichkeit dauernd im Nacken hat. Ich frage mich schon: Ist jetzt Halbzeit? Und habe ich womöglich ausgerechnet die bessere Hälfte hinter mir? Geht's jetzt nur noch bergab? Ich war sehr gerne Kind und ich kann mir nicht vorstellen, dass ich genauso gern alt sein werde. Kann das besser sein als eine Kindheit? Wohl kaum. Das Endgültige daran ist so bitter. Nie wieder Klingelstreiche, nie wieder Pausenhof, nie wieder Osterhase, nie wieder nach dem Ausweis gefragt werden, wenn man Alkohol kauft …

Also das vermisse ich an der Kindheit am wenigsten. Ich denke eher: nie wieder Versteck spielen oder Rollschuh laufen. Ich war ebenfalls wahnsinnig gerne Kind. Auch, weil ich mich sehr geliebt fühlte. Und wegen meiner wunderbaren Freundinnen, die ich bis heute habe.

Ich fahre auch heute noch Schlittschuh und gehe Rodeln. Mit meinen Kindern erlebe ich wieder ganz viel von dem, was ich früher mit dir erlebt habe: Lego, Playmobil, Achterbahnfahren, Rutschen, Kneten, Bananenboot …

Das macht mir ja selbst noch Spaß, mit deinen Kindern Lego zu bauen oder in den Vergnügungspark zu gehen. Ich erlebe es jetzt ein drittes Mal. Schon deshalb sind Enkelkinder so was Wundervolles. Man kehrt mit ihnen in die eigene Kindheit zurück oder in die Zeit, als man jünger war und kleine Kinder hatte. Und als Oma habe ich nicht mehr die Verantwortung. Ich bin nur für den Spaß zuständig.

Ich war zwar ein sehr lebhaftes, fröhliches Kind. Aber ich habe schon damals über den Tod nachgedacht: Wie geht das, das Nicht-am-Leben-Sein? Ich wollte mich immer von meiner eigenen Sterblichkeit ablenken, irgendwas so sehr wollen, dass es mich absorbiert, irgendein Gefühl, einen Trost, einen Ausweg.

Ich wollte vor allem viel Leben in das eine Leben quetschen. Denn die Alternative, ein ewiges Leben, erschien mir als Sechsjährige auch furchterregend, grausam. Das Unendliche war unvorstellbar. Also, was konnte die Lösung sein? Es war knifflig. Ich verzweifelte daran.

Ich habe als Kind nie an den eigenen Tod gedacht. Mache ich bis heute nicht.

Ich habe immer gewusst: Das hier ist nur geliehen, das ist nicht für immer. Wir waren ja keine gläubige Familie und so habe ich sehr früh daran gedacht, dass wir alle irgendwann einfach weg sind. Darüber darf man nicht zu lange nachdenken, sonst wird man irre. Ich bekomme sofort Panikattacken und keine Luft mehr. Also: schnell Zerstreuung, alles ist Beschäftigungstherapie; alles, was wir Menschen hier tun, tun wir, um zu verdrängen, dass wir irgendwann fort sind. Nicht an die eigene Nichtexistenz denken.

Wie du weißt, verdränge ich auch gerne. Ich vermeide Konflikte, Auseinandersetzungen. Ich habe vor vier Jahren eine Hautkrebsdiagnose bekommen. Der Krebs ist glücklicherweise weg. Aber ich bin zu jeder Nachuntersuchung gegangen wie jemand, der davon eigentlich gar nicht betroffen sein kann. Ich male mir Schrecken nie aus. Dafür habe ich keine Fantasie. Wenn es aber um Streit geht, beispielsweise in der Familie, entwickle ich die absurdesten Szenarien, so nach dem Motto: Wenn dieser Streit eskaliert, sehen wir uns nie wieder. Es ist natürlich völliger Quatsch, jeden Streit in der Fantasie so aufzublasen, das weiß ich. Und ich streite mich ja durchaus, beispielsweise wenn es um Politik, gesellschaftliche Ungerechtigkeiten oder Kunst geht. Da suche ich sogar die Auseinandersetzung. Aber im Privaten belasten mich Streitereien. Meine Harmoniebedürftigkeit ist auf jeden Fall mit dem Alter stärker geworden.

Also, 40, die Mitte des Lebens. Hin und wieder blicke ich sentimental und beinah eifersüchtig auf mein altes Ich. Kennst du das: Du siehst ein altes Foto von dir mit fünf oder acht Jahren und du erkennst dich, aber es kommt dir vor, als wäre der Mensch, den du dort siehst, jemand anders? Es ist beinah, als würde man einer Figur in einer Serie zuschauen. Irgendwie nicht ganz real. Das Vergangene wirkt wie Fiktion.

Es ist nicht so, dass ich mir wie ein anderer Mensch vorkomme. Es ist ein anderes Leben. Ich bin jetzt so alt, dass manche Phasen meines Lebens endgültig vorbei sind, nicht nur die Kindheit. Nie wieder ein neuer Beruf, nie wieder Kollegen. Ich werde in keine neue Stadt mehr ziehen, und heiraten will ich auch nicht mehr. Aber ich habe auch neue Dinge angefangen. Früher sind wir abwechselnd mehrere Jahre in dasselbe Urlaubsland gefahren. Fünf Jahre Österreich, Frankreich, Italien, USA. Es war überall schön und es hätte genügend Gründe gegeben, dort wieder hinzufahren. Aber dann kam etwas anderes, das genauso schön war. Auch mit Freunden habe ich in den letzten Jahren die Welt bereist, war in Vietnam, Äthiopien. Und so sehe ich das auch mit meinem Leben. Obwohl, die Kindheit …

Ach, Jungsein! Als Teenager brauchtest du zum Schlafen irgendeinen Party-Fußboden neben Musikboxen und Zigarettenstummeln. Heute brauchst du zum Einschlafen: drei Baldrian-Hopfen-Tabletten, eine eigens dafür heruntergeladene Beruhigungs-App mit Regengeräuschen, Meeresrauschen und Meditationsübungen, einen Johanniskrauttee, eine Schlafbrille, Melatonin-Spray, eine Matratze mit genau dem richtigen Härtegrad, ein Kopfkissen mit Spezialdaunen.

Nee, also, das brauche ich alles nicht. Obwohl ich seit Papas Tod nicht mehr gut einschlafen kann. Aber der Zwang, wenn man nachts wach liegt, darüber nachzudenken, dass man jetzt nur noch drei Stunden zum Schlafen hat, der ist weg, wenn du nicht mehr ins Büro musst. Heute mache ich das Licht an und lese. Davon werde ich dann irgendwann wieder müde.

Ich kann schon seit Jahren nicht gut einschlafen. Ich muss mich oft richtig in den Schlaf prügeln. Manchmal habe ich regelrecht Angst davor, ins Bett zu gehen, weil da dieser Kampf beginnt und die doofen Gedanken kommen. Darum gehe ich erst so spät ins Bett, damit sichergestellt ist, dass ich nicht noch ewig mit mir ringen muss. Und auch wenn ich sehr glücklich bin, kann ich nicht einschlafen, weil alles zu aufregend ist und ich es kaum erwarten kann, wieder aufzuwachen, wissen will, wie es weitergeht. Wie bei einem guten Buch. Ich lese auch jede Nacht, Bücher beruhigen und besänftigen mich sehr.

Ist das Leben ein langsamer Verlust all dessen, was man liebt?

Als Verlust würde ich das nicht bezeichnen. Es kommt etwas Neues. Wie in jedem Alter. Das Wichtigste ist, glaube ich, dass man nach Neuem sucht. David Bowie hat mal gesagt: »Altern ist ein besonderer Prozess, bei dem du der Mensch wirst, der du schon immer hättest sein sollen.«

Manchmal sehe ich das kleine Mädchen von damals und denke an die Unbeschwertheit zurück, an das Gefühl, endlos Zeit zu haben. Habe ich den Moment damals überhaupt genug genossen? War mir bewusst, wie glücklich ich war? Wobei ich dieses Gefühl sogar schon habe, wenn es um etwas geht, das im letzten Jahr passiert ist. Dann überrollt mich eine Welle aus Sehnsucht.

Das gilt so ziemlich für alles, was vorbei ist. Man weiß es erst, wenn es vorbei ist: dass man seiner Mutter zu wenig Zeit gewidmet hat, seinem Mann zu selten gesagt hat, dass man ihn liebt, sein Kind nicht oft genug umarmt hat, weil erst das Essen fertig gemacht werden musste, oder dass man seiner Freundin nicht gesagt hat, wie wichtig sie fürs Leben ist. Heute, wo ich verwitwet bin, versuche ich mich manchmal noch in meine Mutter hineinzudenken, in die Zeit nach dem Tod meines Vaters. Ich habe damals nichts von dem gesehen, was ich heute am Alleinsein fürchte und was sie ganz bestimmt auch gefürchtet hat.

Woher solltest du es wissen? Wir alle warten doch ständig auf die passende Gelegenheit, anstatt es einfach zu tun.

Seit ich mich erinnern kann, warte ich. Auf Weihnachten, auf die großen Ferien, auf die richtige Karte beim Mau-Mau, auf den ersten Schnee, auf den ersten Kuss, auf den ersten Rausch, aufs Erwachsensein. Ich warte auf einen Anruf, auf eine E-Mail, auf das Einschlafen, auf den richtigen Moment, etwas zu sagen. Ich warte, dass eine Sorge von mir abfällt, dass der Regen aufhört, dass etwas Neues beginnt. Ich warte, dass etwas wiederkommt, eine Bahn, der Frühling, ein Gefühl, ein

Mensch, der DHL-Mann, eine Chance. Deswegen schiebe ich selten Dinge auf, ich tue sie jetzt. Ich will jetzt glücklich sein, nicht übermorgen, nicht wenn irgendetwas passiert oder eintritt. Das ist mir in den letzten Jahren viel besser gelungen.

Sei froh, dass du das erkannt hast. Ich brauchte dazu schmerzhafte Erfahrungen, wie den Tod geliebter Menschen. Aber es ist auch für mich eine der wichtigsten Erkenntnisse: Mach das, was du unbedingt noch erleben willst, gleich. Lerne malen, Blumen binden oder eine Sprache, wenn du das schon immer wolltest. Fahr nach Brügge, miete dir ein Haus am Meer oder ein Boot, geh in den Salsakurs oder fang an, Pralinen selbst zu machen und an Freunde zu verschenken.

Ich bin jetzt glücklicher als mit 20. Aber ich hatte auch eine sehr glückliche Kindheit und dafür danke ich dir, Mama.

Das Besondere an der Kindheit ist die Unbeschwertheit und ich bin froh, dass auch ich eine unbeschwerte Kindheit hatte. Aber das Merkwürdige ist: Meine Mutter ist jetzt zehn Jahre tot und ich vermisse sie noch immer. Das hätte ich mir nicht vorstellen können. Als sie schon alt war, konnte sie mir natürlich keinen Schutz mehr bieten. Aber sie war der Mensch, der mir beim Leben zugeschaut hat, der immer für mich da war. Ich bin heute viel sentimentaler als früher. Ich muss oft weinen, wenn ich Filme über Mütter sehe. Was ist das nur? Vielleicht ist das die unverbrüchliche emotionale Unterstützung, die mir meine Mutter gegeben hat.

Endlich sind wir emotional auf einem Level, Mama. Ich konnte schon früher leicht weinen. Bei dir ist das neu, diese Berührbarkeit. Als Kind hält man es nicht so gut aus, die Mama weinen zu sehen.

Ich habe dich eigentlich erst nach Papas Tod schwach und verletzlich erlebt. Die Mama ist irgendwie immer stark, die Eltern haben stark zu sein! Das warst du für mich. Aber ein Leben ohne dich, das möchte ich mir wirklich nicht vorstellen. Ich sehe ja, wie sehr dir deine Mutter fehlt. Wie wird es mir da gehen? Wer liebt mich so bedingungslos? An wen kann ich mich Tag und Nacht wenden? Wer kennt mich überhaupt wirklich? Wie soll das gehen, das Leben ohne den Schutz, den Zuspruch, den Halt der Mama? Aber daran möchte ich wirklich überhaupt nicht denken. Das ist noch ganz weit weg.

Irgendwann kehrt sich das Verhältnis um. Vielleicht musst du dann meine Mama sein. Wir beide werden das auch noch erleben, fürchte ich. Ich habe es bei meinen Eltern beobachtet, die mir irgendwann bei überhaupt nichts mehr helfen konnten.

Und ich habe es auch mit deinem Vater erlebt, der zwar kein Macho war, aber doch sehr dominant. Als junge Frau musste ich mich ganz schön gegen ihn behaupten. Doch als er ungefähr 65 Jahre war und ich 45, kehrte sich das um. Ich war flexibler, konnte mich leichter umstellen, zum Beispiel bei der Digitalisierung, mit der er nicht klarkam. Er hat dann noch gelegentlich versucht, mich wortreich von seinen Ansichten zu überzeugen. Aber im Prinzip hat er mir – ohne es auszusprechen – die Lufthoheit über die meisten Themen überlassen.

Es quälte ihn, dass ihm diese Hoheit abhandenkam. Das ging so schleichend, irgendwann konnte er mir nicht mehr den Koffer die Treppe hochtragen, irgendwann konnte er nicht mehr so viel essen und trinken, nicht mehr lange irgendwo sitzen, irgendwann war ich stärker. Das ist merkwürdig für ein Kind. Denn ich war doch immer sein Schützling gewesen. Vor allem nach meiner Diabetes-Diagnose mit 12. Papa war damals noch fit, er litt mit mir, er tat alles für mich genau wie du und ich genoss es, mich an eurer Fürsorge zu wärmen. Ich glaubte, ihr wüsstet alles und könntet mich aus jedem Schlamassel befreien.

Aber auf diese Erkrankung war ich nicht vorbereitet. Ich bekam nur gesagt: »Das geht nie wieder weg.« Und plötzlich konnte mir niemand helfen. An ein Leben ohne die Krankheit kann ich mich kaum noch erinnern. Ich weiß nicht mehr, was es bedeutet, sich keine Gedanken über Essen, über Spritzen, über Bewegung oder über den dysfunktionalen Körper zu machen. Ich habe schon sehr jung lernen müssen, dass ich nicht unverwundbar bin. Und dass das hier endlich ist. Verdammt. Ich war doch noch ein Kind.

Das war wirklich ein Einschnitt in deinem Leben. Es war eine schockierende Diagnose. Die Unbeschwertheit verschwindet jedenfalls mit dieser Krankheit.

Erstaunlicherweise haben wir dich zweieinhalb Jahre nach dem Ausbruch der Krankheit für ein halbes Jahr alleine in die Schule nach Paris geschickt. Da warst du 15! Wieso haben wir uns das getraut? Heute verstehe ich es nicht. Wir haben dir einen Koffer voller Spritzen und Insulin mitgegeben und dich ein Mal besucht. Aber es war wohl genau richtig, dich alleine loslaufen zu lassen. Du hattest eine tolle Zeit.

Mit 15 alleine in Paris, das war wie im Film! Damals musste man noch ein sogenanntes Internetcafé aufsuchen, um eine E-Mail zu versenden oder um über den AOL Messenger mit seinen Freunden zu »chatten«. Die Internetcafés hießen »Easy« und drei Francs waren eine Mark.

Wir streunten häufig durch die Tuilerien oder über den Champs de Mars, ein Junge spielte Gitarre, ein anderer drehte Zigaretten oder Joints, die Metro roch nach Urin und Paris nach Versprechungen. Wir haben Tupac gehört, geknutscht, Tequila getrunken und über Weltschmerz geredet.

Jeden Tag, wenn ich aus meinem Fenster die Spitze des Eiffelturms sah oder über die Place de la Concorde Richtung Schule marschierte, habe ich gedacht: Hier lebe ich! Ich lebe in Paris!

Meine Eltern haben mich auch weggeschickt, als ich 15 war. Ein Jahr war ich alleine in den USA. Das war damals fast so weit weg wie der Mond. Ich habe in dem Jahr genau dreimal mit meinen Eltern telefoniert: als ich ankam, an meinem Geburtstag und an Weihnachten. Ich lebte an der Ostküste, in Barrington, Rhode Island. Das Städtchen mit seinen viktorianischen Villen, den grünen Wiesen und dem blauen Meer wurde mal zum sechstschönsten Ort der USA gewählt.

Das Leben dort war unendlich frei und ganz anders als in Berlin. An den Eingängen der Restaurants stand: »Bitte nicht barfuß betreten«. Ich war sehr glücklich und zum ersten Mal ging ich gerne zur Schule, weil sie inspirierend war. Wir hatten viele Möglichkeiten, Sport oder Musik zu machen, konnten Fächer wie »Debattieren« oder »Körperlehre« wählen.

Es war 1969, also habe ich mich mit meinen Freunden auf den Weg nach Woodstock gemacht. Das lag nur drei Stunden von uns entfernt, Upstate New York. Wir hatten gehört, dass dort junge Leute zusammen feiern wollten und dass sich unglaubliche Bands angesagt hatten – Jimi Hendrix, Janis Joplin, Joe Cocker, Santana und eine meiner Lieblingsgruppen: Crosby, Stills, Nash and Young. Wir haben hinten auf einem Pick-up-Truck gesessen und allerlei geraucht. Nach zwei Stunden gerieten wir in einen langen Stau. Dass mit uns 500 000 andere junge Leute dort feiern wollten, wussten wir da noch nicht. Und weil wir nicht ewig warten wollten, sind wir nach einer Stunde umgedreht und wieder zurückgefahren. Tja, ich war fast dabei, bei der größten Party meiner Generation.

Wie oft erlebt man etwas fast, wie oft ist etwas greifbar nah. Und hinterher weiß man erst, dass man »beinah« dabei gewesen wäre. Das gilt es, zu vermeiden. Also alles mitnehmen, was geht. Sich für die Zukunft mit Erlebnissen wappnen.

Ich bin mit 16 auch für ein Jahr nach Massachusetts gegangen, auf ein Internat in der Nähe von Boston. Das fand ich so aufregend, mit lauter anderen Teenagern in einem Haus wohnen, nachmittags Sportprogramm oder Theatergruppe, abends heimlich ausbüxen und hinter dem Busch am Footballfield Zigaretten rauchen. Am Wochenende haben wir zu mehreren ein Hotelzimmer gebucht (im Buckminster in Boston, sehr zu empfehlen, wenn man minderjährig ist und irgendeiner eine Kreditkarte hat. Geheimtipp: Die sahen das dort nicht so eng mit zehn bis fünfzehn nicht volljährigen Personen in einem Doppelzimmer) und sind mit Fake-IDs in die Clubs von Boston gegangen. Dann haben wir im Buckminster auf dem Boden geschlafen oder zu fünft im Bett. In dem Alter ist einem das ja vollkommen egal, es muss nicht komfortabel sein. Hauptsache, man ist dabei.

Das Gute war: Wir waren ein total gemischter Haufen; meine besten Freunde kamen aus Brasilien, El Salvador, Saudi-Arabien, Japan. Wir haben im Hotelzimmer irgendeinen Fusel getrunken, zu Notorious B.I.G. getanzt, manche haben MDMA genommen oder Ritalin durch die Nase gezogen und wir fühlten uns total cool und erwachsen.

Das ging mir auch so. Wir hatten einen Strand im Ort, an dem gerne getrunken wurde. Da wurde viel getrunken. Alkohol war erst ab 21 Jahren erlaubt, den mussten immer irgendwelche älteren Geschwister besorgen und schon deshalb war er besonders attraktiv. Aber aus Alkohol habe ich mir nichts mehr gemacht, nachdem ich mal eine Alkoholvergiftung gehabt hatte.

Ich hatte mindestens vier oder fünf Vergiftungen vom Alkohol. Damals hat immer irgendwer am Wochenende irgendetwas vollgekotzt, ein Hotelzimmer, ein Taxi oder die Toilette einer Bar.

Ich fand es toll, unterm Sternenhimmel zu kiffen. Zu meinem 16. Geburtstag schenkte mir mein Freund Chris zwei LSD-Trips. Man muss sich das mal vorstellen! Damals wussten wir nicht, wie gefährlich Drogen sein können, wir wollten einfach alles mal ausprobieren. Und ehrlich gesagt, war es schön; ich habe wunderbar intensiv Musik gehört und herrliche Farben gesehen.

Ich habe auch Sachen ausprobiert, MDMA und Kokain. Kiffen mochte ich nie. Aber Drogen waren in den USA genauso leicht oder schwer zu besorgen wie Alkohol, genauso illegal. Deswegen haben die Leute dort nicht nur getrunken, sondern alles Mögliche konsumiert. Ich kannte das aus Deutschland nicht, da durfte man schon als Jugendliche trinken. Aber außer Gras haben wir in Hamburg damals nichts genommen. In den USA war das anders, da gab es alles. Vor den Substanzen hatte ich seltsamerweise keine Angst, auch wenn es manchmal echt leichtsinnig war. Wir hatten keine Ahnung, was wir da zu uns nahmen und waren komplett ohne Aufsicht, sobald wir an den Wochenenden das Internat verließen. Nur diese langen LSD-Trips wollte ich nie probieren. Das haben meine Freunde gemacht, aber mir war das zu heikel. Was ist, wenn ich abstürze? Wie reagiert mein Körper? Wer rettet mich? Und dann noch mit Diabetes. Ich hatte schon mit 15 durch einen Joint in Paris eine Art Nahtoderfahrung gehabt. Mir war ganz ungut, ich bekam lila Lippen, wurde blass, mein Herz blubbte, dann raste es wieder, blieb stehen, mir war schwindelig und ich sah im Spiegel in ein lebloses Gesicht, in eine richtige Fratze. Fast hätte ich euch angerufen, um mich von euch zu verabschieden. Das reichte mir.

Oh weh, das ist ja schrecklich. Ich wäre ausgerastet, wenn ich das gewusst hätte. Es hat auch sein Gutes, wenn man als Eltern nicht alles weiß. Obwohl das alles so gefährlich ist und man es als junger Mensch überhaupt nicht einschätzen kann.

Mein Freund Chris ist dann ein halbes Jahr später an einer Überdosis gestorben. Ungefähr zum selben Zeitpunkt kam meine amerikanische Gastmutter ums Leben. Sie war Immobilienmaklerin, wurde von einem Kunden in ein Haus gelockt und dort ermordet. Da war ich schon wieder zurück in Berlin und die amerikanische Idylle, in der ich so furchtbar gern jung und unbeschwert gewesen war, hatte ziemliche Risse bekommen.

Jede Idylle bekommt irgendwann Risse. Als ich nach Deutschland zurückkam, machte ich so weiter wie im Ausland und wurde zur Partyqueen meines Jahrgangs gewählt. Der Exzess war mir wichtig. Ich wollte nicht »die Kranke« sein, ich wollte alle anderen Attribute und Superlative, aber bloß nicht diesen Makel. Ich wollte das Höchste, Beste, Krasseste, Dunkelste.

Ich habe öfter darüber nachgedacht, ob die Krankheit dich charakterlich verändert hat. Ich glaube, ja. Du wurdest wilder, unnachgiebiger, härter zu dir. Aber das ist ja auch kein Wunder, wenn man den ganzen Tag darüber nachdenken muss, was Nahrung mit dem Körper macht, und man nie ohne seine Spritzen oder andere Utensilien unterwegs sein kann. Nachts vor Unterzuckerung aufwacht, zitternd und in Schweiß gebadet. Aber ich finde, mit jedem Jahr wirst du wieder zu der entspannten Laura, die du als Kind warst.

Ich wundere mich selbst, dass ich so arglos und leichtsinnig war. Damals gab es ja noch keine Insulinpumpen, keine Sensoren, man hätte jederzeit an einer Unterzuckerung verrecken können, im Vollrausch oder im Schlaf. Aber vielleicht ist auch das die Jugend: diese Sorg- und Furchtlosigkeit gegenüber dem eigenen Körper. Diese Lust auf Wahnsinn, auf Rebellion gegen sich. Heute habe ich mehr Angst und sofort schreit mein Gewissen. Als Mutter sollte ich dafür sorgen, nicht zu sterben, mir keine Schäden zuzufügen. Sobald ich zu ungesund lebe, sehe ich die Köpfe meiner Kinder vor mir, wie so ein Mahnmal.

Aus Liebe verschiebt sich die Grenze des Machbaren. Aus Liebe stellt man selbst ein »Betreten verboten«-Schild auf.

Aber jetzt mach mir doch mal Hoffnung: Was ist das Schöne, das Gute am Älterwerden?

Ich bin jetzt Ende 60 und empfinde meinen Körper noch nicht als gebrechlich. Ich muss noch nicht Abschied von meiner bisher vertrauten Körperlichkeit nehmen. Ich fühle mich fit. Ich mache regelmäßig Sport und schwimme jeden Tag einen Kilometer.

Aber um auf deine Frage zu antworten: Natürlich wird man entspannter. Vieles bedroht mich nicht mehr. Ich muss nicht mehr darüber nachdenken, ob ich eine Familie haben werde oder einen Beruf, der mir Freude macht. Von all diesen ziemlich existenziellen Fragen bin ich jetzt frei. Vor allem vom Stress im Job.

Und natürlich wird man mit dem Alter immer sicherer. Ich muss mir und anderen Menschen nichts mehr beweisen. Der Konkurrenzdruck ist vollkommen weg. Und was jemand, der mir nicht wichtig ist, über mich sagt, ist mir auch total egal. Man wird gelassener und man genießt das Leben anders, weil man merkt, was einem guttut, wozu man Lust hat, wo die eigenen Fähigkeiten liegen und was man noch mal ausprobieren möchte. Gut ist, dass ich keine Regel mehr habe und nicht mehr auf Verhütung achten muss. Ich bin ja noch nicht wirklich alt. Obwohl ich schon eine Lesebrille trage und nachmittags gelegentlich müde werde.

Wenn die Kinder aus dem Haus gehen, beginnt zunächst eine Phase der Verstörung, weil man die Kinder wahnsinnig vermisst und weil man ja so viele Jahre zusammengelebt hat und für sie verantwortlich war. Plötzlich ist da nichts mehr. Man spricht in ein leeres Zimmer, in dem es auch noch hallt, weil einige der Möbel weg sind.

Als du anfingst zu studieren, haben wir erst mal fünf Stunden bei IKEA eingekauft. Wir haben dich nach Berlin gebracht und sind zum Abschied gemeinsam essen gegangen. Ich sehe uns noch bei der Abfahrt: Du hast im Restaurant die Nase an der Scheibe platt gedrückt und Tränenbäche vergossen. Papa und ich saßen im Auto und haben auch Rotz und Wasser geheult.

Ich weiß nur, dass ich mich plötzlich ganz allein und verloren fühlte. So übrig geblieben, verlassen, zurückgelassen. Ich musste auf einmal in dieser großen Stadt zurechtkommen. Was ja absurd ist, weil ich immer in einer Großstadt gelebt habe und mir Berlin durch die Großeltern vertraut war. Aber es ist eben was anderes, ob man mit 18 ein Wochenende allein nach Berlin fahren darf oder ob man von zu Hause auszieht. Ich fand Freiheit super, aber Schutzlosigkeit beängstigend.

Komisch, die Eltern fühlen sich alleingelassen, das Kind auch. Als du mit deinem Studium fertig warst, habe ich dich immer wieder mal gebeten, nach Hamburg zurückzukommen. Genauso Niko. Ich hätte mir mehr als alles andere gewünscht, dass ihr wieder in derselben Stadt wohnt wie wir.

Ja. Und das hat Niko und mich genervt. Wir hatten ein schlechtes Gewissen und du lagst uns damit dauernd in den Ohren. Außerdem warst du ja selbst nicht in Berlin geblieben, wo deine Eltern wohnten.

Ich bin aus Berlin geflüchtet, weil mein Lebenspartner tödlich verunglückt war. Ich musste irgendwo anders hin. Sonst wäre ich nie von dort weggegangen. Ich finde, es erleichtert das Leben sehr, wenn man in der Nähe seiner Familie wohnt. Das sind doch Menschen, die man liebt, die man gerne um sich hat.

Auf einer Reise hat mich mal ein Mann in Indonesien gefragt, ob ich Kinder habe und ob meine Eltern noch leben. Ich antwortete: »Ja, meine Mutter lebt alleine in Berlin.« Da war er fassungslos – wie man so etwas Grausames zulassen kann!

Es ist schwer, unfreiwillig allein zu sein. Aber man muss das Kind sein Leben leben lassen. So weh es tut – mir blüht das ja auch irgendwann mit meinen Kindern. Für mich war der Schritt, alleine in eine andere Stadt zu ziehen, wichtig.

Natürlich! Jeder Mensch muss selbstständig werden.

Und wenn man sich daran gewöhnt hat, dass die Kinder nicht mehr zu Hause wohnen, kommt eine unglaubliche Freiheit. Mit Mitte 30 war ich an so vielen Ecken gebunden, heute kann ich wieder für mich selbst entscheiden: Was möchte ich am Wochenende unternehmen, wo möchte ich hingehen, mit wem möchte ich mich treffen, welche Reise kann ich machen? Das ist fast so, als sei man wieder ein Teenager, nur ist man erwachsen, fühlt sich viel sicherer und kann das Leben richtig genießen. Jedenfalls geht es mir so und das wünsche ich dir auch.

Wir verklären ja auch unsere Vergangenheit.

Einerseits bin ich gelassener als mit 20, auf eine Art viel erfüllter, nicht so instabil. Ich liebe mein Leben, meinen Beruf, meine Familie. Ich sage mir oft laut, wie glücklich ich gerade bin, weil ich weiß, dass das nicht von Dauer sein kann. Ich tanze alleine. Ich singe alleine. Mein Leben gibt mir Gänsehaut.

Es ist immer so viel los in meinem Leben. Ich bin nie gelangweilt.

Andererseits habe ich neue Angriffsflächen. Wenn ich aufgrund meiner Arbeit zu wenig Zeit mit den Kindern verbringe, habe ich Schuldgefühle oder Gewissensbisse. Das ist meine eigene Sehnsucht; die Kinder leiden ja nicht, aber ich leide. Ich leide unter meiner Abwesenheit. Ich hetze mich ab, um irgendwie noch den letzten Zug nach Hause zu erwischen.

Ja, man hat Schuldgefühle gegenüber kleineren Kindern; die zumindest gehen weg, bei erwachsenen Kindern hat man sie nicht mehr. Aber die Liebe zu den Kindern hört nie auf und die Sehnsucht nach dem Leben mit der Familie geht nicht weg. Und was wäre das auch, beispielsweise keine Schuldgefühle zu haben? Das ist doch das Leben: dass man zweifelt, nachdenkt, spürt, sich sehnt. Ich möchte das jedenfalls. Andernfalls wäre man ja stumpf, würde herumsitzen und alles wäre wie lauwarme Suppe.

Bei uns war auch immer Leben in der Bude.

Ist es dir je schwergefallen, älter zu werden? Gab es einen Geburtstag, der dir besonders zugesetzt hat? Hattest du Angst vorm Älterwerden?

Ich habe damit nie gehadert, weil ich denke, es ist sinnlos, sich gegen etwas aufzulehnen, das man nicht ändern kann. Es mag sich seltsam anhören, dem Jahrzehnt zwischen 60 und 70 so viel Positives abzugewinnen. Aber ich fühle mich, wie gesagt, heute viel freier als früher. Es gibt ja wissenschaftliche Studien darüber, dass die meisten Menschen am glücklichsten im Alter sind. Allerdings im »jungen« Alter, dann, wenn noch keine Krankheiten oder Beeinträchtigungen zu spüren sind. Und am unglücklichsten sollen Studien zufolge Menschen mit 49 sein. Ich habe in jedem Lebensjahrzehnt etwas Gutes gefunden und glaube, man sollte versuchen, jedes Alter zu genießen. Heute denke ich manchmal: Mensch, genieß es mal noch, dass du dich so toll bewegen kannst. Wer weiß, eines Tages tut dir vielleicht die Hüfte oder das Knie weh und du kannst nicht mehr richtig gehen und bist dann traurig.

Glaubst du, es ist für Frauen anders als für Männer? Weil Frauen in unserer Gesellschaft immer jung sein sollten, frisch und fruchtbar und bloß nicht faltig.

Man würde ja denken, dass es Frauen schwerer fällt, weil sie sehr häufig über Schönheit und Aussehen definiert werden. Und das verfällt nun mal. In meinem Bekanntenkreis gibt es aber kaum Klagen darüber. Höchstens bei den Schauspielerinnen, die, je älter sie werden, keine spannenden Rollen mehr angeboten bekommen. Aber natürlich ärgern sich manche über Falten, Männer eher über Haarausfall.

Eine Studie der MaLisa Stiftung hat gezeigt: Mit zunehmendem Alter kommen Frauen im Fernsehen immer weniger vor. Bei den über 40-Jährigen kommen vier Männer auf eine Frau, über

50 kommen acht Männer auf EINE Frau. Ein Mann kann in hohem Alter wunderbar Quizshows moderieren und taucht als Sprecher von Dokus auf, weil er »Seriosität vermittelt«.

Heute im Schwimmbad habe ich eine Frau beobachtet, die mit einem speziellen Holzkamm auf ihren Oberschenkeln herumgeschabt hat. Das soll wohl gegen Cellulite helfen. Wird es aber nicht. Das Alter lässt sich nicht aufhalten. Man kann höchstens versuchen, gesund alt zu werden.

Es ist ja nicht nur der vermeintlich oberflächliche Versuch, schön und jugendlich zu bleiben, sondern tatsächlich der Wunsch, die Zeit aufzuhalten. Es ist der Kampf gegen die eigene Sterblichkeit. Oder im Fall der Frau im Schwimmbad: der Kamm gegen die Sterblichkeit. Deswegen finde ich es so blöd, wenn über Frauen gelästert wird: »Wie sieht die denn aus? Warum zieht die sich in dem Alter noch so an? Die hat bestimmt was machen lassen. Warum hat sie nichts machen lassen? Die soll mal in Würde altern. Die soll sich nicht so gehen lassen.« Ich korrigiere Menschen, wenn sie schlecht über ältere Frauen reden, und denke, dass wir lieber den gesellschaftlichen Blick hinterfragen sollten, statt Ikonen wie Madonna und andere Frauen öffentlich fertigzumachen.

Auch wenn die Alten heute in der Mehrzahl sind, herrscht ja irgendwie Altersdiskriminierung. Alt sein ist ein Makel, den man besser nicht thematisiert. Warum eigentlich? Alte Menschen werden als begriffsstutzig, langsam und verbohrt betrachtet. »Oma« gilt als Schimpfwort. Das ist gemein. Und schade. Es gäbe so viel zu erzählen über die Phase, in der man ein bisschen lebensklüger und lässiger geworden ist. Aber jede Generation will die Fehler lieber selbst machen, statt auf Erkenntnisse anderer zu hören.

Ich glaube, es wäre gesünder oder schöner, wenn man Freunde aus allen Altersgruppen hätte, weil man da unterschiedliche Sichtweisen kennen würde. Dein Bruder ging nach dem Abitur nach Südamerika und als er zurückkam, erzählte er, dass die Menschen dort über die Generationen hinweg miteinander befreundet sind. Ganz anders als bei uns. Er war damals 18 und hatte Freunde, die schon über 40 waren. Mit denen hat er Musik gemacht oder ist ausgegangen.

Ich habe Freunde, die 65 Jahre alt sind, und andere, die 23 sind. Ich denke oder hoffe, dass ich auch später noch jemand sein werde, der mit jüngeren und älteren Menschen befreundet ist.

Ich finde, es gibt kein Alter, in dem man irgendetwas nicht mehr machen können sollte. Gibt es irgendeine Regel, irgendein Gesetz, ein FSK wie bei Kinofilmen: »Erst ab 18, aber bitte nur bis 45«? Wann ist man eigentlich nicht zu jung und unerfahren für irgendetwas, aber auch noch nicht zu alt und verbraucht? Das müssen genau fünf Minuten im Leben sein. Ist Spaß oder Vergnügen etwa ein Privileg der Jungen? Ich denke nein.

Ich wollte noch etwas zum Älterwerden der Männer sagen. Meines Erachtens haben Männer damit mindestens so viele Probleme wie Frauen. Sie kämpfen oft unheimlich mit ihrem Bedeutungsverlust im Alter. Und die Kraft lässt nach. Viele Männer sitzen lieber zu Hause, als ins Kino zu gehen oder Musik zu machen. Und dann bekommen sie eine schlechte Körperhaltung und andere Wehwehchen und fangen an zu jammern. Im Alter gibt es natürlich viel mehr Frauen als Männer. Weil die Männer früher sterben.

Wie sorgst du für dich selbst?

Ich unternehme viel und tue Dinge, die mir Spaß machen. Manchmal gehe ich zur Massage und zur Fußpflege, so was habe ich früher nie getan. Als Sport mache ich Pilates und gehe schwimmen. Ich verabrede mich gerne zum Mittagessen oder ins Kino, spiele abends mit Freunden Karten und Gesellschaftsspiele.

Ins Theater gehe ich nach wie vor, wenn auch nicht mehr so oft wie früher. Ich singe im Chor und spiele Klavier. Hin und wieder schreibe ich auch den einen oder anderen Artikel. Ich engagiere mich für Kinder, persönlich und bei »Plan International«, wo ich im Kuratorium bin. Das ist eine großartige Organisation, die weltweit für Kinderrechte und den Besuch der Schule eintritt. Jeder sollte da eigentlich mitmachen.

Meine Mutter sagte im Alter: »Jeden Tag etwas Schönes.« Manchmal hat sie sich dann eine Rose gekauft. Ich versuche, mich an ihre Devise halten.

Als ich 35 war, habe ich eine 20 Jahre ältere Geschäftsfrau, die sehr gut aussah, gefragt: »Wenn Sie nur einen Tipp fürs Älterwerden hätten, wie lautete der?« »Immer den Hals eincremen«, antwortete sie. Aber Schönheits- oder Ernährungstipps kann ich dir nicht geben.

Aber du hast noch nicht auf meine Frage geantwortet, ob du mal Angst vorm Älterwerden hattest.

An meinem nächsten runden Geburtstag werde ich 70. Ich habe noch nie so viel Panik vor einem Geburtstag gehabt. 70 hört sich schon ziemlich nah am Grab an. Wie viele Jahre bleiben mir noch? Ich lebe ja sehr gerne.

Es gibt dazu den Satz von Nestroy, den Papa so mochte: »Lang leben will halt jeder, aber alt werden will kein Mensch.«* Ich glaube, je weniger man sich dagegen sträubt, desto weniger Bedeutung bekommt es. Hoffentlich. Das sag ich so, als ob ich irgendwas davon wüsste, könnte, anwenden würde! Ich erzähle es mir vermutlich gern selbst – ich bin mein eigener Beruhigungs-Coach, bald kann ich Seminare geben … haha.

Ich hatte immer Albträume – meist von brennenden Flugzeugen, der Flieger explodiert oder zerschellt an einem Berg –

* Nestroy, Johann: Die lieben Anverwandten, uraufgeführt im Carltheater, Wien 1848, 1. Akt, 17. Szene.

und jedes Mal denke ich im Traum: »Scheiße, dieses Mal ist es kein Traum«, und dann wache ich auf. Oder ich träume von abstürzenden Fahrstühlen, vom Ertrinken oder von verpassten Prüfungen. Also, ich beschäftige mich wohl schon ziemlich lange mit der Vergänglichkeit, aber erst seit ein paar Jahren habe ich begriffen, dass ich nicht mehr zu den sogenannten »jungen Leuten« gehöre.

Das Gefühl, dass nicht immer alles so weitergeht, habe ich schon oft gehabt. Ich habe sehr früh durch den Tod geliebter Menschen gemerkt, dass man die Zeit, die man miteinander verbringen kann, auskosten muss. Weil jeder Tag einmalig ist und nie wiederkommt. Und wenn es heute schön ist, dann sagt das nichts darüber aus, ob es morgen auch noch schön sein wird.

Jetzt, mit Ende 60, habe ich schon sehr viele Menschen verloren, die ich geliebt habe oder die mir wichtig waren. Meinen Mann und davor meinen Lebenspartner, meine Eltern, viele Freundinnen und Freunde, viele Familienmitglieder. Wenn man sich dann nicht neue Aufgaben oder neue Freunde sucht, bleibt man ziemlich allein, und das wollte ich nicht. Ich musste mich bewegen, um das zu ändern.

Ich glaube, Beweglichkeit ist in jedem Lebensalter wichtig. Wenn man jung ist und sich nicht bewegt, findet man keinen Partner, keinen Freundeskreis oder keinen Job. Wenn man Kinder hat und sich nicht bewegt, verläuft wenig so, wie man es haben möchte. Und wenn man älter ist und sich nicht bewegt, ist man isoliert.

Ich kenne eine ältere Frau, die von einer gleichaltrigen Freundin zu einer Reise eingeladen wurde. Sie hat ihrer Freundin abgesagt und erklärt, dass ihr das zu viel sei; sie schaffe es nicht, den Koffer am Flughafen alleine digital einzuchecken. Da habe ich gedacht: Mein Gott, auf wie viel Freude verzichtet sie, wenn sie sich durch so etwas von einer schönen Reise abhalten lässt? Ich mache alles mit und will mich durch mein Alter von nichts abhalten lassen, was mir Freude bereitet. Insofern denke ich, man muss die Erkenntnis, dass nichts so bleibt, wie es ist, jeden Tag spüren.

Zu mir hat mal ein Mensch, der mir nahestand, gesagt: »Für einen jungen Menschen lebst du viel zu sehr in der Vergangenheit.« Also: Mehr Gegenwart wagen! Du siehst, ich funktioniere wunderbar als Influencerin mit so Affirmationen. Oder ich gehe in die Glückskeks-Produktion.

Was meint er denn damit, dass du zu sehr in der Vergangenheit lebst?

Ich denke sehr viel an schöne Momente in meinem Leben zurück, auch wenn sie noch gar nicht so lange her sind. Sie geben mir immer noch ein glückliches Gefühl und trotzdem bin ich so traurig, dass sie vorbei sind. Ich glaube, er wollte mir sagen, dass ich mich mehr aufs Heute konzentrieren soll.

Aber bei aller Sentimentalität: Als Jugendliche war nicht alles nur toll. Ich war beeinflussbar, rastlos, voller Selbstzweifel, überhaupt nicht souverän. Ich glaubte an mich wie Nordkorea an die Pressefreiheit. Inzwischen habe ich viel von dem erreicht, was ich früher unbedingt haben wollte. Das ist wie eine Rüstung: meine Kinder, mein Beruf. Das ist schöner als all diese Unwägbarkeiten, all die noch zu bestehenden Prüfungen, all die Schritte, die man noch gehen will, muss, soll.

Das gilt ja in meinem Alter umso mehr. Ich habe auch ein paar meiner Träume verwirklicht. Wobei ich anfangs nicht mal wusste, dass ich diese Träume habe.

Aber das Wünschen hört nie auf, es kommen immer neue Wünsche hinzu. Und es heißt ja, ein Wunsch stirbt an der Schwelle der Erfüllung. Dann brauchst du schon den nächsten.

Also, ich kann dir sagen: Wünsche gehen nicht aus, wenn du das nicht willst. Zu meinem 63. Geburtstag hatte ich Freunde eingeladen. Wir saßen am Tisch und ich fragte sie: »Ihr habt doch sicher alle irgendwelche Träume. Was möchtet ihr unbedingt noch machen?« Eine meinte, sie würde gerne einen Blumenladen haben, eine andere wollte nach Chile reisen. Ich habe gesagt: »Ich möchte unbedingt einmal DJ sein, davon träume ich, seit ich 16 war.«

Dann habe ich angefangen, DJ zu lernen, und hatte tatsächlich Auftritte. Das war sehr, sehr aufregend für mich, weil ich Angst hatte, dass ich es vergeigen würde und dass niemand zu meiner Musik tanzt. Aber es hat super geklappt. Die Leute haben wahnsinnig viel getanzt und sich Songs gewünscht. Einmal waren auch sehr viele Kollegen dabei, als ich bei einem Medien-Treff aufgelegt habe. Da war ich dermaßen nervös, dass ich mich gefragt habe, warum ich mir das überhaupt antue. Aber danach war's ein so großartiges Gefühl, mir diesen Traum im Alter noch verwirklicht zu haben.

Als ich aufhörte zu arbeiten, habe ich eine Liste geschrieben mit ganz vielen Sachen, die ich unbedingt noch machen wollte. Da stand etwa drauf, dass ich Spanisch lernen und in bestimmte Länder reisen wollte. Einiges davon habe ich schon verwirklicht. Ich hoffe, dass ich noch einige Jahre habe, in denen ich auch die übrigen neuen Wünsche realisieren kann.

Mit anderen Worten: Wenn man älter wird, beginnt wirklich ein neues Kapitel. Aber dieses neue Kapitel muss auf keinen Fall langweiliger sein als die Kapitel davor. Insofern würde ich immer sagen: »Leute, fangt an, eure Träume zu verwirklichen!«

Vieles, was ich mit 20 für die Wahrheit hielt, ist jetzt gar nicht mehr meine Wahrheit. Aber natürlich hat sich mein Wesen nicht verändert; das Wesen bleibt, die Einstellungen und Wünsche ändern sich. Neulich sagte eine Freundin, die ich seit der Grundschule kenne, zu mir: »Früher warst du gar nicht so, da warst du irgendwie anders.« Und ich erwiderte darauf: »Ja, excuse me, ich habe mich halt weiterentwickelt.« Ihr Satz klang so vorwurfsvoll, als sei ich jetzt eine Art Fake-Version meiner selbst, eine Attrappe. Ich bin doch keine Geisel meiner früheren Überzeugungen. Gerade das Widersprüchliche ist doch so reizvoll: etwas tun, das dich selbst überrascht.

Das mag ich so an neuen Begegnungen: Da gibt es diesen Vergleich nicht, keine vorgefertigten Annahmen, keine Schablone. Wir können Menschen nicht darauf festnageln, was sie vor acht Jahren mal gesagt oder getwittert haben. Ich kann doch meine Meinung und sogar meinen Lebensentwurf revidieren. Ich bin da ständig im Bearbeitungsmodus. Windows 95 ist überholt.

Aber ich wollte dich noch um einen Rat fragen. Was sollte ich tun, damit ich später, wenn ich so alt bin wie du, möglichst wenig bereue?

Also, den EINEN Ratschlag habe ich nicht für dich. Außer: Versuche das zu machen, was dich glücklich macht. Und was andere glücklich macht.

Viele Menschen fühlen sich glücklich, wenn sie mit ihrer Familie zusammen sind. Ich auch. Ich empfinde es heute als das Wichtigste, dass ich Kinder habe. Kinder sind das große Glück in meinem Leben. Das war mir früher nicht bewusst, weil ich gar nicht so ein Kinder-Mensch war und mir als junge Frau überhaupt keine Gedanken über Kinder gemacht habe. Aber ich würde dir auch raten, Freundschaften zu pflegen. Die bleiben nämlich nicht, wenn du dich nicht um sie kümmerst, dich nicht regelmäßig austauschst und das besprichst, was dir wichtig ist. Ich rede mit meinen Freundinnen über Wünsche und Sorgen, also auch mal übers Finanzamt oder darüber, was wir im Alter anders machen wollen als unsere Eltern. Beispielsweise sich nicht starrsinnig den Ratschlägen der Kinder widersetzen. Schmiede immer Pläne mit deinem Mann. Unternehmt viel gemeinsam, aber klebt nicht aneinander. Und: Höre nicht auf zu arbeiten.

Eltern wehren sich auch gegen die Ratschläge ihrer Kinder?

Ich überlege gerade: Habe ich dir schon mal Ratschläge gegeben?

Ich glaube nicht. Ich bitte dich zwar nie, aber du gibst auch keine ungefragten Ratschläge. Höchstens mal, dass ich mit meinem Gewicht aufpassen soll. Da hast du ja recht. Und ich weiß es auch selbst.

Ich möchte andere Menschen nicht nerven, indem ich in ihrem Leben herumpfusche. Das gilt auch für dich. Ich würde dir sofort einen Rat geben, wenn du mich darum bittest. Denn ich habe ja – wie du – zu vielem eine Meinung. Ich frage mich immer, warum wir Kinder manchmal so trotzig gegenüber den Ratschlägen unserer Eltern sind? Lässt das irgendwann nach?

Klar, meine Mutter hat mir auch Ratschläge gegeben. Sie war nicht aufdringlich, aber hat mir oft etwas vorgeschlagen, von dem ich dachte, dass es für mich keinen Sinn ergibt. Im Nachhinein tut mir das sehr leid. Man muss sich eigentlich gegen die Ratschläge der Mutter gar nicht sträuben. Die Mutter will ja für einen das Beste und ist dafür da, ihrem Kind Orientierung zu geben. Meist weiß man es selbst gar nicht besser. Man will sich einfach abgrenzen.

Ich denke oft an meine Mutter, als sie so alt war wie ich oder noch ein bisschen älter. Was ich alles nicht gesehen habe, das für sie schön gewesen wäre! Wenn ich sie besuchte, hat sie mich an der Tür immer überschwänglich begrüßt. Sie hat mich immer ganz fest umarmt und mir meine Lieblingssachen gekocht. Nie hat sie gesagt, dass sie sich mehr Herzlichkeit und Zuneigung von mir wünschte, aber das habe ich natürlich an der Art, wie sie da in der Tür stand, gesehen. Habe daraus aber keine Schlüsse gezogen. Ich hätte sie viel öfter fragen müssen, was sie sich wünscht, wie es ihr geht. Das habe ich nicht gemacht. Ich dachte, wenn ich sie besuche und sie für mich kocht, ist das schon genug. Was für ein Unsinn! Vielleicht war es schön für sie, aber heute empfinde ich es als sehr unaufmerksam von mir.

Ach, Mama. Du sollst dir keine Vorwürfe machen! Du hast es eben nicht besser gewusst. Ich will dir nur sagen: Ich glaube, du warst ein gutes Kind für deine Mama und sie war sehr glücklich und sehr stolz. Vor allem auf deine beruflichen Erfolge, dein Wissen, das Leben, das du dir ganz allein in Hamburg aufgebaut hattest. Sie hat viel Anteil genommen an deinem Leben, an uns Kindern. Ich glaube nicht, dass sie sich von dir zu wenig geliebt fühlte oder den Eindruck hatte, du seist nicht genug für sie da. Sie war so liebevoll und hat sich immer an unserer Familie erfreut. Hat all deine veröffentlichten Zeitungsartikel aufgehoben, Fotoalben geklebt, Marmelade eingekocht, Ostereier bemalt.

Das ist schön, dass du das sagst, weil du ja meine Mutter gut kanntest.

Wunderst du dich heute manchmal darüber, was dir früher mal so wichtig erschien? Gehört es vielleicht zum Älterwerden dazu, manche Dinge im Rückblick für unbedeutender zu halten, als sie waren? Und sich selbst auch nicht mehr so wichtig zu nehmen?

Auf jeden Fall; ich nehme mich selbst weniger wichtig. Noch wichtig genug, um möglichst gesund zu leben. Aber sonst? Ich freue mich, wenn meine Familie und meine Freunde glückliche Momente haben.

Was ich aus heutiger Sicht völlig blöd finde, ist, dass ich nicht auf die Hochzeit meiner Schwägerin gefahren bin, weil in Hamburg eine Premiere stattfand und ich dachte: Darüber muss ich unbedingt schreiben, das ist eine ganz wichtige Premiere, da darf ich nicht fehlen. Heute denke ich: Wie bescheuert war das denn?

Das Stück ist längst vorbei und vergessen, aber an die schöne Feier im Familienkreis hätte ich sicher noch heute Erinnerungen.

Dann besteht ja noch Hoffnung. Ich will alles machen, zu allen Angeboten JA rufen! Ich quäle mich oft damit. Sollte ich, könnte ich, müsste ich, will ich überhaupt? Bei fast all meinen Job-Anfragen bitte ich dich um Rat, weil du besser entscheiden kannst, besser Nein sagen kannst. Im Berufsleben bist du mein Kompass. Du bist viel klarer, skeptischer und weniger wankelmütig. Ich bin so schrecklich unschlüssig, bin manchmal verblendet von einer Aussicht, halte mir gern eine Option offen, traue mich nicht, etwas abzusagen.

Ich finde es ehrlicher, jemand sagt mir ab. Dann rechne ich nicht mit ihm. Wenn es heißt: »Ich komme später wahrscheinlich noch dazu«, dann warte ich und bin enttäuscht, wenn derjenige dann nicht auftaucht. Ich finde dieses Offenhalten, dieses »vielleicht«, dieses »ja, könnte sein« ehrlich gesagt feige. Ich habe eine Freundin, der ihr Liebhaber eine Reise versprochen hatte. Erst einen Abend vorher sagte er ihr, dass es mit der Reise doch nichts würde. Meine Freundin saß dann mit ihren gepackten Koffern allein zu Hause. Er hatte die Auseinandersetzung mit ihr bis zum letztmöglichen Zeitpunkt aufgeschoben. Sie war viel verletzter, als wenn er rechtzeitig abgesagt hätte.

Ich ärgere mich auch, wenn Menschen sich nicht festlegen. Man fühlt sich hingehalten, wie die zweite Wahl. Der andere signalisiert einem damit: »Vielleicht kommt da noch was Besseres, mal schauen«.

Deswegen sage ich ja aus Feigheit oder Höflichkeit erst mal zu. Und komme dann leider manchmal in die Bredouille. Ich versuche schon, meine Versprechen zu halten. Wird man mit dem Alter vielleicht auch entschlossener?

Ich war schon immer entschlossen. Denn wenn ich mich einmal entschieden habe, muss ich das Thema nicht noch x-mal durchkauen.

Mist! Dann werde ich wohl für immer zerrissen bleiben. Aber was ändert sich denn dann mit dem Älterwerden?

Das Älterwerden ist sicher in jedem Jahrzehnt anders und ich glaube, wenn man ganz alt ist, kommen diese schrecklichen Krankheiten hinzu, von denen wir beide noch nichts ahnen und nichts wissen wollen. Papa hat oft von einer Zeichnung erzählt, die er mal im »New Yorker« gesehen hatte. Da fällt ein Mann vom Wolkenkratzer und als er am 11. Stock vorbeifliegt, sagt er: »Bis jetzt ist ja noch alles gut gegangen.« Niemand weiß, was ganz am Ende kommt.

Aber man sollte sich darüber klar werden, was einem wichtig ist. Beispielsweise denke ich, dass es einen glücklich macht, wenn man sich ehrenamtlich engagiert. Das stand auf meiner Liste. Seither betreue ich ehrenamtlich ein Kind. Ich bin sehr gerne mit Kindern zusammen und möchte wenigstens einen kleinen Teil dazu beitragen, dass die Benachteiligung in unserer Gesellschaft ausgeglichen wird. Mit Kindern erlebt man viel, sie lachen gerne und sind fröhlich.

Sich um andere Menschen zu kümmern ist nicht immer leicht, das kann einem Sorgen und Bauchschmerzen bereiten. Doch wenn man einem anderen Menschen hilft oder mit jemandem Zeit verbringt und derjenige sich darüber freut, macht es einen glücklich. Und wie viele Dinge im Leben gibt es, die einen wirklich glücklich machen? So viele sind das gar nicht, wenn man mal darüber nachdenkt.

Nähe und Nagellack

Mir ist aufgefallen, Laura, wenn man dich umarmt, dann weichst du einen ganz kurzen Moment zurück, so als ob du diese Berührung nicht wünschst. Hast du Angst vor Nähe?

Ich habe Angst, dass man mir zu nahe kommt. Das ist so ein diffuses Gefühl, die Sorge, dass ich vielleicht unangenehm riechen könnte oder jemand irgendwas an mir sieht oder bemerkt, was ich gerne ungesehen haben möchte, einen Makel. Deswegen weiche ich so aus. Du bist nicht die Einzige, die das bemerkt; viele sagen mir, dass ich zurückweiche, wenn man sich mir nähert. Ich scheine es nicht gut zu verbergen.

Oh weh, das klingt ja beängstigend. Dabei riechst du besonders gut. Das hast du bereits als kleines Kind. Dein Bruder sagt bis heute: »So gut wie Laura würde ich auch gerne mal riechen.«

Was ist denn das für eine Angst, dass man sich nicht umarmen lassen will, weil man befürchtet, das Gegenüber könnte denken, man rieche nicht gut? Wie kommst du darauf? Dann empfindest du dich ja als unzulänglich und voller Fehler, die bloß niemand sehen sollte. Denkst du so negativ über dich? Ich finde, Makel zeigen sich eher im Verhalten eines Menschen, nicht am Körper. Also wenn man beispielsweise eingebildet, dumm, frech oder verlogen ist. Welchen Makel soll man denn sehen, wenn man dir näher kommt? Also, du meinst, der Makel wäre da, aber man bemerkt ihn nur von ganz Nahem? Komisch, so etwas habe ich noch nie empfunden.

Ja, du definierst dich ja auch eher über das Positive und ich wahrscheinlich über das Negative. Das ist ja auch eine Form von Narzissmus oder Eitelkeit, man nimmt sich selbst zu wichtig und fürchtet sich ständig vor dem Urteil: Vielleicht ist an mir etwas nicht in Ordnung. Es reicht doch schon, dass ich dann schlecht über mich denke – das sollen nicht noch andere tun, die mir zu nahe kommen. Denen möchte ich nur einen bestimmten Ausschnitt zeigen, nicht das Gesamtwerk.

Wie? Heute den linken Arm und morgen das rechte Nasenloch? Nur das?

Es ist wie ein Puzzle und nur ich habe alle Teile. Ich brauche keine zusätzliche Jury, keine Zeugen meiner Unzulänglichkeiten und deswegen weiche ich so zurück. Gleichzeitig habe ich aber auch Angst, dass ich etwas an dem anderen sehen oder riechen könnte, das ich nicht sehen oder riechen möchte, weil ich den ja weiterhin mögen will. Ich könnte das dann nie mehr ungeschehen machen und würde immer an »den Stinker« denken. An »den mit den Schuppen«, »den mit dem Achselschweiß«, den »Zwiebelliebhaber«. Das geht ja erst mal nicht wieder weg, dieses Image. Es ist fast wie mit der Boulevardpresse: Wenn du mal einen Ruf hast, bleibt der im Kopf der Leute. Und kein Mensch soll doch den Ruf haben zu müffeln. Da kneife ich lieber prophylaktisch die Nase zu. Du siehst, es ist sehr kompliziert.

Man muss kleine Fehler verzeihen können. Dann ist jemand mal ungeduscht. Na und? Hauptsache, er ist nicht immer ungeduscht. Bei Schuppen denke ich eher: Der Arme. Und solange ich ihm nicht durchs Haar wuscheln muss, ist es mir ziemlich egal, ob er welche hat.

Ich habe dich immer als jemanden wahrgenommen, der anderen nahe sein möchte. Der andere Menschen sucht. Und findet. Hast du generell Angst vor Nähe zu Menschen? Was ist denn, wenn du dir Schuhe oder Kleidung kaufst oder zum Arzt gehst? Man kann ja nicht vor allen Menschen zurückweichen.

Schuhe kaufen kann durchaus zum Problem werden. Noch kläglicher sind Umkleidekabinen. Da lungert immer so eine Verkäuferin vor dem Vorhang, die lauert einem richtig auf, wie ein Polizist auf Streife oder ein Tiger, sie begutachtet, kommt mit immer neuen Klamotten angelaufen, das Licht ist grell und unvorteilhaft, nichts sitzt richtig und man ist irgendwie so zerzaust, halb nackt und entblößt.

Vorhin war ich beim Arzt und als der mir das Shirt hochgezogen hat, um meinen Rücken abzuhören, war mir das unangenehm, weil ich mich fragte, wie wohl mein Rücken aussieht. Ich war total außer Atem, mir war heiß, weil ich mich so gehetzt hatte, ich gehe ja immer zu spät los. Auch das ist mir zu viel Nähe.

Was meinst du, wie viele Rücken der schon gesehen hat! Da wird der sich gerade an deinen erinnern, sich nachts deswegen schlaflos herumwälzen und denken: Wenn Darwin den Rücken dieser Frau gesehen hätte, hätte er seine Evolutionstheorie in Zweifel gezogen.

Strapaziös sind auch Massagen! Neulich habe ich mich massieren lassen, was ich – aus bereits genannten Gründen – selten tue, aber ich hatte von Freunden einen Gutschein geschenkt bekommen und wollte sie nicht enttäuschen. Allein deswegen sind Geschenkgutscheine ja schon eine Zumutung. Der Beschenkte muss selbst etwas tun, sie einlösen!

Also Beschenktwerden ist jetzt auch schon ein Problem? Du meine Güte! So ein Gutschein ist ja nicht Tante Lottes Polyester-Schal, über den du dich nur anstandshalber freuen kannst.

Jedenfalls war mir die Massage wie immer unangenehm, weil ich bei Massagen das Gefühl habe, ich müsste den Massierenden unterhalten und darf nicht bloß stumm daliegen wie so ein arrogantes Arschloch. Ich rede dann, stelle Fragen, führe Small

Talk, verkrampfe. Ich ertrage Dienstleistungen an meinem Körper nicht gut – die Tatsache, dass ich da bräsig liege und jemand anders arbeitet. Ich gebe mir Mühe, eine sympathische Kundin zu sein. Bei der Masseurin neulich habe ich mich zum Beispiel dafür entschuldigt, dass meine Fußnägel nicht gut lackiert waren.

Oh Gott, das ist ja krank! Bei dir würde das ganze Dienstleistungsgewerbe eingehen, weil du Angst hast, deren Leistungen in Anspruch zu nehmen. Da kommt eine Masseurin zu dir und du sagst als Erstes, kaum ist sie in der Tür: »Guten Tag. Ich entschuldige mich für meine schlecht lackierten Fußnägel.« Die glaubt ja, sie ist sonst wo gelandet. Die Masseurin lebt doch davon, dass sie dich massiert. Das ist ihr Beruf. Du musst sie doch nicht unterhalten. Warum ist man arrogant, wenn man auf der Liege liegt und sich behandeln lässt? Demnächst sitze ich mal auf dem Zahnarztstuhl. Ganz arrogant. Ha, da soll der mal schön arbeiten. Und ich sitze einfach bräsig da. Arrogant wärst du, wenn du die Masseurin herumkommandieren würdest: »Jetzt widmen Sie sich mal meinem Nacken! Jetzt aber mal die Füße! Und meine Hände sind auch noch nicht entspannt.« Man kann auch ohne Nähe sehr arrogant sein, glaub's mir. Und wieso ist es dir peinlich, dass deine Fußnägel nicht lackiert sind? Das wäre mir so was von egal. Welche Gedanken gehen dir denn da durch den Kopf? Das verstehe ich nicht. Hast du eine schlechte Meinung von dir selbst? Vielleicht brauchst du ein bisschen mehr Selbstliebe. Das heißt nicht, dass du dich supertoll finden sollst, sondern du solltest besser mit dir umgehen, dich mögen.

Also, erstens waren meine Zehennägel lackiert! Nur eben schlecht lackiert, die waren nicht optimal lackiert, schon ein bisschen abgeblättert. Zweitens setzt in meinem Kopf dann folgender Prozess ein, beginnend mit einem inneren Monolog der Masseurin: »Wie sieht die denn aus, warum hat die so komische Zehennägel, igitt, warum muss ich diese Kundin anfassen?« Also, ich spiele quasi in meinem Kopf ihren Ekel durch. Ich habe mich dann auch noch bei ihr entschuldigt, weil mein Selbstbräuner so schlecht verteilt war und ich gefleckte Beine hatte. Nicht dass die denkt, ich sähe das nicht selbst! Ich möchte zumindest, dass sie weiß, dass ich weiß, dass es nicht optimal ist. Dass ich nicht blöd bin.

Bei deinem Dialog muss ich ja echt lachen, so bescheuert finde ich den. Bei dir denkt die Masseurin: Igitt? Das heißt, auf der Skala dessen, was man nicht anfassen möchte, rangierst du zwischen Eiterbeule und nässendem Ekzem? Ich schenke dir noch was, was sie denken könnte. Vielleicht denkt sie auch: Der würde nicht mal das Tauchbecken von Lourdes Heilung bringen. Nein, mal im Ernst. Du ziehst überhaupt nicht in Betracht, dass sie denken könnte: Diese Kundin ist lustig, freundlich, entspannt, durchtrainiert. Du siehst nur deine Mängel beziehungsweise deine nicht vorhandenen Mängel. Du siehst dich nicht als normalen Menschen, geschweige denn, dass du irgendetwas Gutes an dir findest. Was ist das denn?

Na ja, du hast ja von Selbstliebe gesprochen. Vielleicht ist es eine Form von Selbst-Hybris, zu glauben, für den anderen sei es jetzt wahnsinnig wichtig, wie mein Selbstbräuner verteilt ist. Ist es natürlich nicht. Aber meine Selbstliebe ist da irgendwie falsch programmiert, falsch verteilt wie der Selbstbräuner.

Sind vielleicht interessant, so Leopardenflecken auf der Haut.

Es ist doch schwer, sich selbst zu lieben. Und vielleicht ist das gar nicht immer notwendig, man kann sich selbst auch einfach nur okay finden. Ich liebe das Leben, das muss reichen.

Ich mag es, gesehen zu werden, aber ich will selbst entscheiden, was mein Gegenüber von mir sieht. Ich möchte das bestimmen. Manchmal brauche ich eine Pause davon, mich zu »präsentieren«. Ich möchte Ruhe vor der Begutachtung.

Ich fühle mich überhaupt nicht beobachtet. Ich gehe auf in der Menge. Ich mache mir gar nicht so viele Gedanken darüber, wie mich jemand findet und ob ich mich optimal präsentiere. Ich versuche einigermaßen angenehm zu sein und niemandem auf den Keks zu gehen. Ich merke, wenn mich jemand nicht mag. Und wenn ich jemanden nicht gut leiden kann, treffe ich mich mit demjenigen kein zweites Mal.

Aber ich mag Nähe, ich brauche auch Nähe zu anderen Menschen. Ich war gerade mit einer Freundin verreist. Wir haben im selben Zimmer geschlafen. Das habe ich schon oft mit Freundinnen gemacht. Ich finde das sehr angenehm. Wir erzählen uns abends etwas und morgens kocht die eine schon mal Tee und die andere liest die Nachrichten vor. Da denke ich keine Sekunde an meine Zehennägel oder daran, wie mein Rücken aussieht. Ich schlafe auch besser, wenn jemand mit mir im Zimmer schläft. Jahrzehntelang habe ich mit einem Partner im gleichen Zimmer geschlafen. Ich finde das Atmen eines anderen Menschen neben mir sehr beruhigend.

Puh, ich schlafe ohnehin schon so schlecht ein – und dann noch neben jemandem? Nein danke. Wenn ich mit Freundinnen verreise und eine von ihnen auf die Idee kommt, sich mit mir ein Hotelzimmer zu teilen, winke ich sofort ab. Da scheue ich keine Kosten und Mühen.

Wahrscheinlich winkst du so heftig ab, dass die andere denkt, du hättest ein Nervenleiden.

Ich bin angespannt, wenn jemand neben mir liegt. Ich will zwar auch nicht allein im Haus sein und Angst haben, aber jeder soll sein eigenes Zimmer haben. Was ist, wenn ich diese Freundin störe, wenn ich zu laut atme oder rede oder noch lesen will oder sie grunzt oder zappelt?

Also bei mir grunzt nie jemand. Im Zimmer.

Und das Wachliegen hat seine Phasen: Erst versucht man, sich müde zu lesen, dann wird man neidisch auf all diejenigen, die einfach so einschlafen können, mir nichts, dir nichts, die selig Vor-sich-hin-Schlafenden mit ihrem ruhigen Atem und ihrer angeberischen Friedlichkeit. Als Nächstes wird man sehr wütend, rechnet sich aus, wie viele Stunden man noch hat, bevor man wieder aufstehen muss. Dann kommt die nächste Phase: der Kummer und die dunklen Gedanken, Sorgen, Ängste. Also konzentriert man sich auf etwas Schönes, aber das ist dann so schön, dass man vor lauter Vorfreude ganz wach und aufgekratzt ist, also liest man wieder, um sich vom Denken abzulenken, irgendwann resigniert man.

Also nein: Ich möchte nicht neben Leuten liegen, während ich all diese Phasen durchlaufe.

Bis du einschläfst, wäre es für mich wahrscheinlich wieder Zeit für meine nächste Schilddrüsentablette. Du Arme!

Da möchte ich dich direkt mal fragen, ob du überhaupt Nähe zu Menschen als angenehm empfindest oder ob du damit unangenehme Berührungen oder Situationen verbindest?

Nähe zu Menschen, in die ich verknallt bin, oder zu meinen Kindern ist das Allerbeste. Einen Mann, den ich toll finde, küsse ich unfassbar gern und da gefällt es mir auch, verschlungen zu sein, sich dauernd anzufassen. Meine Kinder umarme ich unablässig. Aber mit meinen Freundinnen und anderen Menschen bin ich nicht so körperlich.

Da sind wir jetzt an einem kritischen Punkt. Kannst du Menschen, in die du nicht verliebt bist, überhaupt lieben? Kannst du Menschen annehmen mit ihren schlecht lackierten Fußnägeln oder falsch sitzenden Jacken?

Die Frage stellt sich doch jeder Mensch irgendwann mal: Kann ich überhaupt lieben? Und woher weiß ich, wann es so weit ist?

Das spürt man doch. Am ganzen Körper.

Meine Kinder liebe ich, also so richtig, so wie Liebe gemeint ist. Da finde ich nichts unschön, ekelig oder fragwürdig. Denen wischt man ja sogar den Hintern ab und zieht den Rotz aus der Nase. Ansonsten finde ich Nähe manchmal schwer aushaltbar, weil ich, wie gesagt, nicht riskieren möchte, am anderen etwas zu entdecken, was ich nicht mehr vergessen kann. Achselschweiß! Knoblauchgeruch aus dem Mund! Ich möchte nur die Nähe zum Guten.

Ich sehe das völlig anders. Wenn ich etwas bei anderen Menschen sehe, das ich vorher noch nicht kannte, finde ich das meistens gut. Es sei denn, es wäre so etwas wie eine anarchische Ansammlung ungepflegter Zähne. Ich finde es toll, wenn ich neue Charaktereigenschaften, neue Züge oder Gefühle erkenne, die mir vorher nicht bekannt waren. Ich mag Menschen eigentlich sehr gern, ich beobachte sie gern. Und ich entdecke auch gern etwas an ihnen. Das ist dann sehr selten Achselschweiß, sondern meistens sind es Verhaltensweisen, Dinge, die sie tun. Dass jemand eifersüchtig wird, weil er oder sie irgendwo nicht eingeladen war. Dass jemand großzügig oder verletzt ist, wo ich es nicht erwartet hätte.

Der Achselschweiß ist ja nur eine Metapher! Außerdem verwechselst du zwei Dinge. Das, wovon du sprichst, sind auch Sachen, die ich an meinen Freundinnen und Freunden sehen will, da redest du ja von geistiger Nähe, von Abgründen, von emotionaler Nähe. Die liebe ich und das kann mir gar nicht nah genug sein. Ich aber rede von körperlicher Nähe, dem Berühren, dem Kuscheln. Ich kuschele mit meinen Kindern. Oder mit einem bestimmten Mann.

Der Mensch an sich ist ja nicht rundum schön und liebenswert, der Körper produziert Abfälle, hat Pickel und irgendwelche Schweißdrüsen und der ist auch mal eklig. Jeder Mensch ist mal eklig, selbst Brad Pitt und Angelina Jolie.

Ich glaube, wir unterscheiden uns in einer Sache fundamental. Ich suche und finde körperliche Nähe bei anderen Menschen. Auch bei Menschen, in die ich nicht verliebt bin. Ich sehe kaum je etwas Ekliges an anderen. Und denke nie, wirklich nie daran, dass der Körper Abfälle produziert.

Ja, ich suche auch geistige Nähe. Das ist großartig, wenn man entdeckt, dass man zu ähnlichen Lösungen kommt, wenn man sich mit Inhalten auseinandersetzt. Aber ich kann es auch gut haben, wenn ich mit Freunden nicht geistig übereinstimme, wenn wir argumentieren. Natürlich darf das politisch nicht komplett auseinanderlaufen. Mit AfD-Anhängern oder Reichsdeutschen möchte ich nicht mal diskutieren. Kurz gesagt, ich bin belastbar bei körperlicher und geistiger Nähe. Du nur bei geistiger.

Nicht nur! Wenn ich jemanden umarme, umarme ich ihn ganz fest. Ich drücke dann richtig zu und lasse auch nicht schnell los. Nur möchte ich nicht jedem Menschen in einer Bar oder im Job zu nahe kommen. Ich fühle mich einfach unwohl, wenn der Abstand zu gering wird und jemand mir so ins Gesicht atmet oder gähnt. Ich kann dann gar nicht antworten, weil ich die Luft anhalte. Oder ich hole schnell Kaugummis raus. Ich würde nicht wollen, dass jemand mich für distanzlos, aufdringlich oder übergriffig hält. Da würde ich mich schämen, mich verachten.

Aber warum hast du dich denn selbst nicht lieb? Oder akzeptierst dich nicht? Hast du manchmal Angst, du selbst zu sein, und wer ist das eigentlich, du selbst?

Kennst du nicht das Lied von Hildegard Knef: »Ich möchte mich gern von mir trennen, wenn möglich auf längere Zeit. Es reicht mir, mich näher zu kennen. Ich mag mich nicht mehr, tut mir leid.« Ich muss ja mein ganzes Leben lang Zeit mit mir verbringen. Nie gönnt mir jemand mal Ruhe vor mir. Ich habe zu mir selbst eine Art toxische Liebesbeziehung: Einerseits finde ich mich manchmal ganz schön lustig, toll, interessant und bin voller Größenwahn. In anderen Momenten finde ich mich abscheulich. Und möchte mich manchmal abgeben wie einen Mantel an der Garderobe. Und du?

Nein, abscheulich finde ich mich nie. Wenn ich in mich hineinschaue, sehe ich ganz in der Ferne das schüchterne Kind, das ich war. Ganz selten habe ich Angst, dass dieses Mädchen wieder Macht über mich bekommt und all die Errungenschaften, die ich mir – ja, auch mit Mühe – im Laufe meines Lebens erworben habe, und dazu zählen Freunde, Souveränität, Selbstgewissheit, dahinter wieder verschwinden.

Aber wer findet sich selbst denn nicht mal doof?

Niemand. Aber da geht es dann meist um dumme Sachen, die man gesagt oder gemacht hat. Das hat ja nichts mit Verachtung zu tun.

Ich kenne mich ja. Ich finde auch vieles gut an mir, den Humor, die Berührbarkeit, die Herzlichkeit. Aber ich brauche auch Distanz. Zu anderen, aber auch zu mir selbst. Ich finde mich nicht die ganze Zeit geil und bestaunenswert. Und als Schmankerl habe ich noch eine chronische Erkrankung, Diabetes. Ich weiß zu jeder Zeit, dass mein Körper eine Fehlstellung hat, dass er etwas nicht leistet, was er hätte leisten sollen und was ganz viele andere Körper können. Nur meiner halt nicht. Mein Körper ist wie so ein Schüler, der durch die Fahrprüfung gefallen ist. Und jetzt soll ich den noch trösten? Nein!

Du kannst doch aber alles machen. Du bist nicht eingeschränkt, behindert. Klar, dein Körper funktioniert nicht zu 100 Prozent, aber das tut er ja auch bei alten Leuten nicht unbedingt oder bei kleinen Kindern. Viele Menschen haben körperliche Defizite, ohne dass sie sich selbst deswegen nicht mögen. Ich glaube, man kann auch etwas Mangelhaftes lieben. Darin besteht ja gerade die Liebe, dass man etwas so akzeptiert, wie es ist.

Das Mangelhafte wirkt ja durch die Liebe nicht mehr mangelhaft, sondern vollkommen. Aber wenn man einen Körper mit einer Fehlstellung hat, ist es eben schwer, sich zu lieben. Weil man täglich mehrmals damit befasst ist, sich um diesen lästigen Körper zu kümmern; nie ist man gut genug, nie macht man es perfekt, jeden Tag sind die Werte nicht optimal, nicht mal gut. Ständig der Gedanke: Ich KÖNNTE es besser machen – ich muss mich nur mehr anstrengen. Ich war nicht gut genug zu mir, ich habe wieder versagt, ich hatte wieder einen zu hohen Blutzuckerwert, habe das Falsche gegessen, ich habe heute wieder nicht genug geleistet, das führt zu extremer Schuld. Und zu Scham. Vielleicht wie bei einem Trinker. Man war wieder schwach.

Das könnte ja auch bedeuten, dass du nicht glauben kannst, wenn ein anderer Mensch dir sagt, er liebt dich. Weil du dich selbst als mangelhaft siehst und dann denkst: Wieso sieht dieser andere Mensch nicht, dass ich so mangelhaft bin? Der kann mich doch nicht wirklich lieben. Ist das so?

Es ist beides. Ich glaube, einerseits erstaunt es uns doch alle, wenn uns jemand liebt. Einfach so. Mich wundert das. Andererseits gibt es ja immerhin auch Blödere als mich. Und die werden auch geliebt. Vielleicht ist Liebe für mich auch damit verbunden, dass ich dafür etwas tun muss. Es durfte nicht umsonst sein. Ich wollte mich immer dafür anstrengen müssen. Wenn es zu leicht war, war es unglaubhaft, nichts wert.

Das sehe ich anders. Liebe zeigt sich ja gerade darin, dass man geliebt wird und nicht weiß, warum das so ist. Plötzlich ist man in den Augen eines anderen Menschen liebenswert. Ganz ohne Anstrengung. Das kann man doch annehmen. Da denke ich doch nicht als Erstes: Wie könnte ich mich optimieren, damit er mich liebt? Er hat sich ja hoffentlich schon in dich verliebt, weil er irgendetwas an dir oder dich überhaupt wunderbar findet.

Nähe entsteht ja durch etwas, das ich von mir preisgebe. Durch das Fallenlassen des Schutzmantels, durch das Entblößen.

Aber Nähe kann doch beispielsweise auch durch ein Kompliment entstehen. Oder dadurch, dass ich jemandem etwas Nettes sage. So kann ich auch Nähe herstellen.

Ich kann große Nähe zulassen, wenn es um Schwächen geht. Ich verbarrikadiere mich nicht. Und meistens, wenn ich mich öffne, öffnet sich auch mein Gegenüber. Mir sind Menschen fremd, die ständig so tun, als ob ihnen alles gelingt. Die ihre Niederlagen vertuschen und nicht darüber sprechen, womit sie ringen, worüber sie traurig sind. Letzte Woche habe ich einer Freundin erzählt, dass die Quote einer Sendung mit mir nicht gut war. Und wie traurig ich darüber bin. Sie hat mir daraufhin erzählt, dass sie bei einem Casting nicht genommen wurde und der Typ, den sie gut findet, sich nicht mehr meldet. Am Ende konnten wir beide über unsere bescheuerten Sorgen lachen.

Die Frage finde ich auch spannend: Wann ist einem etwas fremd?

Oft ist mir jemand fremd, wenn ich zwischen ihm und mir gar keine Empathie, kein Verständnis spüre, wenn ich das Gefühl habe, keiner meiner Gedanken wird richtig verstanden oder interpretiert. Mein Humor wird nicht als Humor erkannt, meine Gefühle werden abgetan. Menschliche Kälte ist mir fremd. Es gibt ja eine geistige Fremdheit und eine emotionale Fremdheit und die emotionale Fremdheit ist schmerzhafter. Die geistige kann man, glaube ich, aushalten. Dann ist man einfach anderer Meinung.

Fremd ist mir ein Mensch, der einen total anderen Zugriff aufs Leben hat. Der Dinge liebt und Interessen hat, bei denen ich überhaupt nicht nachvollziehen kann, wieso. Jemand, der noch nie in ein anderes Land gereist ist oder jemand, der mehr Zeit in seinem Hobbykeller verbringt als an der frischen Luft.

Jetzt sprichst du aber von geistiger Fremdheit, nicht von emotionaler.

Wir beide waren uns weder geistig noch emotional je fremd. Wir sind sehr unterschiedliche Charaktere, aber wir können uns ganz schnell über Humor, Politik, Religion, Bücher und viele, viele andere Dinge einigen. Nein, fremd bist du mir wirklich nie gewesen. Ich habe dir ja dein ganzes Leben lang zugeschaut und meist verfolgt, was dich beschäftigt hat.

Bei dir muss ich nie haargenau aufpassen, was ich sage, welchen Gedanken ich äußere. Ich kann mich vollkommen fallenlassen, mich dir völlig ungefiltert zeigen und du wirst es trotzdem nicht gegen mich verwenden. So etwas empfinde ich als Nähe. Angstlosigkeit. Keine Scheu. Keinen Argwohn. Ich vertraue dir total. Ich vertraue dir, dass du selbst mit meinen Fehlern behutsam umgehst. Bei dir weiß ich ganz sicher, du wirst mich nie verlassen. Bei wem hat man das denn sonst?

Ja, genau das ist doch der Punkt. Ist nicht alles, was wir wollen, wonach wir streben und uns sehnen, von dem Gedanken geleitet, dass wir nicht einsam sein möchten? Dass es einen Menschen gibt, dem wir uns vollkommen ausliefern können und der uns trotzdem festhalten, umarmen und nicht loslassen wird.

Ein Mensch, der nicht geht, obwohl er alles von uns kennt. Auch das Hässliche.

Ich würde nie etwas gegen dich verwenden. Du bist bei mir sicher, in einem geschützten Raum. Und ich hoffe, das bin ich bei dir auch.

Das bist du. Du müsstest schon ein ziemlich großes Verbrechen begehen oder sehr viel ausfressen, bevor ich überhaupt in Betracht ziehen würde, dich aus meinem Leben zu streichen.

Das geht mir genauso. Siehst du, da spüren wir beide doch jetzt wirklich mal genau die gleiche Nähe und Verbundenheit.

Gegen emotionale Nähe habe ich mich noch nie gewehrt. Mit dieser Art von Nähe bin ich viel unvorsichtiger und verschwenderischer als du. Ich bin zu vertrauensselig.

Ich nicht. Ich bin zwar relativ schnell auf eine oberflächliche Art mit neuen Menschen vertraut. Bevor ich aber intime Gedanken mit ihnen teile, muss ich die Menschen länger erlebt haben, um sie besser einschätzen zu können.

Was mir vielleicht an körperlicher Zutraulichkeit fehlt, habe ich zu viel an verbaler und emotionaler Zutraulichkeit. Wenn ich jemanden mag, bin ich ihm gegenüber fast arglos.

Ja, das kenne ich von dir. Ich finde, du machst dich damit auch angreifbar und bist dann umso enttäuschter, wenn jemand dieses Vertrauen nicht zu schätzen weiß und missbraucht.

Vor allem, wenn er überhaupt kein Unrechtsbewusstsein hat und sich nicht mal entschuldigt. Kannst du dich eigentlich gut entschuldigen, Mama?

Ich versuche es, aber ich musste es erst lernen. Mein Bauchgefühl sagt mir eigentlich sofort, wenn ich etwas nicht richtig gemacht habe. Nur ein Beispiel: Neulich habe ich den Chef des Hamburger Filmfestes, zehn Minuten bevor er die Eröffnungsrede des Fests halten sollte, gefragt, welchen Film ich mir unbedingt ansehen solle. Er hat nur schnell »Später« geantwortet. Als ich zu meinem Platz ging, wurde mir ganz heiß und ich dachte: Meine Güte, wie konntest du? Der Mann muss gleich die Gäste begrüßen – wie blöd und egozentrisch, ihn das jetzt zu fragen. Als ich zu Hause war, habe ich ihm eine SMS geschrieben und mich entschuldigt. Er hat geantwortet: »Kein Problem.«

Ich will damit sagen: Ich merke es fast immer, wenn ich mich falsch verhalte. Früher habe ich oft lange darüber nachgedacht, wie und wann ich mich entschuldigen soll. Das hat mir zu meinem Fehlverhalten noch zusätzliche Bauchschmerzen gemacht. Inzwischen denke ich: Je schneller ich mich entschuldige, desto besser.

Das kenne ich so gut! Wie und wann soll ich mich entschuldigen – das kostet mich so viel Zeit, vor allem, weil ich ja nicht gern telefoniere und dann ewig an so einer Textnachricht feile. Neulich habe ich bei Ruth Herzberg den Satz gelesen: »Dass man gleich das richtige Bauchgefühl hatte, weiß man immer erst, wenn man nicht darauf gehört hat.«

Ich glaube, dieses Gespür für den passenden Moment ist eine Art soziale Intelligenz, ein Feingefühl dafür, wann ein Thema angebracht ist. Es gibt Leute, die mir fünf Minuten vor meinem Auftritt erzählen, warum sie mit ihrer Schulter zur Physiotherapie gehen, aber ich kann in dem Moment gar nicht zuhören oder gar die nötige Empathie aufbringen, weil ich so mit meiner Aufregung, meinem Adrenalin und meiner Konzentration zu tun habe.

Ich sage natürlich auch unpassende Dinge, möchte es sofort geradebiegen und liege dann wach. Aber wenn man nachts um 3 Uhr eine WhatsApp schreibt, bauscht man es ja nur noch mehr auf. Ich kann mir vorstellen, wie der Empfänger denkt: »Mein Gott, warum schreibt sie mir mitten in der Nacht?«

Also lasse ich es. Meistens. Denn ich halte es kaum aus, bis zum nächsten Tag zu warten. Tagsüber kommt mir die Sorge dann gar nicht mehr so dramatisch vor. Also lasse ich es auf sich beruhen. Bis ich in der nächsten Nacht wieder deswegen wach liege und mir fest vornehme, am Tag darauf wirklich, aber wirklich hundertpro, die Nachricht zu einer humanen Uhrzeit, zu den Öffnungszeiten der Kommunikation, abzuschicken. Jedenfalls wird das Problem immer größer, es wächst und wächst, und mein Kopf ist dafür ein super Nährboden. Es belastet mich, wenn ich das Gefühl habe, jemand sei sauer auf mich.

Na ja, ich will ja dann nicht mehr groß über das Problem reden, sondern ich schreibe einfach eine Entschuldigung. Kurz und knapp. Jeder sagt mal etwas Unpassendes und merkt das vielleicht erst hinterher. Ich habe gelernt, dass ich mich dafür lieber entschuldige, als dass ich darüber hinweggehe. Aber nachts wach gelegen habe ich wegen solcher Dummheiten selten. Ich bin allerdings schon um drei Uhr aufgewacht und konnte nicht mehr einschlafen, weil mir dann einfiel, dass ich meinem Nachbarn die zwei Euro nicht zurückgegeben habe. Oder dass ich wieder mal nicht dran gedacht habe, Dünger ins Blumenwasser zu tun.

Dem Nachts-Wachliegen sind bei mir keine Grenzen gesetzt! Dann fällt mir auch gern ein, dass ich vergessen habe, die Einladung gestern Abend abzusagen oder einer Kollegin zum Geburtstag ihres Sohnes zu gratulieren.

Im Übrigen finde ich es auch wichtig, dass man Kindern beibringt, sich zu entschuldigen.

Unbedingt. Und man sollte Kindern ebenso beibringen, Entschuldigungen anzunehmen. Manche Erwachsene sind da nämlich extrem empfindlich. Wir sitzen in einer heiteren Runde, alle übertrumpfen sich mit Gags und dann ist plötzlich jemand eingeschnappt. Ich glaube, wir unterstellen viel zu häufig einer Bemerkung eine böse Absicht, Heimtücke. Vielleicht hat jemand einfach ungeschickt formuliert, sich mitreißen lassen von einer Stimmung, sich hinreißen lassen zu einem Witz. Man kann ja eine Aussage auch zugunsten des Sprechenden auslegen, statt gleich davon auszugehen, dass Häme oder eine zielgerichtete Attacke das Motiv war.

Mich nervt es auch tierisch, dass einige Leute so schnell verletzt oder beleidigt sind. Beispielsweise weil sie eine andere politische Ansicht haben als ich, ihre aber für die richtige halten. Dafür habe ich wenig Verständnis und bei solchen Menschen möchte ich mich auch gar nicht entschuldigen.

Ich konnte mich früher nicht gut entschuldigen und musste es wie du auch erst lernen. Zu Hause haben wir uns ja schon heftig gestritten und irgendwann bin ich dann in mein Zimmer gerannt und habe die Tür zugeknallt. Aber lange hab ich das nicht ausgehalten. Ich wollte mich mit Papa, dir oder Niko versöhnen und stand mir selbst im Weg, weil ich mich so erbärmlich fühlte. Mich kostete das schon Überwindung. Und der erste Moment der Versöhnung ist ja auch ein bisschen unangenehm, peinlich und kitschig. Ich werde dabei so rührselig und pathetisch. Ich kann aber gut verzeihen, weil ich nicht nachtragend bin. Ich bin nicht eisern genug, um lange wütend auf jemanden zu sein. Ich finde Nichtkommunikation, Ghosting, Abwendung viel brutaler als einen Streit. Ganz fies finde ich, wenn meine Entschuldigung nicht angenommen wird, das belastet mich. Teilweise bis heute.

Also, erstens, mit dieser Streitkultur in der Familie identifiziere ich mich nicht. Ich streite mich nicht gerne und ich habe mich nie viel gestritten. Mit euch nicht. Und mit meinen Freunden auch nicht. Zweitens, die Erfahrung, dass eine Entschuldigung von mir nicht angenommen wird, habe ich noch nie gemacht. Dazu kann ich nichts sagen.

Du Glückliche! Ich stelle mir dann immer die Frage: Bin ich zu nachsichtig und zu inkonsequent? Gibt es Dinge, die auch ich nicht verzeihen könnte? Bei mir dürfen Leute, die ich mag, viel Mist bauen, ich kann das teilweise sogar nachvollziehen. Ich kann anderen nicht lange böse sein.

Wenn eine Entschuldigung nicht angenommen wird, ist das eine sehr schmerzhafte Erfahrung. Du bemühst dich, etwas wieder geradezubiegen, zu flicken, und kannst nicht fassen, dass der andere das nicht auch will. Ich finde das unbarmherzig. Man muss die Worte ja nur zurücknehmen. Dann ist doch bitte alles wieder in Ordnung! Vielleicht habe ich es falsch gelernt, weil Papa und ich uns immer tränenreich versöhnt haben, nachdem wir uns abscheuliche Sachen an den Kopf geworfen hatten. Vielleicht habe ich zu lange geglaubt, jeder sei so wie er und könnte mir verzeihen.

An eine Sache erinnere ich mich aber. Als du ungefähr zwölf Jahre alt warst, hast du mal drei Tage lang nicht mit mir gesprochen. Ich halte so was keine drei Stunden aus. Du bist da viel konsequenter. Du bist wirklich zwei Tage wortlos an mir vorbeigegangen, bis ich zu Hellmuth gesagt habe: »Bitte renk das wieder ein.« Ich habe wahnsinnig darunter gelitten. Aber das passierte nur ein Mal.

Ich finde es erstaunlich, dass ich daran keinerlei Erinnerung mehr habe. Worum ging es denn da? Es tut mir total leid, Mama, aber ich muss sagen: Es scheint das erste und auch das letzte Mal gewesen zu sein, dass ich so konsequent war, und ich wünschte, ich hätte zumindest eine Prise davon ins Erwachsenenalter mitgenommen.

Ich weiß nicht mehr genau, worum es ging. Ich glaube, du hattest irgendwas Freches zu mir gesagt, »blöde Kuh« oder so was. Das wollte ich mir von meiner zwölfjährigen Tochter nicht bieten lassen und habe verlangt, dass du dich dafür entschuldigst. Und du wolltest dich eben nicht entschuldigen.

Aber die grundsätzliche Frage ist doch: Wer ist der Depp? Derjenige, der alles verzeiht und durchgehen lässt? Oder derjenige, der unnachgiebig bleibt? Es ist ja ein schmaler Grat, ich will mir schließlich nicht auf der Nase herumtanzen lassen. Aber wer so streng ist, nimmt damit in Kauf, dass eine Freundschaft endet.

Ich sehe das ganz pragmatisch. Ich denke nicht strategisch, von wegen: Wenn ich das jetzt durchgehen lasse, bin ich ein Weichei, mit mir kann man's ja machen. Sondern ich frage mich, wie ich am besten mit der Situation klarkomme. Leide ich sehr darunter, dass XY nicht mit mir spricht? Ginge es mir besser, wenn ich es wieder einrenke? Das ist mein einziges Kriterium: dass ich mit der Situation leben können muss. Wenn ich mit der Situation nicht klarkomme, der andere aber schon, muss eben ich den ersten Schritt machen.

Ich finde es überhaupt nicht peinlich, nachzugeben. Ich muss doch so handeln, dass ich mich wohlfühle. Warum sollte ich gegen meine Gefühle handeln? Da würde ich mich ja selbst zum Deppen machen. Insofern mache ich mich lieber vor dem anderen zum Deppen, das ist mir dann auch relativ wurscht.

Oh ja, das ist gut! Eigentlich ist es vollkommen egal, wie ich dastehe, Hauptsache, ich fühle mich wohl damit. Wenn es also mein Bedürfnis ist, mich zu vertragen, dann ist das eben so, koste es, was es wolle.

Ich versuche ja, wo es geht, blöde Gedanken oder schlechte Gefühle zu vermeiden. Obwohl Leid und Kummer ja auch sensibilisieren.

Hast du das Gefühl, dass Leid egoistisch macht oder eher die Empathie fördert?

Für mich fördert Leid die Empathie. In den Phasen meines Lebens, in denen ich gelitten habe, unglücklich war, verletzt und traurig, habe ich schnell mit anderen Menschen Mitleid gehabt. Mit der alten Frau, die nicht mehr aufrecht gehen kann, dem armen Mann, der keine richtigen Zähne mehr hat und sich eine entsprechende Behandlung wahrscheinlich auch nicht leisten kann. Mit dem Dicken, der gegen seine Fresssucht nicht ankommt. Mit vielen Menschen, die ich gesehen habe, die unglücklich wirkten. Wenn ich glücklich bin, übersehe ich diese Menschen leider leichter. Ich glaube, das geht vielen so, die wenig Kummer haben.

Ich sehe das etwas anders.

Ich rede nicht nur von dem Wohlhabenden, der vermeintlich keinen Blick dafür hat, dass es anderen schlecht geht. Derjenige, der über seinen kaputten Ferrari weint. Ich rede davon, wie du dich verhältst, wenn du gerade Kummer im Beruf oder mit deiner Gesundheit hast. In solchen Momenten hast du vielleicht nicht so viel Empathie, weil du sehr mit dir selbst und deinem Leiden beschäftigt bist.

Wohingegen ich in glücklichen Zeiten immer wusste, dass das kein Dauerzustand ist, und mich sehr wohl an die unglücklichen Phasen erinnern konnte. Dadurch habe ich mehr Rücksicht genommen. Ich reibe mein Glück niemandem unter die Nase, aber ich habe mehr Kraft für Mitgefühl. Wenn ich selbst gerade in einem Strudel bin – beispielsweise als ich die Frühchen bekam und Papa im Sterben lag –, habe ich gar keine Kapazität für anderes Leid. Unglück fördert vielleicht die Demut, aber nicht die Empathie.

Ich verstehe, was du meinst, weil man in dem Moment, in dem man leidet, sehr auf sich fokussiert ist und in seinem eigenen Un-

glück ertrinkt. Aber ich sehe dann klarer. Wenn es mir gut geht, renne ich vorwärts und übersehe dabei einiges.

Übersehen wir nicht ständig etwas? Auch um uns zu schützen, um mit unserem Leben weiterzumachen. Wir denken dauernd, wir seien zu beschäftigt. E-Mails und Supermarkt, Freundschaften und Fitness, Werkstatt und Mahnungen. Alles muss geregelt werden, auch unser Glück.

Prinzessinnen

Laura, du bist ja relativ unpraktisch. Ich bin zwar nicht superpatent, aber ich kann vieles alleine. Ich habe manchmal den Eindruck, du brauchst jemanden, der die wichtigen Dinge für dich regelt, beispielsweise Autofahren oder Kochen. So etwas kannst du gar nicht. Findest du das eher bequem oder unbequem?

Bestimmte Sachen kann ich gut aus der Hand geben, ob Autofahren oder Handwerksdinge, da empfinde ich gar keinen Ehrgeiz. Vielleicht lasse ich mich da auch zu sehr in eine Rolle fallen. Mir erscheint es vielleicht sogar »femininer«, aber auf jeden Fall besser und einfacher, wenn jemand mir hilft. Warum muss ich alles können, für alles zuständig sein? Ist das nun feministisch, altmodisch oder modern?

Ich finde, das hat überhaupt nichts mit feminin oder nicht feminin zu tun. Ich möchte mich doch nicht in die totale Abhängigkeit von einem Mann begeben, weil der etwas besser kann. Das fände ich schrecklich. Ich möchte selbstständig und unabhängig sein.

Sicher ist es so, dass es viele Männer gibt, die sich in der Rolle des Retters, des Helden oder Beschützers sehr gut gefallen und die es gernhaben, wenn sie in gewisser Weise die Frau verwöhnen, auf sie aufpassen. Wenn die Frau sich mit Dingen wie Müll runterbringen oder schwere Kisten schleppen nicht »die Hände schmutzig« macht. Andererseits gibt es die Typen, die alle lästigen Arbeiten auf die Frau abwälzen. Dann soll die Frau für alles Unbequeme zuständig sein. Das habe ich nie eingesehen. Da bin ich lieber die, die es »ausnutzt«, wenn sie nicht alles machen muss.

Also, in welcher Rolle sich ein Mann jetzt gefällt, ob er gerne Retter oder Beschützer ist, interessiert mich nicht. Ich selbst möchte mir in einer Rolle gefallen oder nicht gefallen. Und ich gefalle mir nicht, wenn ich allzu abhängig bin. Ich möchte nicht fragen, ob er mich mit dem Auto irgendwohin fahren kann. Das werde ich ja wohl noch selbst schaffen. Auf mich aufpassen muss auch niemand. Handwerklich bin ich unbegabt, aber ein paar Schrauben reindrehen kann ich schon. Für die Arbeiten, die ich alleine nicht beherrsche, bestelle ich mir einen Handwerker. Das hat dein Vater auch gemacht. Im Übrigen hat er mich ja nicht sehr verwöhnt, im Gegensatz zu deinem Mann, der dich sehr verwöhnt.

Ja, ich finde das schön. Es gibt doch – gesellschaftlich gesprochen – genug Nachteile, eine Frau zu sein. Aber es gibt eben auch Vorteile. Ich habe durchaus davon profitiert, dass mir geholfen wurde, weil ich eine Frau bin. Das ist nicht unbedingt eine Abhängigkeit. Ich arbeite ja und verdiene Gott sei Dank genug Geld, um selbst ein Taxi zu bezahlen oder einen Klempner. Ich genieße es, wenn jemand sagt: »Ich hole dich ab, ich fahr dich hin, ich mache den Termin aus, ich regele das.« Und nur weil ich etwas kann, muss ich es doch nicht gern tun. Wenn jemand mich »verwöhnen« will, nur zu! Go for it. Knock yourself out!

Eine Freundin von mir hat einen Mann, für den sie sehr viel organisieren muss. Er arbeitet beim Fernsehen. Wir sprachen neulich über dieses Thema und ich habe gesagt: »Mein Mann war immer ein toller Partner und Gesprächspartner. Er war in einigen Dingen patent und immer hilfsbereit. Aber er hat mich nie mit Geschenken oder Aufmerksamkeiten überhäuft.« Sie sagte: »Das macht mein Mann auch nicht. Ich muss mich um alles kümmern.« Ich kam dann auf dich zu sprechen und erzählte, wie sehr dich dein Mann auf Händen trägt. Da erwiderte sie: »Na ja, Armgard, wir beide sind auch keine Prinzessinnen.«

Was ist denn eine Prinzessin? Eine, die sich gern helfen lässt? Ja, ich bin wahrscheinlich mehr Prinzessin als du und fühle mich damit nicht unwohl. Es ist für mich keine Frage von mangelnder Autonomie oder Mündigkeit – natürlich will ich eigenständig und mündig sein. Ich arbeite, ich habe ein Konto, ich verfüge über mich, ich gehe alleine aus. Aber ich fühle mich eben nicht besonders mündig, wenn ich den Müll runterbringe. Insofern ist es auch schön, wenn ein Mensch (vielleicht ein Mann) gewisse Dinge für mich erledigt, Flüge bucht, mich eincheckt, Sachen schleppt, Versicherungen abschließt, Termine im Blick hat, einen Autoreifen wechselt, den Ölstand prüft, den Wasserzähler abliest, ohne dass ich mich dabei hilflos fühle. Ich fuchtele ja nicht mit den Armen, während ich quieke: »Huch! Ich schaffe das nicht, rette mich.« Ich denke eher: Wie lieb und schön, dass du mir hilfst.

Vielleicht hängt das mit unseren unterschiedlichen Generationen zusammen. Die Frauen meiner Generation haben darum gekämpft, gleiche Rechte zu haben, und das hieß eben auch gleiche Pflichten. Wir wollten das Gleiche verdienen – was ja leider bis heute noch immer nicht der Fall ist. Aber wenn ich den Anspruch habe, das Gleiche zu verdienen, dann muss ich auch die gleichen Pflichten erfüllen, also auch die unangenehmen Sachen machen. Was du immer als Müll rausbringen bezeichnest.

Andererseits sehe ich natürlich an dir, wie schön es ist, wenn man auf Händen getragen wird. Aber ich fand immer, dass das auch seinen Preis hat. Beispielsweise gibt es in meiner Generation viele Frauen, die nach dem Tod ihres Mannes überhaupt nicht wissen, wie sie mit dem Konto oder den Versicherungen umgehen sollen. So unselbstständig wollte ich nie sein. Für mich bedeutete Selbstständigkeit immer Autonomie.

Papa war nicht besonders patent oder kompetent, wenn es um solche Fragen ging. Der hat zwar mit dir gemeinsam den Müllsack aus dem Mülleimer gezogen (»Du ziehst, ich halte!«) – insofern kann man da von Gleichberechtigung reden –, aber er war halt auch chaotisch, die Zettel flogen rum, er verlor dauernd Dinge. Er hatte eine Assistentin, seine Sekretärin, die sich um so was gekümmert hat.

Darum hätte ich mich ja nun wirklich nicht auch noch kümmern können.

Mein Wunsch nach Gleichberechtigung und meine Selbstständigkeit äußern sich darin, dass ich Geld verdiene. Mit Geld kann man zwar nicht Auto fahren oder kochen, aber man kann sich Essen bestellen, und das wird dann geliefert. Das kriege ich schon alleine hin. Aber ja, mein Mann fährt viel mehr und besser Auto als ich, er richtet das Internet ein, er sorgt dafür, dass Handwerker kommen oder die Telekom und dass irgendwie alles läuft. Natürlich ist er nicht derjenige, der den Kran aufstellt oder die Kabel verlegt, aber er nimmt eben Sachen in die Hand, packt zu, organisiert, weiß, wie das Leben funktioniert.

Und du nicht? Hilfe, das wäre ja schrecklich.

Ich fühle mich manchmal auf Geschäftsreisen überfordert, wenn ich mal alleine fliegen muss. Ich bin superstolz und freue mich wie ein Kind, das etwas geschafft hat, wenn ich einigermaßen pünktlich, heil und unverschwitzt irgendwo ankomme. Ich fühle mich behütet und feminin, wenn mir jemand bei solchen Alltagsdingen hilft.

Oh Gott, ich rede mich hier um Kopf und Kragen und frage mich gerade wirklich: Bin ich eine Prinzessin, Mama?

Ja. Und ich glaube, du findest diese Rolle auch gut. Aber weißt du was, eine Prinzessin kann man nur sein, wenn man einen Mann hat, der sich eine Prinzessin wünscht. Beim Theater gibt es den Satz: »Den König spielen die anderen.«

Ich wundere mich, dass du den Begriff feminin ständig damit in Verbindung bringst, dass jemand anderer etwas für dich erledigt. Eine Frau ist man doch nicht bloß, weil man bedient und verhätschelt wird. Eine Frau kann doch wohl auch selbstbewusst und stark sein.

Ein Mensch, der sich bedienen lässt, ist doch nicht weniger selbstbewusst. Ich bin ja keine Frau, die andere ausbeutet oder herumkommandiert, gar nicht. Ich genieße es einfach sehr, wenn mir bestimmte Dinge, bei denen ich total unbeholfen bin, abgenommen werden. Dabei fühle ich mich sicher.

Manchmal mache ich mir Sorgen, ob du alleine klarkommen würdest, wenn du es müsstest. Du fährst nie Auto, hast keine Fahrpraxis. Wenn wir ohne deinen Mann einen Ausflug machen, fahre immer ich. Klar kannst du ein Taxi bestellen, aber manches erledigt man eben schneller, wenn man es selbst macht. Und immer Essen bestellen oder mich fahren lassen würde mich auf die Dauer stören. Ich finde, du solltest einige praktische Dinge noch lernen. Weil es das Leben weniger kompliziert macht, wenn man weiß: Das kann ich.

Ich glaube, mir hat für diese Genres einfach jeglicher Ehrgeiz gefehlt. Ich hatte nie den Wunsch oder die Ambition, sehr gut Auto zu fahren. Meist fahre ich sowieso Rad oder laufe zu Fuß. Mir war es wichtiger, dass ich schreiben kann, dass Freunde mich anrufen und mich bitten, ihnen bei einem Text oder einer Rede zu helfen. Es würde mich nicht glücklicher machen, wenn ich selbst die Geschirrspülmaschine reparieren oder ein Loch in die Wand bohren könnte. Nein, ganz sicher nicht. Deswegen war mir finanzielle Unabhängigkeit wichtig, weil ich immer wusste, was ich nicht kann. Mir war klar, dass ich mir die entsprechende Hilfe kaufen muss. Ich arbeite, um mir die Reparatur durch einen anderen Menschen zu gönnen. Da hast du es! Deswegen wollte ich Geld verdienen, weil ich genau weiß, dass ich die Lampen nicht selbst anbringen kann. Da frage ich sehr gern eine Elektrikerin oder einen Elektriker. Ich mag es, dass ich mir diesen »Luxus« erlauben kann.

Deine Beispiele sind mal wieder echt extrem! Ich kann auch keine Geschirrspülmaschine reparieren und bringe Lampen nicht selbst an. Es geht doch um Alltagsdinge. Ich besuche dich ja oft oder gehe alleine auf Reisen. Wenn ich das alles nicht selbst organisieren könnte, sondern jedes Mal bei dir anrufen und dich bitten würde, das für mich zu erledigen, wärst du ganz schön genervt von meiner Unbeholfenheit und Unselbstständigkeit.

Also, man muss mal festhalten: Sonderlich patent sind wir beide nicht, wenn es um Technik geht. Schon beim Fernseher haben wir Schwierigkeiten. Das ist so kompliziert geworden mit all diesen Geräten, verschiedenen Fernbedienungen, welche ist wofür, Receiver, Apple TV, Soundanlage, linear? … Oder die Schalter in Hotelzimmern! Ich will nur ins Bett gehen und das Licht ausmachen, schon spricht der Kühlschrank aus der Minibar zu mir und der Fernseher zeigt den Hotel-Trailer mit der gefälligen Piano-Musik in Dauerschleife, dazu weht mir der Ventilator die Bettdecke ins Gesicht, die Klimaanlage ist so eingestellt, dass ich mit Mütze schlafen muss und am Ende brennt noch immer das Licht vom Spiegel im Badezimmer, während die Dusche seit Stunden vor sich hin braust.

Aber das Gespräch ging ja so los, dass deine Freundin zu dir sagte, dass ihr keine Prinzessinnen seid und deshalb nicht verwöhnt werdet. Ruht sich nicht immer einer in der Beziehung darauf aus, dass der andere es schon regeln wird? Wenn der Mann das tut, ist es dann weniger schlimm?

Nein, natürlich nicht. Der Mann wäre ja dann eine Art »Macho Peter Pan«. Genau das meine ich. Ich finde es schlimm, wenn sich jemand darauf verlässt, dass ein anderer – meist ist es ja eine andere – alles für ihn erledigt. Ich finde es auch schlimm, wenn

Frauen ihre Söhne zum »Macker/Macho/Chauvi« erziehen. Welche Frau soll denn so einen Menschen später übernehmen? Das ist ja eine Zumutung! Es ist genauso ungerecht, wenn der Mann alles machen muss, weil die Frau behauptet, sie könne es nicht, wie wenn ein Mann sagt: »Ach, Schatz, du weißt doch, dass ich beim Ausräumen der Geschirrspülmaschine immer so viel Geschirr kaputt mache.« Männer berufen sich ja gerne darauf, dass sie etwas schlechter können: das Kind wickeln, das Baby ins Bett bringen, die Wäsche zusammenlegen, so was. Ich finde das total ungerecht. Und gelogen ist es auch.

Aber dann müsstest du dich doch umso mehr freuen, dass du einen weiblichen Macho erzogen hast – nämlich mich! Das ist gelebte Gleichberechtigung. Vielleicht nennen wir es: hedonistischen Feminismus.

Gleichberechtigung heißt doch auch: das gleiche Recht, etwas abzugeben, etwas nicht zu tun. Das gleiche Recht auf Bequemlichkeit. Das gleiche Recht auf ein Nein. Es gibt ja Männer, die behaupten: »Du kannst besser kochen, besser Geschenke besorgen, besser bügeln, dich besser kümmern, ich habe dafür kein Händchen, Liebling…« Ist es nicht toll, dass Frauen heute dieselben Ausreden benutzen können wie Männer?

Das ist natürlich ein absoluter Gewinn, dass Frauen inzwischen dieselben Ausreden benutzen können. Aber ich mag es weder bei Männern noch bei Frauen, wenn sie sich bedienen lassen. Ich bin aus dieser feministischen Generation, die für Gleichberechtigung gekämpft hat. Niemand sollte sich darauf zurückziehen dürfen zu sagen: »Weil ich eine Frau bin oder weil ich ein Mann bin, kann ich, will ich oder sollte ich dieses nicht tun.«

Die Frage ist doch: Wärst du gern mehr Prinzessin gewesen und denkst du rückblickend: Ich habe zu viel getan, ich habe den typisch weiblichen Fehler gemacht und zu viel auf mich genommen an Care-Arbeit, wie es heute heißt, an Hausarbeit, an sonstigen Aufgaben? Denkst du: Ich hätte mich ruhig mehr verwöhnen lassen sollen? Hätte mein Mann die Dinge erledigt? Wäre ich dann mehr bedient worden?

Mein Mann hätte das nicht mitgemacht. Der hätte es gar nicht gesehen oder verstanden, wenn ich mich bedürftig gezeigt hätte. Wie gesagt, der wollte keine Prinzessin, der wollte eine Frau. Wie's heute so schön heißt: auf Augenhöhe. Er wollte ja auch kein Prinz sein. Klar hätte ich mich auch gerne verwöhnen lassen. Wer will das nicht? Andererseits finde ich Unselbstständigkeit wahnsinnig unsexy. Ich finde Menschen, die sich darauf zurückziehen, dass sie etwas nicht können, bequem. Man kann alles mal versuchen. Glaubst du, ein Mann hat Respekt vor einer Frau, die ganz viele Sachen nicht kann? Ich hätte keinen Respekt vor einem Mann, der immerfort sagt: »Ich kann das nicht.« Wie ist der denn drauf? Da würde ich antworten: »Guck dir doch mal an, wie man es macht. Vielleicht schaffst du es. Du bist ja erwachsen.«

Jetzt mal umgekehrt gefragt: Glaubst du, ein Mann hat Respekt vor einer Frau, die zwar ganz viele Sachen regeln und reparieren kann, aber auch alle davon übernimmt? Eine, die sagt: »Lass mal, ich räume das weg, ich mache eine frische Windel, ich besorge die Glühbirnen, ich rufe den Klempner an …« Muss ich wirklich alles machen? Und begebe ich mich dadurch nicht wieder in diese typische 50er-Jahre-Frauenrolle? Hat er nur dann Respekt vor mir? Das wäre ja ziemlich armselig.

Ich habe ja schon gesagt, dass es nicht darum geht, dass man eine Lampe anbringen oder eine Geschirrspülmaschine reparieren kann. Dafür braucht man Experten. Niemand will einen Handwerker ersetzen. Und all die Dinge, die du aufgezählt hast, die machen doch die meisten Frauen, Windeln, Sachen und Handwerker besorgen. Ach, du meinst, vor denen haben die Männer keinen Respekt? Ja, vielleicht ist das so, weil sie es für unwichtig halten.

Aber ich meine etwas anderes. In meiner Jugend gab es beispielsweise das Argument, dass Frauen nicht Autofahren können. »Frau am Steuer« war ein Spruch, mit dem Männer die Frauen abgekanzelt haben. Das sollte witzig sein, hieß aber: Sie kann nicht einparken oder überholen oder sonst was. Ich fand das so despektierlich; ich hätte mich nie darauf zurückgezogen, dass der Mann Auto fahren soll, weil ich eine Frau bin und es angeblich nicht richtig kann. Ich wollte immer klarstellen: Ich kann etwas genauso gut wie du. Du kannst nichts besser, nur weil du ein Mann bist.

Ich weiß eben, dass manche Leute Dinge besser können, egal welches Geschlecht. Ich kann dafür andere Dinge besser, ich muss doch nicht alles können. Das ist doch nur wieder eine Form von Feminismus, der Druck auf Frauen ausübt. Der Anspruch an Frauen kann doch nicht sein, dass wir alles können und alles erledigen müssen. Also: Sei nicht nur die perfekte Hausfrau, Mutter, Liebhaberin, Freundin, Ehefrau, Karrierefrau, sei gleichzeitig auch Klempnerin, Sportlerin, Autofahrerin, Elektrikerin, Bastlerin, einfach Profi in allem …

Darüber hinaus können wir im Alltag niemals dieselbe Sorglosigkeit an den Tag legen wie die meisten Männer. Ich würde auch gern unbelästigt im Internet oder auf der Straße unterwegs sein. Ich würde auch gern keine Sorge haben, wenn ich allein im Taxi sitze, allein am Bahnhof stehe, allein im Club tanze, keine Kondome benutze. Herrlich unbedarft einfach nachts im Wald spazieren, bei Dunkelheit Bus fahren!

Also nach allem, was uns verwehrt bleibt, ist es, glaube ich, ein ziemlich guter Tausch, wenn Männer für uns ein paar Aufgaben übernehmen. Wir können ja WEGEN einiger Männer nachts nicht gemütlich allein durch den Park schlendern. Ich glaube nicht, dass ein Mann, der bei Dunkelheit auf der Straße einer fremden Frau entgegenkommt, Angst vor ihr bekommt. Wir müssen all diese Risiken zusätzlich einkalkulieren. Es ist nun mal so, dass wir uns als Frauen manchmal Hilfe suchen MÜSSEN, weil wir Sicherheit brauchen, Sicherheit DURCH Männer VOR Männern. Da, finde ich, darf man dann auch beim Kistenschleppen oder Autofahren Prinzessin sein, oder?

Da hast du einen Punkt. Ich bin eigentlich auch fassungslos darüber, dass Männer den öffentlichen Raum, also alles, was draußen ist, wie selbstverständlich für sich beanspruchen. Manche grölen da rum, pinkeln im Freien, machen Frauen an. Die finden, sie dürfen das. Sie machen die Regeln und sie finden ihr Verhalten völlig in Ordnung.

Natürlich sollte ein einzelner Mann nicht dafür büßen müssen, dass es irgendwo andere Idioten gibt. Mir geht es darum: Ich möchte die Möglichkeit der Wahl haben, dieselbe Auswahl an Jobs, Aufgaben, Rollen, Spaziergängen im Dunkeln, aber auch dieselbe Freiheit für Aussetzer, Fehler, Vergnügungen. Ich muss doch als Frau nicht für alles zuständig sein. Ich interessiere mich zum Beispiel ganz klischeehaft nicht für Sport im Fernsehen, ich schaue kein Olympia, kein Handball, keine Turniere. Man könnte mir vorwerfen, dass das typisch weiblich sei, aber es ist ja meine freie Wahl. Muss ich mich jetzt dafür interessieren, damit ich klassisch wie Männer dasselbe Wissen im Sport habe?

Ich interessiere mich auch nicht für Sport. Blöd finde ich auch, wenn es heißt: »Sie kann etwas genauso gut wie ein Mann.« Der Mann ist ja nicht das Maß aller Dinge. Jeder kann das, was er oder sie kann. Ich wehre mich dagegen, wenn sich Männer oder Frauen auf geschlechtertypische Klischeerollen zurückziehen und sagen: »Ich kann das nicht, weil ich eine Frau bin.« Oder: »Weil ich ein Mann bin«. Damit hat man den Männern oft ein leichtes Argument dafür geliefert, dass Frauen weniger dürfen, weniger bekommen. Nach dem Motto: Du machst das nicht, also hast du auch weniger Anrechte.

Aber jetzt widersprichst du dir ja! Einerseits sagst du, Frauen wurde weniger zugestanden, Männer hätten Frauen nichts zugetraut, genehmigt, weniger Rechte gegeben – andererseits sagst du, du hättest alle Aufgaben als Frau immer selbst übernommen. Also was denn jetzt? Muss die Frau nun alles selbst erledigen, weil der Mann oder die Gesellschaft die Arbeit auf sie abwälzt, oder ruht die Frau sich auf dem Mann aus, der sie beschützt und alles regelt?

Ich habe die Aufgaben übernommen, die ich NICHT machen sollte. Also, ich habe nicht gekocht, bin aber Auto gefahren. Als ich jung war, hatte ich einen Lehrer, der sagte, dass wir als Mädchen kein technisches Verständnis hätten und bestimmte Berufe deshalb nichts für uns wären. Uns wurde permanent unsere vermeintliche Unzulänglichkeit vorgehalten. Das war für mich der Ansporn zu sagen: »Passt mal auf, euch werde ich zeigen, dass ich etwas mindestens so gut kann wie ihr. Eigentlich oft besser. Denn ihr seid ganz schöne Angeber.« Also in meinem Umfeld gab es keine Jungs, die durch besondere Fähigkeiten überzeugt hätten. Uwe, der Sohn unserer Nachbarn, hat sich sogar, wenn er mit Jüngeren um die Wette lief, zehn Meter weiter nach vorne gestellt als die Kleineren, damit er auf jeden Fall gewinnt.

Für mich gibt es dieses Gegeneinander gar nicht so. Männer gegen Frauen? Nein. Du sagst ja selbst, der Mann soll nicht der Maßstab für alle Dinge sein. An wem oder an was misst man sich also? Wer definiert, ob ich eine »Prinzessin« bin, ein »Püppchen« oder ein »Macho«? Ich habe mich jedenfalls nie unterdrückt gefühlt, wenn mir geholfen wurde. Ich habe es genossen. Menschen helfen sich aus. So funktioniert die Gesellschaft. Jeder leistet seinen Beitrag.

Wenn das in deiner Generation keine Rolle mehr spielen sollte, was ich bezweifle, weil die Ungerechtigkeiten ja nach wie vor vorhanden sind, dann kann ich dir nur gratulieren. Schön, dass du das nicht erfahren hast. Dass man dir selten oder nie gesagt hat: »Das kannst du nicht, weil du ein Mädchen bist.« Zu Hause hast du das natürlich nicht gehört. Aber in der Schule? Im Freundeskreis? Oder bei den Eltern der Freundinnen?

Ich habe eine Freundin, die zwölf Jahre jünger ist als ich, und in ihrer Familie durfte nur der Bruder studieren. Eine andere Freundin wurde von den Eltern kaum beachtet. Sie hatten nur Augen für den Bruder. Ich habe häufig gehört, dass die Brüder meiner Freundinnen Privilegien hatten, die die Freundinnen selbst nicht kannten. Auch wenn es bloß um Aufgaben wie Tischabdecken ging. Das sollten die Mädchen machen, die Jungs waren davon freigestellt. Warum, die haben doch auch zwei Hände. Das ist total ungerecht.

Ja, das ist beschissen. Warum soll das Geschlecht darüber entscheiden, ob wir glücklich werden dürfen? Ich verstehe diesen Ansatz auch gar nicht. Überhaupt: Warum ist ein Mensch weniger wert als ein anderer, wie kommt man auf so eine bekloppte Idee? Aber umso mehr sollte es dich ja freuen, dass ich früher bei uns zu Hause ungern oder eher selten den Tisch gedeckt habe. Heute mache ich das natürlich. Bei uns wurde ja nie gesagt, dass einer wegen seines Geschlechts mehr oder weniger darf. Papa hat deutlich mehr geheult als du. Also auch die Gefühle waren den Männern nicht vorenthalten. Das wäre ja genauso bescheuert.

Zu mir hat niemand gesagt: »Du brauchst kein Abitur zu machen, du heiratest ja sowieso irgendwann!« Wobei ich eine Freundin habe, deren Chef meinte, sie solle doch lieber heiraten, anstatt weiterzuarbeiten. Er sagte allen Ernstes: »Sie brauchen sich gar nicht anzustrengen. Heiraten Sie lieber!« Das hat uns total aufgeregt. Ein Mann muss sich so einen Quatsch nicht anhören!

Natürlich gab es auch in meiner Jugend noch das verbreitete klassische Denken, dass man als Frau irgendwann heiratet, aber an den Mann gab es doch auch die Erwartung, dass er eine Familie gründet, dass er sich fortpflanzt. Heute wird viel offener darüber gesprochen, dass nicht jeder Kinder haben oder heiraten will. Ich habe mir über das Heiraten nie so richtig Gedanken gemacht. Trotzdem werden unverheiratete Frauen heute noch anders bewertet als Single-Männer. Da kommen so Sprüche wie: »Der Richtige kommt schon noch!« Auf Instagram gibt es ganze Kanäle für die perfekte Traumhochzeit. Als ob so eine Traumhochzeit für eine Frau der wichtigste und schönste Tag im Leben sein muss. Was für ein Unsinn! Nenn mich unromantisch, aber ich hatte viele schöne Tage und habe nicht an jedem davon geheiratet! Ich wollte als Jugendliche und als Studentin ganz andere Dinge, aber sicher nicht um jeden Preis heiraten. Und vor meiner Hochzeit habe ich mich dann auch nicht monatelang mit dem Menü, der Sitzordnung oder irgendwelchen Tauben, Schmetterlingen, Geigen und Harfen beschäftigt, mit Schriftarten für die Einladung oder mit Tanzkursen. In der Hinsicht bin ich überhaupt keine »Prinzessin«.

Ich auch nicht. Zu meiner Zeit war Heiraten ja eher etwas peinlich, weil es als spießig galt. Ich schäme mich noch heute dafür, dass ich meine Eltern nicht zu unserer Hochzeit eingeladen habe. Die Hochzeit wurde eher so nebenbei erledigt, im allerkleinsten Kreis. Meine Freundin Eva hat auch ganz schnell, wie im Vorübergehen, geheiratet. Ihr Mann war Assistenzarzt und ist nach dem Standesamt sofort zurück ins Krankenhaus gegangen und sie ins Schwimmbad. So profan wie in meiner Generation ist das Heiraten wohl nie gewesen.

Wir wollten auf jeden Fall gleichberechtigter leben als unsere Elterngeneration. Ich habe nach dem Tod von Hellmuth oft gedacht: Wie gut, dass ich alles alleine kann, da bin ich nicht ganz verloren.

Und ich habe nach seinem Tod gedacht: Jetzt bin ich nicht mehr Papas Prinzessin. Er hat mir oft vermittelt, dass ich schlau sein und lernen soll, anstatt im Haushalt zu helfen. Obwohl er auch bei mir ein beschissener Schenker war, genau wie bei dir. Er hat mir in meinem ganzen Leben drei oder vier Dinge geschenkt. An Weihnachten fiel ihm kurz vor der Bescherung ein, dass er nichts besorgt hatte, dann ging er an seine Kommode, in der das Bargeld lag, und wühlte darin herum, reichte uns lieblos (noch nicht mal in einem Umschlag) einen Schein. Wobei ich sagen muss: Er schrieb mir hinreißende Briefe oder kleine Zettelchen. Zu meinem 18. Geburtstag hat er mir den Rilke-Gedichtband geschenkt, den er selbst zu seinem 18. Geburtstag bekommen hatte und in den er mir vorne etwas Wunderbares hineingeschrieben hat. Immer, wenn ich es lese, habe ich seine Stimme im Ohr, wie er die Wörter »Herz« und »Tochter« ausspricht. Mit dem rollenden R.

Papa hat mir immer das Gefühl gegeben, dass alles an mir in Ordnung ist, dass ich richtig bin, so wie ich bin. Dass ich uneingeschränkt toll bin. Das führte später zu einigen Irritationen, als ich auf andere Männer traf, die das nicht ganz so sahen wie er.

Aber ich denke manchmal: Solltest du, Laura, irgendwann alleine leben, wie würdest du ohne Hilfe deinen Alltag bewältigen?

Du, da gehe ich einfach auf www.gutefrage.net und finde heraus, wie ich Dinge mache.

Nein, im Ernst, das Tolle an der Menschheit ist doch: Es gibt für alles jemanden. Es gibt immer jemanden, der etwas kann, etwas besser kann, etwas anderes kann als du. Das tauscht man wie Briefmarken. Es gibt für alles einen Dienstleistungsservice. Ich war als Rechtsanwältin ja auch nichts anderes als eine Dienstleisterin, indem ich für andere Leute Verfahren geführt habe. Wenn ich mit etwas ein Problem habe und ich hoffentlich weiterhin Geld verdiene, dann hole ich mir eben Hilfe. Die ganze Menschheit lebt davon, dass sie sich gegenseitig aushilft. Das ist der Deal. Ich kann doch entscheiden: Wo möchte ich autonom sein und wo kann ich andere in die Pflicht nehmen? Angst bekomme ich nur bei den Dingen, bei denen mir niemand auf der Welt helfen kann. Da fühlt man sich wirklich allein. Auch als Prinzessin.

Sex und andere Lebenskrisen

Mama, wir haben ja schon öfter über Glück gesprochen. Gibt es Momente, in denen dich dein Glück verunsichert?

Ja, wenn ich darüber nachdenke, wie gut es mir geht. Ich habe eine Familie, Freunde, bin ziemlich gesund, habe viele Hobbys, bekomme jeden Monat Rente. Ich habe an so vielen Orten der Welt gesehen, wie schwer Menschen kämpfen müssen, allein um ihren Alltag zu bewältigen. Ich lebe sicher und in Frieden und Freiheit.

Wenn ich sehr glücklich bin, habe ich Angst vor dem Moment, in dem es wieder vorbei ist. Meist ist Glück ja auch genau der Moment davor, dieser Augenblick der Plötzlichkeit, des Erreichens, eine Sehnsucht, die sich gleich erfüllt.

Natürlich ist man viel glücklicher, wenn man noch Wünsche und Träume hegt, als wenn man alles erreicht hat. Man sollte immer noch für etwas brennen. Es heißt ja, nichts ist toter als ein erfüllter Wunsch.

Wann warst du am unglücklichsten?

Natürlich nach dem Tod deines Vaters. Und nach dem Tod meines ersten Lebenspartners, der durch einen Autounfall ums Leben kam. Ich habe insgesamt 43 Jahre mit einem Mann zusammengelebt, davor mit meinen Eltern und ein Jahr in einer WG, also nie alleine. Ich weiß nicht, was schlimmer war, der plötzliche Unfalltod oder die, wenn auch kurze, Krankheit deines Vaters. Ich habe, auch als Hellmuth schon sehr schwach und krank war, keine Minute daran gedacht, dass er morgen sterben wird. Ich habe mir seinen Tod, sein Ende gar nicht vorstellen können. Ich kannte ja praktisch mein gesamtes Erwachsenenleben nur mit ihm. Wie sollte das sein, ein Leben ohne ihn? Alleine sein, wenn man nach Hause kommt, alleine essen, schlafen, niemand mehr da, der liest, vor dem Fernseher sitzt oder eine Reise mit dir machen will. Niemand, der schlechte Laune hat und gute Witze reißt, kein Mensch mehr, der mit dir Freunde einlädt, ins Kino geht, diskutiert, Musik hört, der dich etwas fragt. Nur Leere. Und Stille. Das habe ich mir nicht ausgemalt. Ich habe von einem Tag zum anderen gelebt, habe überhaupt nicht weiter als bis zum Abend gedacht. Und dann bis zum nächsten Morgen. Vielleicht, weil die Realität zu brutal zu akzeptieren gewesen wäre. Weil ich dann vor Angst geschrien hätte. Man kann sich auf den Tod nicht vorbereiten. Ich war danach wie gelähmt. Von der Einsamkeit, dem Abbruch des bisher gekannten Lebens. Ich weiß noch, wie ich geweint habe, wenn ich abends Menschen mit gefüllten Einkaufstaschen aus dem Supermarkt kommen sah. Ich dachte: Die gehen jetzt nach Hause, essen gemeinsam, unterhalten sich. Ihr Leben geht ganz normal weiter. Und ich selbst fühlte nur Einsamkeit. Wie eine offen klaffende Wunde.

Schon nach dem Tod meines ersten Lebensgefährten habe ich monatelang nur funktioniert. Da bin ich irgendwie mit meiner Freundin Tina mitgelaufen. Ich habe daran gar keine Erinnerungen mehr. Aber auch nach dem Tod meiner Mutter war ich lange sehr traurig.

Wie geht man mit dem Verlust eines geliebten Menschen um? Es ist schwer. Ich habe versucht, mich nicht zu sehr hängen zu lassen, wollte so normal wie möglich weiterleben. Weil mein Leben ja immer auch ein starkes Korsett für mich war, mich aufrecht gehalten hat. Manchmal überfallen mich Erinnerungen. Wenn ich Hildegard-Knef-Lieder höre, muss ich fast jedes Mal weinen, weil sie mich so stark an meine Mutter erinnern. Oder wenn ich an die weichen Hände, die weichen Haare deines Vaters denke, wirft es mich fast um. Mir schießen dann sofort die Tränen in die Augen. Jetzt auch. Weil mir die Endgültigkeit, dass ich diesen Menschen niemals wiedersehe, so klar wird. Dann fühlte ich mich ganz verloren, still und klein. Aus diesem Gefühl musste ich mich dann irgendwie herausreißen. Um für die Menschen in meiner Umgebung wieder da zu sein. Ich wollte Normalität herstellen, weil ich mich erst dann wieder sicher fühlte, wenn die anderen Menschen mit mir normal umgingen. Das war wie eine Wechselwirkung.

Ich war 29 Jahre alt, als Oma starb. Ich glaube, du hast diese Zeit der Trauer gar nicht so richtig lang und intensiv zugelassen. Du hast dich immer zusammengerissen. Heute sprichst du viel mehr von deiner Mutter als früher. Du hast dir damals vermutlich eher Normalität vorgegaukelt – und uns Kindern auch. Das war für dich nicht ungewöhnlich, denn das war eigentlich schon immer deine Strategie. Sich nicht zu lange in den eigenen Gefühlen wälzen.

Weil ich glaube, das Herumwälzen würde mich noch unglücklicher machen. Wann warst du denn am unglücklichsten?

Ich bin ja eher manisch und nie lange unglücklich. Natürlich hatte ich so düstere Phasen, in denen ich alles infrage gestellt habe, als Studentin an diesen grauen Sonntagen in Berlin, menschenleere Straßen, menschenleeres Herz, verkatert. Dazu habe ich dann noch schwere Gedichte gelesen, ungesunde Snacks vom Kiosk gegessen und Weltschmerz verspürt.

Aber die schlimmste Zeit meines Lebens war definitiv, als meine neugeborenen Kinder auf der Intensivstation betreut werden mussten und Papa gleichzeitig im Sterben lag. Da habe ich überhaupt nicht mehr am Leben teilgenommen und mich irgendwie durch diese suppenhaften Tage geschleppt. Und versucht zu schlafen. Mit Tavor. Versucht, nicht zu denken, nicht zu fühlen, nichts zu googeln, vor allem keine Symptome. Ich dachte: Wenn meine Kinder nicht gesund aus diesem Krankenhaus entlassen werden, werde ich nie wieder glücklich sein können. Ich schwor mir, die Klinik erst dann zu verlassen, wenn ich sie mit nach Hause nehmen durfte.

Diese Zeit war auch für mich ein Horror. Ich habe dir erst sehr spät gesagt, dass dein Vater im Sterben liegt, weil ich dir nach der schwierigen Geburt nicht noch mehr zumuten wollte. Ich bin ständig zwischen Hamburg mit dem todkranken Mann und Frankfurt mit deinen Frühchen auf der Intensivstation hin- und hergefahren. Ich war so verzweifelt und einsam, habe nur noch reflexartig funktioniert.

Einmal kam ich bei dir an, hatte mir aber von einem Kollegen eine Erkältung frisch eingefangen. Im Krankenhaus angekommen, bekam ich plötzlich einen fürchterlichen Hustenanfall und Halsweh. Ich habe dich dann nur von ferne gesehen und bin schnurstracks wieder umgekehrt, weil ich dich nicht anstecken oder die Kinder einer Gefahr aussetzen wollte. Den gesamten Weg nach Hause habe ich geheult.

Ich erinnere mich, wie ich mich in dieser Zeit gefühlt habe. Papa kämpfte gegen den Krebs, letztlich gegen den Tod, und meine Kinder kämpften für das Leben. Ich »lebte« in diesen Wochen in der Klinik, ohne überhaupt zu leben. Der Schmerz war so groß, dass ich nachts schreiend und weinend aufwachte, dass ich mich aus meinem Körper herausschälen wollte, um das nicht mehr zu spüren. Und du und ich, wir konnten nicht helfen: den Kindern nicht und Papa nicht. Das war abartig für mich. Ich wollte nur raus, raus aus mir, wie ein Entfesselungskünstler, einfach alles einreißen und kaputt machen.

Ich erinnere mich, wie tapfer ich all die Säuglinge fand, wie sie da ganz ruhig in ihren Wärmebettchen lagen. Ständig tutete und fiepte ein Gerät: Sauerstoffsättigung, Atmung, Puls. Jeden Tag kamen die Ärztinnen mit einer neuen Hiobsbotschaft, was sich alles verschlechtert hatte. Werte, Laborergebnisse, Diagnosen, Prognosen, Begriffe, die ich nicht verstand. Ständig fielen Worte, die sich nicht wie aneinandergereihte Buchstaben anfühlten, sondern wie Symptome eines sich immer schneller ausbreitenden Infektes in mir.

Ich erinnere mich, dass ich meinen Sohn nicht auf den Arm nehmen durfte. Da waren überall Schläuche in ihm drin und ich habe für ihn gesungen, sein zerstochenes Händchen gehalten und ihm gesagt, dass das Leben schön ist. Schön werden wird. Das habe ich ihm versprochen und mir selbst auch. Das habe ich uns zugeflüstert, die ganze Zeit. Im Nachhinein wurde alles gut, aber das weiß man in dem Moment ja nicht. Ich sah nur tückische Monster in einer angezündeten Welt, die meine Zukunft war. Später, viel später, wurde mir klar, dass ich durch diese Zeit dem Ruf nach Leben noch stärker folge. Dieses Zupacken, wie ein Schnäppchenjäger, sobald man das Glück erwischt. Das klingt so kitschig, aber manchmal ist das Leben halt kitschig. Ich hab ja den Vergleich zum absoluten Tiefpunkt. Vielleicht ist es Demut.

Es heißt ja: Nur durch Schmerz lernt man. Leider ist da etwas dran. Wenn man ruhig vor sich hin lebt, bleibt die gewohnte Ordnung erhalten. Man möchte, dass alles so bleibt. Wenn du Schmerzen erlebst, liegt alles blank. Du bist wund, verletzbar und du musst irgendwie überlegen, wie du diesem Schmerz entkommst. Das geht jedenfalls nicht durch Stillhalten. Du musst dich bewegen, damit sich etwas verändert.

Ohnmacht ist unerträglich. Dir tanzt das Leben auf der Nase herum, es foltert dich, lacht dich aus und du kannst dich winden und aufbäumen, sträuben und wehren, aber es lässt sich nicht erbarmen.

Hattest du denn auch harmlosere Krisen? Eine Midlife-Crisis zum Beispiel? Also so eine Krise, in der du dachtest, du müsstest jetzt noch schnell ganz viel Blödsinn anstellen, dir einen jüngeren Freundeskreis in Neonklamotten suchen, einen Liebhaber anschaffen und ein Motorrad?

Nein, so eine Krise hatte ich nicht. Ich habe ziemlich viel Blödsinn in meiner Jugend gemacht, das war ja die Hippiezeit, die Zeit der Drogen, der sexuellen Befreiung. Insofern hatte ich keinen Nachholbedarf nach einem Liebhaber oder nach einem unkonventionellen Freundeskreis. Meiner war schon unkonventionell genug. Und mein Motorrad, das ist meine Vespa.

Als ich um die 50 war, hatte ich auch gar keine Zeit, um in mich hineinzuhorchen und zu gucken, was da in meinem Inneren vor sich geht … Mein Idol, der Volkskomiker Karl Valentin, über den ich promoviert habe, hat den schönen Satz erfunden: »Heute in mich gegangen. Auch nichts los.« * *So ging es mir nie. Mit anderen Worten, ich habe mir keine grauen Haare wachsen lassen über die grauen Haare, die ich da gerade bekam. Ich hatte einen Beruf, den ich mochte, neue Freiheiten, weil ihr Kinder aus dem Haus wart. Nein, es war keine Krisenzeit. Ich wollte auch keine. Ich weiß, dass man sich nicht mental vor Krankheiten oder Unheil schützen kann. Aber ein bisschen glaube ich doch daran, dass positives Denken hilft.*

Wodurch zeichnet sich so eine Midlife-Crisis überhaupt aus?

Ich würde sagen, es ist ein Nachdenken darüber, wie man bisher sein Leben geführt hat. Sind die Dinge so gelaufen, wie man es sich erhofft hat? Die Krise ergibt sich ja dadurch, dass man unzufrieden ist, dass man etwas nicht erreicht hat. Möglicherweise hat man den falschen Partner geheiratet oder den falschen Beruf ergriffen. Oder man hat sich noch nie einen Traum erfüllt. Jedenfalls hat man irgendwo Nachholbedarf. Denkst du da jetzt schon drüber nach oder wartest du noch zehn Jahre, bis du ins Krisenalter kommst?

Also der Quarterlife-Crisis bin ich geschickt ausgewichen. Vor einer Krise habe ich meist die Notbremse gezogen. Etwas ver-

* Karl Valentins' Gesammelte Werke, Piper Verlag, München 1963.

ändert. Beispielsweise als ich mit Mitte 30 komplett den Beruf gewechselt habe. Dadurch hab ich mich um Fragen wie »Soll das schon alles gewesen sein? Was kommt jetzt noch? Habe ich die bessere Hälfte bereits hinter mir?« herummanövriert.

Du hast ja nicht immer die Chance, frühere Entscheidungen zu revidieren, wenn du wie eine Geisel im eigenen Leben feststeckst. Dann breitet sich eine Zukunftsverdrossenheit aus. Die Ehe mau, kein Sexabenteuer in Sicht, der Job ein regloses Lechzen nach dem nächsten Brückentag, die Einbauküche 20 Jahre alt, die Hose zwickt, die Haare werden dünner, das Doppelkinn nicht. Alles dümpelt so vor sich hin. Woher Erfüllung nehmen, wenn es keine Bar gibt, an der man mal eben ein neues Leben bestellen kann? Da nützt auch keine Amazon-Prime-Mitgliedschaft und kein Lieferando. Du weißt schon, es ist alles kein Drama, du willst ja nicht undankbar sein. Du lebst nicht im Krieg, du hast keinen Hunger. Aber es reicht eben nicht. Du bist Ende 40 und ziehst Bilanz, machst Inventur; und wer Inventur macht, dem fallen Dinge auf, Dinge, die fehlen. Das nicht errungene Leben.

Deshalb hat es auch viel damit zu tun, ob man offen für Neues ist. Man muss ja nicht zwangsläufig eine Midlifekrise bekommen. Das Leben ist nicht zu Ende, nur weil die Kinder ausziehen oder ich nicht mehr aussehe wie mit 25. Man kann sich sowohl privat als auch beruflich neue Aufgaben suchen. Das ist dann so etwas wie ein neues, ein zweites Leben.

Zum ersten Mal lasse ich mich plötzlich von Fachleuten beraten, die deutlich jünger sind als ich. Ein merkwürdiges Gefühl, wenn der Arzt, zu dem du gehst und dem du vertraust, eindeutig jünger ist. Und der soll mir helfen? Mich retten? Und das wird fortan häufiger so sein. So etwas kann einen vielleicht auch in eine Krise stürzen.

Laura, mein Zahnarzt war mit dir im Kindergarten. Und weißt du, was besonders komisch war? Als ich auf einmal Kollegen hatte, die jünger waren als Niko und du. Sie wollten etwas von mir lernen, aber ich habe auch von ihnen gelernt. Beispielsweise, nicht über alles zu klagen, was es früher noch nicht gab.

Als ich mich entschlossen habe, die Kanzlei zu verlassen, fühlte ich mich erst mal total unsicher. Beim Räumen des Büros musste ich weinen und habe mich gefragt: Was tue ich da? Ich war ja noch nie gut mit Abschieden. Ich will immer nur mit dem Anfangen anfangen, nie mit dem Aufhören. Aber der Entschluss war für mich unumgänglich, weil ich spürte, dass ich etwas Neues wollte. Rückblickend war es die beste berufliche Entscheidung überhaupt, aber das konnte ich damals ja noch nicht wissen.

Warum war es die beste Entscheidung?

Weil ich sonst jetzt vielleicht kurz vor der Midlife-Crisis stünde! Oder jedenfalls vor einer Krise. Vieles hätte sich abgenutzt. Ich hätte so viel versäumt und würde mir vorwerfen, dass ich mich nicht getraut habe, meine Träume – Bücher zu schreiben und auf der Bühne zu stehen – anzugehen. Immer dieses Was-wäre-wenn …

Hatte Papa denn eine Midlife-Crisis?

Und wie! Das ging sogar so weit, dass er einer 19-Jährigen, die behauptete, er sei ihr Traummann, glauben wollte. Da war er 64. Er fand es völlig normal, von einem Teenager angehimmelt zu werden. Er muss vollkommen benebelt gewesen sein. Ich glaube, für Männer, die ein sehr intensives Berufsleben mit viel Anerkennung hatten, ist es ganz schwer, zurückzutreten. Er stand ja oft im Mittelpunkt. Meistens hörten ihm alle zu. Papa war es besonders wichtig, dass Frauen ihn mochten, und sehr viele mochten ihn auch. Wenn er eine Lesung hatte, guckte er sich eine Frau in der ersten Reihe aus, für die er dann scheinbar ausschließlich las. Dann lief alles gut. Mit Männern konnte er viel weniger anfangen, außer dass er sie als Sparringspartner sah. Ich war ja 20 Jahre jünger als er und konnte an ihm beobachten, wie er alle möglichen Kunststücke vollführte, um weiterhin überall mitzumachen.

Ja stimmt, ich erinnere mich. Papa fing an, Zigarre zu rauchen und hatte große Angst, in der Bedeutungslosigkeit zu verschwinden. Er sagte immer so was wie: »Bald bin ich ein Greis! Ich habe Torschlusspanik!« Daran sieht man, dass es egal ist, wie viel man gelebt hat oder wie viel man erlebt hat; die Vergangenheit nutzt einem in der Gegenwart nichts mehr! Man denkt immer, man muss sich fürs Alter mit Erinnerungen wappnen, munitionieren. Aber nützt es etwas?

Ja. Mir schon. Ich habe viel erlebt, habe viele Erfahrungen gemacht. Ich fühle mich geerdet. Ich suche nicht dauernd.

Aber vorbei bleibt es dennoch. Papa war bis zum Ende seines Lebens berufstätig, hat noch zwei Wochen vor seinem Tod eine wöchentliche Kolumne geschrieben, eine Ikea-Werbung gedreht und den Katalog als Kritiker verrissen. Er ging ja auch mit Ende 70 noch auf Lesereisen und veröffentlichte Bücher. Trotzdem konnte er unwirsch werden, weil er nicht wahrhaben wollte, dass er alt wurde. Alt war. Obwohl er noch gut im Geschäft war, immer im Gespräch und am Geschehen interessiert.

Ich kann ihn verstehen. Ich bin auch so ungestüm und will, dass etwas weitergeht, vorangeht, die Karriere, das Leben, will noch mehr drehen und noch mehr Bücher veröffentlichen und noch mehr erleben. Irgendwann ein Album mit Chansons aufnehmen, ein Drehbuch schreiben. Ich habe Angst vor Ruhe, vor Stillstand, vor dem Innehalten, in dem man sich dann doch mit der eigenen Sterblichkeit beschäftigen muss.

Es gibt ja noch andere Krisenzeiten im Leben – Pubertät und Wechseljahre hängen sehr stark mit der natürlichen Entwicklung des Körpers zusammen.

Also, die Pubertät fand ich echt nur bedingt angenehm. Ich errötete dauernd, spürte Gruppenzwang, bekam plötzlich große Brüste, was einerseits irgendwie ein Geschenk war, weil die Jungs in der Klasse das toll fanden. Auf einmal war ich nicht mehr die Lange, Dürre, Flachbusige, sondern hatte ein pralles C-Körbchen und war überhaupt »gut im Futter«. Andererseits habe ich lange darunter gelitten, weil ich viel lieber zart und zierlich sein wollte und nicht »hot« oder »sexy«. In meinem Kopf war dieser Busen »too much«, er war »billig«, ich fand ihn »nuttig«. Ich habe mich nie getraut, so Tanktops oder Spaghettiträgershirts anzuziehen. Alles an mir sah irgendwie obszön und drall aus. Das fand ich schrecklich.

Das ist ja furchtbar. Mir hast du davon gar nichts erzählt. Ja, die Pubertät ist eine grauenvolle Zeit. Man hat plötzlich einen unbekannten Körper, mit dem man noch nicht umgehen kann. Und die Jungs, die in ihrer Entwicklung oft zwei Jahre hinterher sind, machen auch noch blöde Witze. Man hasst sie dafür.

Ich war überfordert von der plötzlichen Sexualisierung. Von dem Gefühl, ich bin jetzt kein Mädchen mehr. Ich hatte auf einmal meine Tage und Brüste und glaubte, dass dieser Busen Erwartungen an mich stellte. Plötzlich war ich für ältere Jungs ein Objekt der Begierde. Wie geht man mit diesen Brüsten um? Wie setzt man sie ein, wie versteckt man sie unter einem weiten Pulli? Wie kaschiert man, dass man ein sexuelles Wesen wird, aber vielleicht noch gar nicht so weit ist? Ich gehörte eigentlich noch in eine farbenfrohe Oilily-Strickjacke. Ich wollte so ein krasses Dekolleté überhaupt nicht. Wie war das denn für dich, als mir Brüste wuchsen, als ich meine Regel bekam und geschlechtsreif wurde?

Ja, das war ein bisschen komisch. Ich hatte eher Mitleid mit dir, weil ich selbst sehr ungern 13 war. Das war wirklich das schrecklichste Alter in meinem Leben. Ich wollte die Kinderspiele nicht mehr mitspielen, durfte aber auch bei den Teenies noch nicht dabei sein und all das machen, was ich schon attraktiv fand, zum Beispiel tanzen gehen. Ich war in so einem Zwischenstadium. Ich habe dich bedauert, dass du jetzt auch in diesem ziemlich scheußlichen Alter warst, in dem du zwar schon die Regel hattest, aber noch keine erwachsene Frau warst und mit deinem Körper vermutlich noch nicht richtig zurechtkamst.

Die erste Regel ist ja nicht unbedingt ein schönes Erlebnis. Ein Mädchen, das bisher ein Kind war, freut sich wohl kaum darüber, dass es jetzt blutet. Sehr oft ist das mit Angst verbunden. Viele Mädchen ziehen sich dann ein wenig zurück, werden still. Damit sollte man als Mutter sehr vorsichtig umgehen und unbedingt schon vorher mit der Tochter darüber gesprochen haben, wie sich ihr Körper verändern wird und dass es schön ist, eine Frau zu sein.

Ich finde es richtig, der Tochter zu vermitteln, dass ein Frauenkörper schön ist, geradezu ein Wunder, er kann Leben schenken. Und dass die Sexualität für Frauen sehr erfüllend sein kann, denn es ist ja für ihr Erwachsenenleben nicht unerheblich, wie sie zur eigenen Sexualität steht. Die sollte unbedingt möglichst glückverheißend sein. Natürlich ist es komisch, mit einer 13-Jährigen über Verhütung zu sprechen, aber trotzdem sollte man's tun. Das alles hat ja mit der ersten Blutung zu tun. Obwohl ich gar nicht mehr weiß, wie wir beide das Thema angegangen sind.

Ich weiß auch nicht mehr so genau, wie ich aufgeklärt worden bin. Irgendwann tastet man sich ja da so ran, an den ersten Kuss, die ersten Erfahrungen. Ich weiß nur, dass ich es unbedingt hinter mich bringen wollte. Ich wollte mitreden, dabei sein. Auf meiner Schule in Paris haben die Jungs immer auf Deutsch »Jungfrau« zu mir gesagt, so »Jüngfrrow« mit Akzent, weil sie wollten, dass ich mitmache. Ich war damals 15 und wir betranken uns oder rauchten Joints und machten dann rum. Manches war wunderschön, anderes eher abstoßend, in einem Klo einer Bar knutschen, bei irgendwem zu Hause abhängen und dann vor leer getrunkenen Cola- und Whiskyflaschen fummeln. Die Kinder auf meiner Schule in Paris waren oft allein, die Eltern waren Diplomaten oder arbeiteten irgendwo anders. Ich ließ mich sicher zu Sachen überreden, aber ich wollte sie auch irgendwie ausprobieren. Von Kondomen war nicht die Rede.

Später habe ich HPV bekommen, dagegen war ich nicht geimpft. Ich wusste es schlicht nicht besser. 80 Prozent aller Frauen haben HPV, und ich habe mir natürlich genau die Variante eingefangen, die zu Gebärmutterhalskrebs führen kann, diese Hochrisiko-Viren. Bis heute muss ich mich deswegen untersuchen lassen, hier ein Befund, da ein Abstrich, noch eine Kontrolle. In manchen Fällen muss Gewebe entfernt werden. Allein deswegen würde ich junge Leute immer aufklären; das kann man ihnen doch ersparen, es gibt eine Impfung.

Und wie bist du aufgeklärt worden?

Meine Mutter hat sich abends mit mir hingesetzt und mir aus einem Buch vorgelesen. Ich fand es nur mittelmäßig spannend. Da ging es um Körper, die sich verändern, und um Fortpflanzung. Dazu waren Eierstöcke gezeichnet und Samenleiter. Na ja, aufregend klang das nicht. Da hatten wir als Kinder, wenn wir draußen spielten, schon mehr gesehen. Ich weiß noch, wie wahnsinnig enttäuscht ich darüber war, dass die Aufgabe meines Vaters bei der Entstehung meines Lebens nur so eine minimale Rolle gespielt haben sollte. Ich liebte meinen Vater sehr und hätte mir gewünscht, dass er mehr mit meiner Entstehung zu tun gehabt hätte als nur ein Mal Sex. Aber so ist die Natur. Das war mir damals neu.

Diese Enttäuschung vom »männlichen Beitrag« hatte ich gar nicht! Ich fand es einfach spannend, was da passiert. Wer da was »leistet«, war mir relativ egal. Ich habe schon als acht- oder neunjähriges Kind meine Puppen nackt ausgezogen und gegeneinandergeklatscht. Und ich habe meinen Körper erforscht. Ich habe auch mal eine Freundin geküsst, wir haben uns angefasst, ausgezogen, halt Doktorspielchen gespielt. Wir haben uns regelrecht dazu verabredet. Erst als wir älter wurden, haben wir uns dafür geschämt. Damals gab es ja noch kein Internet und nicht überall konnte man Sex sehen. Zwei Freundinnen und ich haben uns den »Playboy« und die »Penthouse« besorgt, um das einfach anzuschauen: Brüste, Nacktheit. Da waren wir vielleicht neun oder zehn. Abwechselnd musste eine von uns so ein Magazin kaufen und die lagen dann heimlich bei mir unterm Sofa.

Da habe ich nie was gefunden. Habe aber auch nicht danach gesucht. Komisch, ihr habt euch den »Playboy« gekauft. Ihr Mädchen musstet euch nackte Frauen anschauen, weil es damals keine Fotos von nackten Männern gab. Das wäre doch interessant gewesen, mal zu gucken, wie ein nackter Mann so aussieht.

Ich habe auch mal eine Freundin geküsst. Da waren wir aber schon etwas älter, 13. Der Kuss war ganz feucht. Die Tatsache, dass wir etwas Verbotenes taten, war aufregender als der Kuss an sich. Und klar, meinen Körper habe ich auch erforscht und mich von unten im Spiegel angeguckt. Aber nur, wenn die Eltern weg waren. Dabei hat mir meine Mutter nie etwas verboten, was mit meinem Körper zusammenhing. Sie war sehr offen, lief auch nackt durch die Wohnung, wenn sie aus dem Bad kam oder sich umzog. Mein Vater nie.

Gut, dass du unsere »Playboys« nie gefunden hast … ich nenne auch keine Namen meiner Komplizinnen! Aber du hast uns mal erwischt, als wir auf einer Party bei uns zu Hause einen Jungen in meinem Zimmer ausgezogen haben.

Da warst du noch relativ klein, hattest drei Mädchen und einen Jungen zum Spielen eingeladen. Ihr habt lange draußen gespielt und seid dann in dein Zimmer gegangen. Ich dachte, ihr baut Lego. Aber als ich später in dein Zimmer kam, hattet ihr euch ausgezogen. Ihr Mädchen wart alle in Unterwäsche, aber den Jungen hattet ihr komplett ausgezogen. Er lag auf dem Bett und ihr seid wie wild darauf rumgehüpft. Der Junge grinste und sah glücklich aus. Ihr Mädchen auch.

Irgendwann war mir das alles total peinlich, mit Scham behaftet, weil ich dachte, ich sei zu jung für Sexualität, ich sei »pervers« und »versaut«.

Nee, so was habe ich nicht gedacht. Ich hätte es auch nicht als »versaut« empfunden, wenn ich etwas »Aufreizendes« bei dir entdeckt hätte. In den 70er-Jahren gab es ein berühmtes, großes, knallgelbes Buch im März-Verlag. Das hieß »Sexfront« und stand bei vielen Studenten herum. Darin wurde bereits beschrieben, dass Kinder eine Sexualität haben. Anders als Erwachsene natürlich. Aber ich wusste, sie ist vorhanden.

Erst viel später fand ich es wieder in Ordnung, dass ich schon in der Vorpubertät so etwas wie »Lust« verspürt habe. Neulich habe ich mit einer Freundin gesprochen, der es genauso ging. Sie hat als Kind alles Mögliche ausprobiert, sich irgendwo gegen gerieben, gerubbelt, so mit acht, neun, zehn, und hat sich dann auch als Teenager dafür geschämt.

Geschämt haben wir uns sicher auch. Sexualität ist ja nur in den seltensten Fällen etwas, das man öffentlich teilen möchte. Aber das vordringlichste Gefühl war Neugier. In meiner Jugend gab es schwedische Filme wie »Ich bin neugierig (gelb)«. Der wäre beinahe verboten worden, kam 1968 in die Kinos und handelte von weiblichen Fantasien. Es war ein Gegenbild zu dem, was Oswalt Kolle und seine Filme wie »Das Wunder der Liebe« damals zeig-

ten. Kolle war der Aufklärer der Nation; seine Filme taten, als hätten die Menschen davor überhaupt nichts von Sexualität gewusst. Aber auch in vielen Zeitschriften gab's Kolumnen über sexuelle Fragen. Und natürlich in der »Bravo«, der Zeitschrift für die Jugend.

Oh ja, die »Bravo« und das Dr.-Sommer-Team! Für mich und meine Freundinnen hat »Sex and the City« viel enttabuisiert. Da haben sich Frauen wie Samantha mit dem Vibrator einen schönen Nachmittag gemacht, und das wurde einfach so dargestellt. Mir kam es geradezu revolutionär vor, dass man das machen und sogar zeigen durfte. Das war neu, unbekannt. Eine Frau darf ihre Lust ausleben, nur für sich? Wow.

Heute gibt es zum Thema weibliche Lust zahlreiche Podcasts, Bücher, Influencerinnen, Blogs. Sexspielzeug wie der »Womanizer« ist als Orgasmus-Garant für Frauen auf dem Titel von seriösen Zeitungen abgebildet. Und fast jede Frau, die ich kenne, hat einen. Oder anderes Sexspielzeug.

Ich bin in der Zeit der sexuellen Befreiung erwachsen geworden. Da wurde sehr offen über Sex gesprochen und diskutiert. Und auch praktiziert. »Verklemmt« zu sein war das schlimmste Schimpfwort, das es gab. Es wurden Sprüche gemacht wie: »Wer zweimal mit derselben pennt, gehört schon zum Establishment.« Wobei alte Spießer als Establishment bezeichnet wurden, Leute von gestern, mit überkommenen Moralvorstellungen.

Außerdem gehöre ich zur ersten Kohorte, die mit der Antibabypille aufgewachsen ist. Dass Mädchen Angst haben müssen, schwanger zu werden, war plötzlich kein Argument mehr, wenn es darum ging, dass sie früher zu Hause sein müssen als Jungs. Wobei man natürlich auch zwischen 18 und 20 Uhr schwanger werden kann. Insofern war das schon immer ein fadenscheiniges Argument der Eltern. Wir waren jedenfalls junge Frauen, die alles ausprobieren wollten. Wenn ich jetzt daran denke, kommt mir das trotzdem recht harmlos vor. Ich hätte mir niemals vor-

stellen können, dass es so etwas wie Dickpics gibt, auf denen Männer ihre Schwänze fotografieren und dann per Foto versenden. Was jetzt üblich ist. Was soll der Quatsch?

Noch schlimmer ist, dass heute bereits Kinder, also Acht- oder Neunjährige, durchs Internet in Kontakt mit Pornografie kommen. Hardcore-Pornografie. Ganz schrecklich finde ich das. Da geht es sehr häufig um Gewalt gegen Frauen und um völlig unrealistische Darstellungen. So können junge Menschen bestimmt kein natürliches Verhältnis zur Sexualität entwickeln.

Ich weiß auch nicht, was das mit jungen Menschen macht, wenn sie zu früh mit Pornografie in Berührung kommen. Teenager sind dadurch viel gehemmter, sie vergleichen sich mit Pornostars oder den perfekt inszenierten sexy Körpern auf Instagram. Sie fürchten sich vor Körperlichkeit, weil sie so etwas gar nicht »abliefern« können, die Praktiken nicht beherrschen. Diese Darstellung der ewigen Verfügbarkeit und Sexualisierung von Frauen führt dazu, dass sich junge Menschen auf Tiktok ausziehen und sich als Sexobjekt präsentieren. Leider vor allem Mädchen, denen suggeriert wird, sie müssten lasziv und fuckable sein. Das finde ich sehr gefährlich. Das gab es in meiner Kindheit nicht.

Ich war kein verklemmtes Kind und auch kein verklemmter Teenager, trotzdem habe ich mich für gewisse Dinge geschämt, vor mir selbst. Ich weiß noch, dass ich mich beim Anfassen von Jungs hilflos und dusselig fühlte, wie geht das, mache ich das richtig, was zur Hölle tue ich da, wohin gehört diese Hand, bloß nicht ausrutschen, bloß nicht am Knopf festhängen bleiben, ist das schon die Brustwarze? Das war eine Mischung aus Überwindung, Neugier, Unbeholfenheit, Angst, Reiz.

Darüber haben wir natürlich nie gesprochen. Wer redet schon mit seinen Eltern über Sex? Ich glaube, niemand auf der ganzen Welt. Sexualität ist ein Feld, das jeder Mensch für sich alleine erkunden muss.

Ich habe nur immer gehofft, dass du angenehme Erfahrungen machst, nicht schlecht behandelt wirst.

Jede macht mal unangenehme Erfahrungen, fürchte ich. Vor allem, wenn man jung ist und eher überredet wird, gefallen will, nicht abbrechen will, nicht »prüde« oder »zickig« wirken will. Das ist aber nur die eine Seite. Das meiste war aufregend. Ich hoffe, dass ich im Alter nicht weniger sexuell werde. In der Schwangerschaft hatte ich zum Beispiel richtig Lust auf Sex. Ändert sich etwas durch die Wechseljahre? Wie waren die für dich?

Die berühmten Wechseljahre habe ich kaum gespürt, gelegentlich mal nachmittags, wenn ich zu viel Kaffee getrunken hatte. Dann wurde mir heiß. Ich habe allerdings eine Freundin, die mir erzählte, sie würde nachts das ganze Bett durchschwitzen. Und meiner Mutter hat man noch Hormonersatzpillen verschrieben, die sie jahrelang genommen hat. Gesund war das sicher nicht. Ich habe alles so weitergemacht wie vorher. In den Wechseljahren ändert sich ja der Hormonstatus im Körper. Mein Körper hat sich relativ schnell und leicht an die neue hormonelle Zusammensetzung angepasst.

Den Eindruck hatte ich auch. Du hattest damit in meinen Augen nicht zu kämpfen. Du warst weder besonders gereizt noch volatil. Aber vielleicht sorgt man als Mutter auch dafür, dass das eigene Kind so eine Phase nicht mitbekommt. Ich war ja Teenager und selbst total emotional mit mir beschäftigt.

Na ja, Teenager. Als ich in die Wechseljahre kam, mit Anfang 50, da warst du Mitte 20 und längst ausgezogen. Aber, ganz ehrlich, es war auch eine Erleichterung. Fast 3000 Tage ihres Lebens verbringen Frauen mit ihrer Monatsblutung. Was war ich froh, als damit Schluss war. Wenn ich heute Fernsehbeiträge sehe oder Artikel über das Thema lese, denke ich: Mein Gott, was wird da alles dem Klimakterium zugeschrieben – Haarausfall, Knochenbrüche, Hormonwallungen, Erkrankungen aller Art. Also, das alles gab's bei mir nicht. Diese Symptome haben männliche Mediziner erforscht. Ich glaube, ein bisschen wollen sie den Frauen auch einreden, dass sie sich so fühlen sollen. Um einmal mehr zu konstatieren: »Bei euch Frauen herrscht eigentlich immer Chaos.«

Oder um uns das Älterwerden madig zu machen …

Andererseits ist es gut, dass das heute öffentlich diskutiert wird. Dass nicht alles, was im Körper der Frau passiert, tabuisiert wird. Doch verändert hat sich mein Körper auch. Leider bin ich dicker geworden. Aber ältere Männer werden ja auch dicker. Bei mir kann es aber auch an meiner Leidenschaft für Süßigkeiten liegen.

Frauen, Männer und das Geheimnis der Gleichberechtigung

Kannst du eigentlich mit klassischen Rollenzuschreibungen wie »männlich« und »weiblich« etwas anfangen, Laura?

Ich bin ja mit diesen Rollenbildern aufgewachsen. Zum Beispiel waren in den 90ern die Werbungen voll von fürsorglichen Frauen: Mütter, die ihren Kindern eine Milchschnitte einpacken, Miracoli kochen, Fruchtzwerge einkaufen und natürlich mit dem »Weißen Riesen« für Sauberkeit im Haus sorgen. Dr. Best stand für Zahnpasta, seine Frau empfahl sie mit den Worten: »Ich als Zahnarztgattin ...« Ihre Kompetenz zeichnete sich einzig dadurch aus, dass sie mit einem Zahnarzt verheiratet war.

Du hast dich doch hoffentlich nicht von diesen Rollenbildern beeinflussen lassen – wobei man dem vielleicht gar nicht ganz entgehen kann?

Dürfen nicht auch Frauen mal angeberisch sein? Oder wurde uns das bereits als Mädchen abtrainiert? Seid bescheiden, dezent, nicht zu überzeugt, nicht zu viel, nicht zu laut, nicht zu forsch. »Sei wie das Veilchen im Moose, / sittsam, bescheiden und rein / und nicht wie die stolze Rose, / die immer bewundert will sein.«

Das stand noch in meinem Poesiealbum. Als Aufruf an mich, die Inhaberin, das Mädchen.

Du, Papa und ich haben es Gott sei Dank anders gesehen,

und wenn ich sittsam, bescheiden und rein gewesen wäre, wäre ich heute verblüht, verwelkt oder zertrampelt. Wie ein Veilchen.

Ganz bestimmt. Das Schlimme ist ja, dass auch heute noch Mädchen ihre Berufswahl sehr oft danach treffen, wie sich der Beruf mit einer Familie vereinbaren lässt. Die schöpfen ihre Möglichkeiten und Fähigkeiten gar nicht aus. Was würdest du denn an dir als »männlich« bezeichnen?

Also, wenn du damit meinst, was im klassischen Sinn als »männlich« bezeichnet wird, dann würde ich sagen: Ich werde schnell laut, rede gern, bin impulsiv. Ich kann auch richtig wütend werden und diese Wut versuche ich mithilfe von diversen sportlichen Aktivitäten zu bändigen. Ja, da bin ich hart zu mir selbst. Und ich war auch bei Romanzen manchmal hart, hatte dann eher die klassisch »männliche« Rolle. Aber das macht mich ja wohl nicht weniger weiblich.

Natürlich nicht. Frauen können genauso hart wie Männer sein. Diese Kategorien zur Einordnung sind altmodisch und willkürlich. Ich habe mal gelesen, es gäbe innerhalb der Gruppe der Männer oder der Frauen genauso viele Unterschiede wie zwischen Männern und Frauen.

Diese Zuschreibungen engen ja auch nicht nur Frauen ein, sondern ebenso Männer. Die einen dürfen angeblich nicht weinen, die anderen nicht bestimmen.

Trotzdem verbinden wir mit den Rollenklischees ja gewisse Verhaltensmuster, die wir beschreiben und wiedererkennen können. Beim Begriff Dominanz beispielsweise fallen mir sofort Männer ein, die immer das letzte Wort haben wollen oder die glauben, ihr Wortbeitrag sei besonders wichtig und klug. Und damit der einzig richtige.

Aber meinst du bei dir mit der klassisch »männlichen Rolle« in Romanzen, dass du den Mann einfach nicht mehr angerufen hast?

Ich konnte schnell die Männer wechseln. Nur eine falsche Bewegung, ein falsches Wort des Mannes – und ich kühle abrupt ab, war plötzlich desinteressiert. Meine Gefühle sind volatiler als eine Kryptowährung.

Es heißt ja auch oft: »Frauen wollen immer gleich eine Beziehung.« Dabei sind es oft Männer, die beim Kennenlernen schon so schnulzigen Kram erzählen. »Ich könnte mir Kinder mit dir vorstellen, ich hab noch nie eine Frau wie dich getroffen! Du bist nicht so wie andere Frauen.« Sagen die das wirklich, weil sie glauben, dass wir das hören wollen? Und wie wäre es, wenn wir das umgekehrt beim ersten Date sagen würden? Der Mann würde doch schreiend weglaufen, wenn ich dem nach 20 Minuten sage, dass ich mir ein Leben mit ihm vorstellen kann. Das passiert mir auch einfach nicht. Den Typen ja auch nicht, aber so läuft eben deren Masche: irgendwas behaupten, damit die Frau angefixt ist.

Was findest du denn männlich an mir?

Dass du knallhart sein kannst. Verbissen ist vielleicht zu viel gesagt, aber sehr zielorientiert. Und du möchtest gern im Mittelpunkt stehen.

Hart bin ich aber nur im ersten Moment, danach gräme ich mich und halte den Konflikt gar nicht aus. Beruflich bin ich eher zu weich, nur privat gebe ich ungern nach. Wir Frauen sollen gerade im professionellen Kontext »gefällig« und geschmeidig sein. Das habe ich schon übernommen. Aber ja, ich bin gern im Mittelpunkt. Redezeit ist ein »Statussymbol«, heißt es, und Männer beanspruchen deutlich mehr Redezeit für sich als Frauen. Neulich las ich dazu in der »Süddeutschen Zeitung«:

»Je größer eine Gruppe, desto größer ist die Wahrscheinlichkeit, dass Männer das Wort ergreifen. Wenn es mehr Männer als Frauen in einer Gruppe gibt, sinkt die durchschnittliche Redezeit einer Frau um ein Viertel bis zu einem Drittel. Und eine Studie der Universität Yale kam zu dem wenig überraschenden Ergebnis: Je mächtiger Männer sind, desto mehr und länger reden sie.

Die naheliegende Lösung für Frauen wäre also, maskulines Auftreten zu imitieren. Doch Vorsicht, hier tut sich ein weiterer Abgrund auf: Die Yale-Forscher kommen zu dem Ergebnis, dass Zuhörer wie Zuhörerinnen eine Frau mit hohem Redeanteil als aggressiv empfinden. Mit anderen Worten: Männer werden für ihr Monologisieren belohnt, Frauen bestraft. Von Männern wird vorbehaltlos erwartet, dass sie ihre Leistungen hervorheben und offensiv für ihren Standpunkt eintreten, Frauen müssen bei demselben Verhalten mit Egotrip-Vorwürfen rechnen.«

Also, wie wir es machen, ist es nicht richtig. Ich spreche gern, ich kann beim Diskutieren hitzköpfig und leichtsinnig werden, rechthaberisch und leidenschaftlich. Vielleicht ist das meine männliche Seite. Ich bin jedenfalls nicht altruistisch genug, um mich selbst dauernd zurückzustellen, mich aufzuopfern.

Ich würde auch sagen, dass du egozentrisch und manchmal auch egoistisch bist. Bei einer Frau wirkt das natürlich immer noch anders als bei einem Mann. Bei dem hält man es fast für normal.

Ein Mann ist »durchsetzungsstark«, hat »Führungsqualitäten«, eine Frau ist eine »hysterische Furie«. Was ist denn an dir »männlich«?

Auch ich lasse mir nicht gern in einer Diskussion das Wort nehmen. Ich finde, dass ich genauso etwas zu sagen habe und mir nicht anhören muss, wie andere Leute mir die Welt erklären. Ich verstehe die Frauen nicht, die ihren Mund nicht aufkriegen und sich nicht am Gespräch beteiligen. Manche sagen Sätze wie: »Ach, da bin ich nicht so sicher«, oder: »Ich gucke keine Nachrichten.« Dieses Sich-Zurücknehmen finde ich nicht gut. So möchte ich nicht sein. Klar werde ich auch oft von Männern unterbrochen. Ich rede dann einfach weiter und wenn's nötig ist, immer lauter.

Warum sollten Frauen auch weniger zu sagen haben? Ist dieses selbstlose Abgeben von Redezeit eine Folge unserer Empathie? Ist es uns schlicht nicht wichtig genug, auch etwas zur Debatte beizutragen? Oder ist das antrainiert und wir sind bloß so zurückhaltend, um zu gefallen?! Wut ist abstoßend, Lautstärke unweiblich. Wir fürchten die gesellschaftliche Ächtung. Aber ich möchte nicht ständig verzichten. Was soll daran weiblich sein? Natürlich spüre ich diesen Zwiespalt, weil auch ich süß und lieblich sein möchte. »Süße« Frauen reden aber nicht zu viel und argumentieren tun sie schon gar nicht! Sie sollen ja »pflegeleicht« sein und nicht »anstrengend«. Ich glaube, wir sind voller Widersprüche. Da ist einerseits diese Zerbrechlichkeit, die ich mir nicht immer anmerken lassen möchte, andererseits die Stärke, die ich mir auch nicht immer anmerken lassen möchte, weil sie nicht so gern gesehen wird. Ich merke, wie ich zwischen diesen beiden Polen manövriere. Nicht immer geschickt.

Ich möchte nicht unbedingt süß und lieblich sein, ich bin doch kein Moselwein, aber natürlich auch nicht knallhart. Jede Frau kennt diesbezüglich unangenehme Situationen, ich habe jedenfalls schon ein paar Scheußlichkeiten erlebt. Als Theaterkritikerin musste ich zu jeder Premiere und habe Hellmuth oft mitgenommen. Natürlich war er sehr bekannt und in der Pause war es dann manchmal so, dass mich Menschen mit ihren Ellbogen beiseitegeschoben haben, um ihn zu fragen: »Na, Professor Karasek, wie gefällt Ihnen die Inszenierung?« Er war ja eigentlich nur als meine Begleitung dabei! Und mich hat man zur Seite geschaufelt. So etwas ist sehr, sehr kränkend. Ich habe mir das aber hoffentlich nicht anmerken lassen.

Wie unverschämt! Dass du als Theaterkritikerin wie Luft behandelt wirst, finde ich absolut unhöflich.

Ich glaube, wir Frauen sind zu sehr mit unserer Wirkung beschäftigt. »Wie kommt das an, wenn ich dieses tue oder jenes sage?« Einfach mal machen. Und dann schauen, wie es weitergeht. Mit welcher Selbstverständlichkeit Männer Banalitäten von sich geben, ohne an sich selbst zu zweifeln – das sollten wir auch mal machen, ohne dabei in einen Krisenmodus zu geraten.

Total! Aber wie? Ich finde dich in manchen Dingen ziemlich männlich, weil du so schroff sein kannst. Du bist eher sachlich, pragmatisch und diszipliniert, nicht gerade rührselig oder sentimental. Du setzt dich auch nicht in Szene. Du hältst nichts von zu viel zur Schau gestellter Weiblichkeit. Ich fand mich immer viel weiblicher als dich.

Ja, das sehe ich auch so. Wenn es ein Problem gibt, überlege ich, wie man es lösen kann, und versuche das möglichst zielgerichtet und schnell zu erledigen. So was gilt ja allgemein als männlich. Wenn es um meine weibliche Seite geht, würde ich sagen, dass ich furchtbar gern mit anderen Menschen über ihre Lebenseinstellung, Erfahrungen und Gefühle spreche. Genauso gern beobachte ich die Körpersprache von anderen und kann mich sehr, sehr gut in sie hineinversetzen. Das gilt ja auch als weiblich.

Für mich war seit den 70er-Jahren Gleichberechtigung ein wichtiges Thema. Ich habe in meiner Schul- und Studentenzeit viel dazu gelesen, beispielsweise Simone de Beauvoirs »Das andere Geschlecht«. Darin schreibt sie, dass die Männer sich seit Ewigkeiten rausnehmen, sich als das Eigentliche, das Richtige zu betrachten; die Frau ist ihnen zufolge bloß das »Andere«. Un-

möglich! Dreist! Zumal ja das Urgeschlecht weiblich ist. Außerdem las ich natürlich Alice Schwarzers »Der kleine Unterschied«, Shulamith Firestones »Frauenbefreiung und sexuelle Revolution«, Germaine Greers »Der weibliche Eunuch« und so weiter.

Für die 68er-Bewegung war ich zu jung, aber das Thema Frauenbefreiung spielte gleich im Nachgang eine große Rolle. Unter anderem, weil sich die Studentenführer ziemlich machohaft gebärdet hatten. Drei Viertel der Studierenden waren damals noch Männer. Selbst diejenigen, die sich besonders progressiv gebärdeten, kannten nur ein Thema: »Der Hauptwiderspruch besteht zwischen Kapital und Arbeit.« Die Frauen wollten dann mal klären, warum sie sich immer hintanstellen sollen, warum damit nicht endlich mal Schluss war. Diese Frage wurde von den Männern gern als »Nebenwiderspruch« abgetan.

Der Feminismus gehörte zur akademischen Ausbildung dazu und ich habe damals viel gelernt. Beispielsweise habe ich euch später nie Kinderbücher gekauft, in denen die meisten Tiere männlich sind. Immer Mäuseriche, Kater, männliche Enten, Füchse, Elefanten? Weil nur Jungs Abenteuer erleben sollen? Solche Geschichten kaufe ich nicht.

Dass ich anders behandelt wurde als ein Mann, habe ich nach dem Eintritt ins Berufsleben, mit Anfang 20, zum ersten Mal persönlich erlebt. Da war ich Assistentin. Und die sollte ich möglichst auch bleiben. Wann ist dir denn erstmals eine Ungleichbehandlung zwischen Männern und Frauen aufgefallen? Oder ist es dir gar nicht aufgefallen?

Ich habe erst spät gemerkt, dass ich Feministin bin, Feministin sein will und sein muss. Du hattest mir das schon viel früher gesagt, aber ich habe diese Ungleichbehandlung zu lange und vor allem als Teenager und Studentin gar nicht richtig wahrgenommen.

Das fand ich schade, weil ich wusste: Eines Tages wirst du dich damit auseinandersetzen müssen. Und natürlich fand ich es wichtig, dass ihr als nächste Generation weitermacht, denn die Ungleichheit ist ja noch nicht vorbei.

Es gibt keine Frau auf der Welt, die nicht irgendwann davon betroffen ist, dass Männer sich für was Besseres halten und entsprechende Privilegien genießen. In vielen Gegenden der Welt müssen Frauen total unpraktische Sachen anziehen oder sich verhüllen. Warum? Ist der weibliche Körper schuldhaft? Für mich nicht. Mädchen sollen kürzer als Jungs zur Schule gehen, sollen weniger gebildet sein? Das galt in Deutschland auch sehr lange. Warum? Was hat man davon? Ich verstehe es nicht. Ich hasse diese von Männern aufgestellten Regeln für Frauen. Immer sollen die Frauen kleingehalten werden. Bei uns zu Hause sollte es so was für euch Kinder nicht geben. Das kanntest du sicher nicht.

Ihr habt als Eltern in meinen Augen eine gleichberechtigte Ehe geführt. Du hast immer gearbeitet, ihr hattet beide einen Doktortitel, du bist genauso ausgegangen wie Papa, er hat gekocht, du hast dich eher um organisatorische Dinge gekümmert. Papa hat sich nicht alle Namen unserer Lehrer oder Freunde gemerkt, aber das war unwichtig: Wir konnten mit ihm alles besprechen.

Ich ging lange davon aus, dass es überall so ist. Bis ich anfing zu arbeiten. In einer Großkanzlei arbeiten mehr Männer als Frauen und fast alle Chefs sind Männer. Mein Chef war richtig toll, aber viele Kollegen oder auch Mandanten haben mir schon zu verstehen gegeben, dass ich als Frau irgendwie anders bewertet werde. Ich musste mehrmals zum Personalchef wegen meiner Outfits, meine Arbeit wurde nicht von allen ernst genommen. Die Gehälter sind dort für alle Geschlechter gleich. Später fielen mir diese Boys Clubs auf, die ich schon aus meiner Schulzeit kannte: Fussballclubs, Hockeyclubs, Thekenmannschaften, alles von Jungs – und die »attraktiven« Mädchen durften für eine Saison auch mitspielen, wie gnädig. Wir waren oft nur eine Art Garnitur. Aber damals störte mich das nicht.

Erst als es sich im Berufsleben fortsetzte: dass die Männer sich verbünden, sich gegenseitig fördern und es nervig finden, wenn Frauen sich beschweren.

Und dass Männer gewisse Dinge nur miteinander unternehmen, die sie dann beim Mittagessen oder sonst wo besprechen. Ich weiß von deinem Vater, dass sich einige seiner Kollegen jede Woche vor dem Büro zum Tennisspielen verabredet haben oder nach dem Büro gemeinsam zum Skatspielen gingen. Informell, so ganz nebenbei, wurden Informationen ausgetauscht. Und Karrieren geplant. Frauen waren dort nie dabei.

Lange wollte ich da mitspielen, durfte es sogar. Bis ich merkte: Das geht nur für eine gewisse Zeit. Und meist sogar nur, weil irgendeiner aus der Männergruppe einen gut findet. Ich wollte mich immer auch mit Frauen verbünden, aber es gab eben weniger Frauen in der Kanzlei. Und Frauen haben mich viel mehr eingeschüchtert. Da kann ich nicht mit den »billigen Tricks« arbeiten, die wir Frauen kennen, um Männer zu überzeugen. Ist es überhaupt in Ordnung, das Weibliche zu nutzen, um voranzukommen? Bei Frauen glaubte ich, ich müsste mich mehr anstrengen, um ihre Gunst zu gewinnen.

Also anstrengen muss man sich immer. Ich schreibe ja keinen schlechteren Artikel, weil ich eine Chefin habe. Und ein Bäckergehilfe würde deshalb auch keine schlechteren Brötchen backen.

Ich bin von meinem Vater so erzogen worden, dass Frauen gleichberechtigt sind, aber dass nichts vom Himmel fällt. Er sagte: »Wenn du etwas erreichen willst, tu etwas dafür. Nichts ist umsonst, bemüh dich, dass du das, was du dir wünschst, auch in die Realität umsetzen kannst.« Meine Eltern haben mir immer gesagt, wie glücklich sie seien, dass sie eine Tochter haben.

Das hast du mir auch gesagt.

Die Eltern waren für mich sehr prägend. Meine Mutter war eine typische Berlinerin, in den 1920er-Jahren geboren und in einer großbürgerlichen Familie aufgewachsen. Sie hatte vier Brüder, einer davon war nur ein Jahr älter, mit dem wuchs sie wie ein Zwilling auf. Dieser Bruder durfte Abitur machen, sie nicht. Und er bekam dann zum Schulabschluss auch noch ein Segelboot geschenkt, während sie auf eine Hauswirtschaftsschule ging, um kochen und nähen zu lernen. Letzteres hasste sie, Kochen konnte sie sehr gut. Als sie mir das erzählte, war ich sieben oder acht Jahre alt und fand es wahnsinnig ungerecht. Ich dachte: Was ist da los, dass der eine etwas bekommt, nur weil er ein Junge ist, und die andere nicht? Darüber habe ich lange nachgedacht.

Du hast ja erzählt, dass du mit deiner Mutter darüber diskutiert hast, warum sie nicht arbeitet. Hat dich das lange bewegt und ist es dann aus dir rausgeplatzt oder kam das eher aus einem Impuls heraus?

Ich war 16 oder 17 Jahre alt – es war die Blütezeit des Feminismus –, als ich gegen meine Mutter rebellierte und mit ihr darüber stritt. Ich verstand es einfach nicht. Ich dachte zunächst, es hinge damit zusammen, dass sie zur Kriegsgeneration gehörte. Die hatte alles verloren. Meine Mutter musste nach dem Krieg als einzige von den Geschwistern für sich, ihre Eltern und ihren kleinen Bruder, der sehr viel jünger war, das Geld verdienen. Ich glaube, sie hatte danach einfach die Nase voll. Sie wollte nicht mehr für die Einkünfte verantwortlich sein. Sie wollte ein nettes Leben haben und zu Hause alles schön machen. Sie war immer für mich da, aber ich denke, anders wäre es auch gegangen. Zumal sie selbst nicht von ihrer Mutter großgezogen worden war, sondern von einer Kinderfrau. Auch ihre Mutter hatte schon eine Kinderfrau gehabt – meine Urgroßmutter war Ende des 19. Jahrhunderts Geschäftsfrau in Köln, sehr emanzipiert. Ich bin in unserer Familie eigentlich die Einzige seit fünf Generationen, die von ihrer Mutter erzogen wurde. Auch die Mutter meines Vaters hat ihre fünf Kinder nicht alleine großgezogen. Wenn mein Vater mich mit euch auf dem Boden sitzen und stundenlang Lego bauen sah, hat er fassungslos kommentiert: »Unglaublich. So etwas hätte meine Mutter nie gemacht.«

Das war immer toll, wie du mit uns gespielt hast. Und wir hatten Glück mit unserer Kinderfrau Susi. Manche Themen habe ich gern mit ihr besprochen, gerade als Teenager, wenn mir irgendetwas peinlich war. Außerdem hatte ich auf diese Weise neben Papa und dir noch eine dritte Bezugsperson. Aber dann heißt es ja, das Kind sei »fremdbetreut«. Allein das Wort »Fremdbetreuung« regt mich schon auf – was da als Vorwurf mitschwingt.

Haben dir das Leute je vorgeworfen, dass du für uns eine Kinderfrau hattest?

Nein, nicht wirklich. Obwohl ich manchmal schon ein bisschen Neid gespürt habe. Aber niemand aus meinem Freundeskreis war bereit, fast sein gesamtes Gehalt für eine Kinderfrau auszugeben. Ich glaube, nein, ich weiß, dass es so sehr gut war. Ich habe heute meine eigene Rente und ihr seid ziemlich glückliche Menschen.

Ja, das habe ich mir von dir abgeguckt und dieses Modell funktioniert für unsere Familie auch am besten. So sind wir alle zufrieden. Aber ich ernte dafür schon manchmal doofe Kommentare. So als ob ich nicht mitreden könne, weil ich ja »Hilfe« hätte. Andererseits werde ich als »Powerfrau« bezeichnet. Ein Begriff, den ich nicht leiden kann. Ich will keine Powerfrau sein, ich bin eine ganz normale Frau, die arbeitet und Kinder hat, wie übrigens andere Frauen und unzählige Männer auch. Diese Väter werden ja auch nicht »Powermann« genannt. Auch dem Begriff »berufstätige Mutter« haftet meistens etwas Missbilligendes an. Merkwürdig, den Begriff »berufstätiger Vater« hört man eher selten …

Wenn eine Frau sagt: »Ich bleibe zu Hause«, ist das viel zu kurz gedacht. Es kann ihr schwer schaden. Sie bleibt komplett abhängig von ihrem Mann. Möchte man das? Ich hätte Angst davor. Es passiert ja oft genug, dass eine Ehe geschieden wird. Dann muss die Frau bei null anfangen – und gleichzeitig für die Kinder sorgen. 88 Prozent aller Alleinerziehenden in Deutschland sind Frauen. Und vor allem haben sie keine eigene Rente. Knapp 20 Prozent der deutschen Frauen sind von Altersarmut bedroht. Weil sie allenfalls »dazuverdienen« wollten, so wie der Mann im Haushalt »mithilft«. Nein, das ist keine Gleichberechtigung.

Oder der Ausdruck, dass der Mann die Frau im Haushalt »unterstützt«. Sind es etwa nicht auch seine Kinder, sein Geschirr, seine Unterhosen? Hat die Tatsache, dass deine Mutter nicht gearbeitet hat, dein Bild von ihr geschmälert? Wie hat sie auf deine Kritik reagiert?

Meine Mutter war eine ganz tolle Frau. Sie war eigentlich die perfekte Mutter, hat gekocht, eingekauft, hat den Haushalt bestens geführt. Ich sehe sie noch vor mir, wie sie manchmal nachmittags vor dem Plattenspieler saß und Romane las. Tolstoi und Zola, aber auch »Wendekreis des Krebses« von Henry Miller. Dazu hörte sie Ella Fitzgerald, Frank Sinatra, Erroll Garner oder Sammy Davis Junior. Als sie schon weit über 80 war, rief sie mich einmal nachts um halb zwölf an und sagte: »Schnell, mach den Fernseher an, da läuft gerade eine tolle Sendung mit Usher.« Da war sie ganz modern. Meine Liebe zur Musik, zum Film und zur Literatur kommt ganz sicher durch meine Mutter. Aber ich fand es eben immer ungerecht, dass mein Vater jeden Tag zur Arbeit musste und sie zu Hause bleiben konnte. Mir kam das bequemer vor.

Bequem klingt das für mich eigentlich nicht. Es ist doch total ungerecht, dass die Frau, also deine Mutter, nur zu Hause hockt und putzen und organisieren muss. Ich hätte dann lieber den

Männerpart und würde ins Büro gehen, Kollegen treffen und Geld verdienen, anstatt nachmittags bei Schallplattenmusik die Wäsche zusammenzulegen oder dafür zu sorgen, dass genug Lappen und Spülbürsten im Haus sind.

Ich sagte zu ihr: »So möchte ich nie leben. Ich brauche Abwechslung, Anregungen, Gespräche mit Kollegen, Herausforderungen. Ich werde für mich selbst sorgen.«

Wie meine Mutter damals auf mich reagiert hat, weiß ich heute nicht mehr genau. Sie war natürlich enttäuscht, dass ich ihre Lebensform angriff. Und es ist auch nicht nett, wenn eine Tochter so mit ihrer Mutter umgeht. Dafür schäme ich mich heute. Sie fand das Arbeiten nicht wichtig. Hinzu kommt, dass sie keinen Beruf hatte, in dem sie eine sogenannte Karriere hätte machen können. Sie hatte Gutssekretärin gelernt, und auf einem Gut zu arbeiten war in den 60er-Jahren nicht mehr möglich. Zu mir hat sie allerdings immer gesagt: »Heirate nicht zu früh und bleib möglichst selbstständig.«

Also, ich kann verstehen, dass du mit deiner Mutter gehadert hast. Ich habe diese Auseinandersetzung ja auch zum Teil mit mir selbst und mit meinen Freundinnen. Denn der größte Riss in Sachen Gleichberechtigung entsteht nach wie vor durchs Kinderkriegen. Das wirkt sich nicht nur auf Frauen und Männer aus. Sondern auch auf Frauen untereinander, weil sie sich vergleichen oder abgrenzen.

Ich muss ganz klar sagen, dass sich viele der gleichberechtigten Beziehungen in meinem Freundeskreis verändert haben, sobald Kinder da waren. Plötzlich entstand ein Ungleichgewicht. Fast alle Mütter nahmen mindestens ein Jahr Elternzeit – ich ja auch – und arbeiteten anschließend in Teilzeit. Es sind eben doch meistens die Frauen, die sich kümmern, die zur Kinderärztin gehen, zum Babyschwimmen am Nachmittag, auf den Spielplatz, zur Drogerie zum Windeleinkauf. Auch später noch sind es in der Regel die Frauen, die das »Playdate«

ausmachen, die Kinder zum Turnen anmelden, zum Chor, zum Judo und die Schulhefte oder Geschenke für Kindergeburtstage besorgen. Wenn ich an einem Dienstagnachmittag mit meinen Kindern im Schwimmbad oder im Park bin, sehe ich da kaum Väter. Da sind nur Frauen. Okay, einige Männer nehmen Elternzeit, aber meistens nur für ein bis drei Monate.

Mir hat gerade ein Freund erzählt, er sei der Einzige in seinem engeren Freundeskreis, dessen Frau auch berufstätig ist. Seine Freunde lebten »das konservative Modell«, sprich, die Frau bleibt zu Hause bei den Kindern. Er sagte, dass seine Freunde das gern mit dem Satz begründeten: »Meine Frau MUSS ja nicht arbeiten.«

Ich verstehe diesen Satz überhaupt nicht. Das heißt doch nur, dass die Frau zu Hause arbeiten muss: kochen, die Spüle säubern, staubsaugen, Betten beziehen, Spielzeug wegräumen, das Klo putzen, also alle Hausarbeiten übernehmen. Das ist Arbeit, und zwar nicht unbedingt die schönste. Aber für den Mann ist es natürlich sehr viel bequemer, wenn die Frau zu Hause alles ordnet und er sich an den gedeckten Tisch setzen kann und zu Hause gar nichts mehr tun muss. Bei diesem Modell muss die Frau auch arbeiten, aber sie bekommt dafür weder Geld noch Anerkennung.

Ich kenne übrigens Männer, die nach ihrer Elternzeit eindeutig gesagt haben: »Kein Job ist so anstrengend wie die Betreuung von Kindern.« Man ist den ganzen Tag fremdbestimmt.

Gern wird ja auch behauptet, dass der Mann das mit den Kindern einfach nicht so gut könne. »Er kriegt das nicht hin, dem kleinen Paul die Mütze anzuziehen. Er macht das nie richtig mit dem Früchtetee.« Da wird dem Mann, wenn er mal einen Tag alleine ist, eine Liste geschrieben, wann das Kind einen Keks bekommt, vorher die Schaufeln für den Buddeleimer rausgelegt und die Wickeltasche mit den Wechselsachen gepackt, damit er bloß nichts vergisst. Ich kann mir das irgendwie nicht vorstellen. Warum sollte er es nicht hinkriegen? Oder will er es nicht hinkriegen?

Dein Vater hatte ein intensives Arbeitsleben, aber er ist für euch auch immer nachts aufgestanden, hat Fläschchen gemacht, euch gewickelt und rumgetragen. Er hat für euch gekocht. Ich habe mich um alles andere gekümmert.

Außerdem würde es mir schwerfallen, meinen Mann um Taschengeld zu bitten, wenn ich mir Schuhe kaufen möchte.

Wer hat denn all diese Männer erzogen, die in ihrer geliebten Ehefrau am liebsten ihre Putzfrau sehen? Das müssen ja Mütter aus meiner Generation sein. Merkwürdig, eigentlich waren wir doch immer für Gleichberechtigung. Ich finde es erschreckend, dass nach einer allerneusten Studie 52 Prozent der Männer meinen, ihre Partnerin sei für Hausarbeit zuständig. Jeder dritte Mann gibt an, ihm würde gelegentlich gegenüber der Partnerin »die Hand ausrutschen«. Huch, so als würde die Hand völlig autonom reagieren.*

Allein das Wort »ausrutschen« verharmlost es ja schon!

Die Frauen, von denen du sprichst, haben doch auch eine Berufsausbildung gemacht oder studiert. Wozu, wenn sie ihren Beruf dann gar nicht ausüben? Ich habe kürzlich mit einer deiner Freundinnen gesprochen, die halbtags als Anwältin arbeitet. Als ich sie fragte, was sie macht, wenn sie mittags von der Arbeit nach Hause kommt, hat sie geantwortet: »Wäsche zusammenlegen, aufräumen.« Dafür verzichtet sie auf Arbeit in der Kanzlei? Die Wäsche könnte man doch locker »fremdbetreuen« lassen. Und das Bringen und Holen zur Turnstunde auch.

* Spannungsfeld Männlichkeit. So ticken junge Männer zwischen 18 und 35 Jahren in Deutschland. https://www.plan.de/presse/umfragen-und-berichte/spannungsfeld-maennlichkeit.html (abgerufen am 21. Juni 2023).

Kleiner Zwischeneinwurf: Dieses Aufräumen, Waschen, Kindererziehen ist ein total unterschätzter Wirtschaftsfaktor. Laut einer Studie* übernehmen Frauen weltweit täglich mehr als 12 Milliarden Stunden unbezahlte Sorgearbeit. Würden sie auch nur mit dem Mindestlohn bezahlt, wäre die Summe 24-mal größer als der Umsatz von Apple, Google und Meta zusammen. Manche Frauen erzählen mir, sie machten 80 bis 90 Prozent dieser Sorgearbeit. Und viele sagen auch: »Wer soll es denn machen, wenn nicht ich?«

*Beide. Einer geht einkaufen, der andere kocht. Einer räumt die Küche auf, der andere bringt die Kinder ins Bett. Einer macht den Papierkram, der andere die Wäsche. Warum soll das nicht funktionieren? Ich sag's dir: weil manche Männer sich weigern. Etwa zu kochen oder die Wäsche zu machen. Fast die Hälfte aller Männer findet, die Frau sollte ihnen »den Rücken freihalten«**. Finden wir das gut? Richtig? Was ist mit den Männern, deren Frauen nicht berufstätig sind? Können die eine Frau respektieren, die ständig unentgeltlich Dienstleistungen erbringen muss, weil sie über kein eigenes Einkommen verfügt? Wie lange kann so ein Paar auf Augenhöhe bleiben?*

Eine Frau erzählte mir, dass ihre Ehe in der Elternzeit richtig gut gelaufen sei, weil die Verhältnisse so klar waren. Sie war zu Hause, er im Büro. Da gab es keine Diskussionen, kein Aufrechnen, sondern jeder wusste genau, wer welche Aufgabe hatte.

Vielleicht empfindet manch eine Frau es als emanzipatorischen Akt, nicht arbeiten zu gehen. Sie sieht darin die Freiheit, selbst zu entscheiden, ob sie arbeiten möchte. Aber wie freiwillig ist diese Entscheidung in Zeiten des Ehegattensplittings und

* https://www.oxfam.de/ueber-uns/aktuelles/oxfams-studie-sozialer-ungleichheit-12-milliarden-stunden-arbeit-ohne-bezahlt (abgerufen am 21. Juni 2023).

** Spannungsfeld Männlichkeit. So ticken junge Männer zwischen 18 und 35 Jahren in Deutschland. https://www.plan.de/presse/umfragen-und-berichte/spannungsfeld-maennlichkeit.html (abgerufen am 21. Juni 2023).

angesichts des fehlenden Angebots an Kinderbetreuung hierzulande tatsächlich?

Und natürlich kenne ich auch Männer, die das Gefühl haben, sie hätten weniger Freiheit, weniger Wahlmöglichkeiten. Es ist gesellschaftlich noch nicht wirklich akzeptiert, wenn ein Mann in Teilzeit arbeitet oder ganz zu Hause bleibt.

Du darfst allerdings nicht vergessen, dass in sehr vielen Familien beide Partner arbeiten müssen, um halbwegs über die Runden zu kommen. Da ist es dann vielleicht tatsächlich ein Privileg, sagen zu können: »Ich muss nicht zur Arbeit gehen.«

Ja, das stimmt. Andererseits: Wenn die Frau zu Hause bleibt und der Mann arbeitet, höre ich schon auch, dass beide ständig das Gefühl haben, zu kurz zu kommen. Der Mann verdient das ganze Geld und denkt: »Ich rackere mich ab, bezahle alles und trotzdem ist abends die Geschirrspülmaschine nicht ausgeräumt!« Die Frau wiederum denkt: »Den ganzen Tag hocke ich zu Hause und kümmere mich um die Kinder, einen vollen Kühlschrank, einen geleerten Windeleimer und treffe bei Nieselregen zwei andere Mütter auf dem Spielplatz (sozusagen das soziale Highlight meines Tages), während du fröhlich ins Büro gehst, mit Kollegen Kaffee trinkst und dich gelegentlich nach der Arbeit noch auf ein Bier triffst. Da kannst du gefälligst auch mal ein paar Sachen in der Küche wegräumen und die Kinder ins Bett bringen.«

So entsteht eine Aufrechnung, die einer Beziehung schaden kann. Ich möchte nicht mit einem Mann darum konkurrieren, wer mehr geleistet hat, wessen Tag härter war. Ich möchte weder neidisch noch hochmütig auf das Leben des anderen blicken.

Konkurrenz ist Gift in einer Beziehung. Auch bei Frauen untereinander.

Neulich sagte eine nicht berufstätige Mutter zu mir: »Für eine Mutter bist du ganz schön viel unterwegs! Wozu hat man überhaupt Kinder, wenn man so viel arbeitet?« Ich sage dann gern: »Ich habe meine Kinder ausschließlich als Statussymbol, ist doch klar. Für große Familienfeiern und die hübsche Weihnachtskarte – funktioniert besser als ein Hund oder ein Auto.« Wie soll man sonst darauf antworten, wenn nicht mit Humor?

Viele Menschen haben Kinder, weil sie sich eine Familie wünschen. Aber Familie heißt ja nicht automatisch, dass sie nur zu Hause stattfinden muss. Eine Familie kann sehr abwechslungsreich gestaltet werden. Ich glaube, bei uns werden auch so wenig Kinder geboren, weil viele Frauen fürchten, sie müssten dann ihr ganzes Leben aufgeben.

Vätern werden solche Fragen nicht gestellt, wenn sie auf Geschäftsreise gehen. Auch nicht, wie sie Kinder und Beruf »unter einen Hut« kriegen. Aber eine Mutter soll dienen, sich selbst hintanstellen und wenn sie nicht 24/7 bei den Kindern sein will, stimmt irgendwas nicht mit ihr. Sie macht Karriere? Verwirklicht sich selbst? Ei, ei, ei! Liebt sie das Kind denn etwa nicht genug? Manche Leute fragen mich sogar, wie denn mein Mann damit zurechtkäme, dass ich viel arbeite. Als ob das für ihn eine Belastung und Bürde sei.

Eine andere Frage, die auch gern kommt, lautet: »Wer ist denn bei den Kindern, wenn du beruflich unterwegs bist? Kriegt dein Mann das alleine hin?« – »Ja, äh … der ist auch ein Mensch mit Gehirn.« Wie unsexy wäre ein Mann, den man nicht mit zwei Kindern allein lassen könnte. Also, ich fand immer selbstständige, patente Typen gut und keine hilflosen Trottel. Oder gibt es eine geheime Schule für Mütter, von der ich nichts weiß? Gibt es da die Fächer Wickelkunde und Breiologie?

»Wer ist denn dann bei den Kindern?« Das heißt ja irgendwie, dass die Kinder wie die Bleikugel eines Gefangenen um deine

Beine hängen sollen. Und du nie von ihnen wegdarfst. Nein danke, ich habe und hatte meine Kinder auch zur Freude. Nicht als bleischwere Last. Solche Bemerkungen sind fürchterlich. Wenn ich euch früher mit ins Theater nehmen wollte, musste ich mir teilweise von so ganz alten Knackern anhören: »Früher wäre das nicht möglich gewesen.« Da habe ich gedacht: Ja, aber die Nazis, die waren bei euch möglich.

Ich habe im Leben oft versucht, mich anzupassen, vielleicht aus Feigheit oder damit alles glatt läuft. Aber bei Sprüchen über mein Verhalten als Frau oder Belehrungen, wie ich es besser machen sollte, habe ich auf Arroganz geschaltet. Auf Kampfmodus. Und habe meinem Gegenüber mit Blicken, Körpersprache und einer knappen Entgegnung sehr klar zu verstehen gegeben, dass er oder sie bei mir auf Granit beißt.

Beide Seiten, berufstätige und nicht berufstätige Mütter, haben das Gefühl, sie müssten sich rechtfertigen. Wir arbeitenden Mütter denken, wir würden bewertet, weil wir uns mit anderen Dingen als nur der Kindererziehung beschäftigen und uns als »Karrierefrau« egoistisch »selbst verwirklichen«. Und Frauen, die nicht arbeiten, haben das Gefühl, sie würden bewertet: als Latte-macchiato-Muttis, die von der Gunst ihres Mannes abhängen, als »Glucke«, als »Helikopter-Mami«. »Die fährt bloß die Kinder von A nach B.« Überall Kopfschütteln über Mütter. Ich finde es schade, dass Mütter sich dadurch einreden, sie müssten sich verteidigen, voneinander abgrenzen und deshalb auf das andere Lebensmodell herabschauen. Man muss sich selbst immer wieder vergewissern, die richtige Entscheidung getroffen zu haben. Da herrscht einfach große Verunsicherung und es ist eben auch ein Leichtes, uns Mütter zu verunsichern.

Noch bis ins 18. Jahrhundert kümmerten sich Frauen wenig um ihre Nachkommen. Die Lebensbedingungen waren hart, die Kindersterblichkeit hoch, schon kleine Kinder mussten mitarbeiten. Sie verwahrlosten oder wurden auch schon mal an kinderlose

Verwandte weggegeben. Das änderte sich erst vor circa 150 Jahren. Dann wurde lange ein Kult um die »Mütterlichkeit« der Frau betrieben, die angeblich ihrem Wesen angeboren sein soll. Das wird erst seit ein paar Jahrzehnten hinterfragt. Heute versuchen viele Frauen, sich an ein Lebensmodell heranzutasten, und lassen sich von der kleinsten Irritation durcheinanderbringen. Sie schrecken dann lieber zurück, anstatt den Widerstand auszuhalten.

Wir stellen uns ja selbst all diese Fragen und hadern mit uns. Sollte ich mehr arbeiten? Sollte ich mehr bei meinen Kindern sein? Wer kann mir da die richtige Antwort geben? Und jeder hat eine Meinung zum Mutterbild. Das ist in unserer Kultur so überhöht.

Stillt sie etwas nicht? Holt sie die Kinder etwa nicht selbst vom Kindergarten ab? Die Sehnsucht nach Zugehörigkeit, danach, das »Richtige« zu tun, ist groß. Warum erwarten wir von anderen Frauen, dass sie keine Fehler machen? Warum ist es so viel schwerer für uns Frauen, Konflikte untereinander auszutragen, ohne dass wir gleich Angst vor emotionalem Rückzug oder Ablehnung haben? Ist es die Angst, nicht mehr gemocht zu werden, zickig oder missgünstig zu wirken? Denn wenn wir uns zoffen, heißt es sofort »Zickenkrieg«. Wir lernen als Mädchen nicht die offene Konfrontation: den Schlag in die Fresse und danach ist alles wieder in Ordnung. Mädchen regeln das oft über soziale Ausgrenzung und subtile Bestrafung. Dabei würde ich es lieber anders lösen: über Auseinandersetzung und Versöhnung. Oder man hält eben Differenzen aus. Ich muss mit meinen Freundinnen nicht einer Meinung sein, um sie gernzuhaben.

Das muss man sich mal bei Männern vorstellen: dauernd zu bewerten, was der andere da macht.

Menschen bewerten in der Regel die Mütter, seltener die Väter.

Wir müssen der Anziehungskraft des Bewertens widerstehen. Vor allem bei Frauen. Die Stimme ist zu schrill, das Outfit zu gewagt, die redet zu viel, die ist »drüber«. Immer ist irgendetwas »zu viel«.«

Ich mag so viele Frauen. Neidisch bin ich auch nicht. Vielleicht liegt das aber daran, dass ich mich »ausleben« durfte. In jeder Hinsicht.

Frauensolidarität bedeutet ja nicht, dass wir jede Frau mögen und total toll finden müssen. Aber es wäre schon schön, wenn wir alle versuchen würden, nicht ständig nach Fehlern zu suchen, nur um uns selbst abzusichern. Es gibt da einfach kein »richtiges« Leben und kein »falsches«. Jede Familie, jede Beziehung stellt ihre eigenen Regeln auf – da gibt es kein Gesetzbuch. Das »andere« macht uns eben zunächst Angst. Hätte, sollte, könnte ich? Der ewige Konjunktiv der nicht gewählten Variante.

Aber noch mal zum Verhältnis von Männern und Frauen: Das Problem ist ja nicht, dass der eine arbeiten darf und viel erlebt und die andere nicht. Sondern am Ende geht es immer um Macht und Möglichkeiten. Natürlich hat jemand, der darauf angewiesen ist, dass ein anderer das Geld nach Hause bringt, und immer fragen muss: »Darf ich das kaufen?«, weniger Einfluss und weniger Bewegungsmöglichkeiten als derjenige, der all dies hat. Und insofern fragt man sich natürlich: Möchte ich zu den Mächtigen oder zu den Ohnmächtigen gehören?

Ich finde es auch komisch, wenn die Frau den Mann emotional und körperlich versorgen muss. »Schatz, geh mal wieder zum Arzt«, »Ich koche dir dein Lieblingsgericht«, »Du hast vergessen, Soundso anzurufen«. Das heißt, der Mann wird wie ein großes Kind behandelt. Erst hat sich die Mutter darum gekümmert, dass seine Wäsche gewaschen ist, und dann geht er nahtlos in die

Hände seiner Frau über, die sich darum kümmert, dass er gut versorgt ist. Das ist doch keine schöne Vorstellung von einer Beziehung. Und besonders männlich sind solche Kerle auch nicht.

Also ich bin nicht so und hatte auch nie Männer, die mich als Muttersersatz eingespannt haben. Ich stehe nicht auf Männer mit Peter-Pan-Syndrom. Aber die Frage ist doch: Woher kommt dieses Bewerten? Was wird Mädchen beigebracht? Warum vergleichen wir uns ständig?

Männer vergleichen sich ja auch. Erinnere dich: Wer hat den Größten? Wer ist stärker? Darum kämpfen sie. Schon Jungs sehen alles als Wettkampf. Frauen tragen Konflikte selten offen aus, sondern fragen sich eher: Was hat sie, was ich nicht habe?

Meine Tochter ist überhaupt nicht so. Sie ist ein kleines Kind, sie würde nie über andere Mädchen herziehen. Wann beginnt das also? Ich glaube, es sind gesellschaftliche Einflüsse, die uns stark prägen. Frauenzeitschriften arbeiten ja auch ständig mit Bewertungen. Von Rubriken wie »Who wore it better?« oder »Wer hat die bessere Bikini-Figur?« über Headlines wie »Wabbelalarm in St. Tropez«, »Pfunde-Panne auf der Yacht«, »Cellulite-Celebrities«, »Schwabbel-Schock auf St. Barths« bis zu Tipps à la »So machst du den Mann richtig heiß!« und »In nur fünf Schritten zum Summerbody!«. Das sind alles Mechanismen, die Frauen dazu zwingen, sich zu optimieren, ausschließlich den »Mann heißzumachen« und sie dazu bringen, über andere Frauen zu lästern: »Wie sieht die denn aus? Was hat die denn an?« Das kommt ja nicht aus uns Mädchen selbst. Solche Schlagzeilen und »Tipps« verführen uns dazu zu glauben, dass es okay sei, so gehässig über andere Frauen zu sprechen. Ist es aber nicht.

Kulturelle Einflüsse spielen natürlich eine große Rolle. Das Angebot, etwas Tolles zu erreichen, ist für Frauen begrenzter. Viele

Jahrhunderte durften sie nicht mal etwas lernen, waren abhängig vom Wohlwollen der Männer. Ja, da herrschen zweierlei Maß.

Es gab vor ein paar Jahren mal eine Aktion, in der gefragt wurde, was passieren würde, wenn Frauen so über Männer schrieben wie Männer über Frauen: »Deutlich schlanker als beim letzten Interview begrüßt uns Sebastian Fitzek, ein freundlicher, gut aussehender Autor, der es schafft, Familie und Schreiben spielend unter einen Hut zu bringen. Es ist nicht immer leicht, bekennt er augenzwinkernd.« »Wenn die Kinder in der Schule, Abwasch und Einkäufe erledigt waren und das Bügeleisen langsam erkaltete, widmete sich Heinrich Böll seinem heimlichen Hobby, dem Schreiben.« Oder: »Wie stets im eleganten Outfit, sich seiner sinnlichen Ausstrahlung bewusst, sitzt er mir gegenüber: Olaf Scholz, der Robert Redford der Politik, seit Jahrzehnten SPD-Wählerinnen den Kopf verdrehend. Wir haben uns mit ihm über Ernährung unterhalten. Unsere Bildstrecke zeigt, wie er mit geschicktem Make-up frischer wirkt.«

Ich habe gerade lange mit meiner Schwiegertochter gesprochen, Nikos Frau. Sie ist Russin und hat mir ausführlich erzählt, dass das Rollenbild für Frauen in Russland ungeheuer konservativ ist und man von ihnen erwartet, den Mann zu versorgen. Sie berichtete, wie oft sie von Freunden ermahnt wurde, dass sie sich nicht ins Gespräch einmischen und sich mit eigenen Wünschen zurückhalten solle. Sie fand es unerträglich; das allein wäre schon Grund genug gewesen, Russland zu verlassen.

Ich glaube, sehr viele klassische Erwartungshaltungen an Frauen gehen davon aus, dass der Mann es bequem hat. Das heißt, die Frau soll kochen, aufräumen, putzen, sich um die Kinder kümmern. Sie soll all das machen, wozu er keine Lust hat und was er nicht mag.

Es heißt ja, das große Dilemma sei, dass es für viele beruflich sehr erfolgreiche Frauen gar nicht so viele Männer gäbe. Frauen wollen meist mindestens Augenhöhe. Diese Top-Frauen bleiben oft alleine, weil sie weniger Optionen bei der Partnerwahl haben. Demgegenüber kenne ich Männer, denen es gar nichts ausmacht, wenn die Frau weniger arbeitet, leistet, verdient, weiß, kann. Zumindest habe ich den Eindruck, dass das intellektuelle, geistige und finanzielle Gleichgewicht Männern nicht ganz so wichtig ist.

Den Eindruck habe ich auch. Männer suchen selten eine Frau, zu der sie aufschauen können. Ihre Ansprüche sind simpler: Die soll gut aussehen, gut im Bett sein, ihn umsorgen und ein bisschen Spaß am Leben haben. Ob die jetzt Frau Doktor med. dent. ist, Autos verkauft oder den Rasen mäht, ist dann zweitrangig. Aber wieso möchte man eigentlich zu einem Mann aufschauen?

Na ja, zu einem geliebten Menschen sollte man doch irgendwie aufschauen. Ich wollte immer einen Mann, den ich bewundere, für den ich auch kopflos schwärme. Überlegen wollte ich nie sein, aber auch nicht unterlegen. Das eine ist zu langweilig, das andere zu kräftezehrend.

Aber es ist doch interessant: Wenn du als Frau erfolgreicher wirst, erhöht das nicht etwa deine Chancen auf dem Dating-Markt. Deine »Fuckability« steigt nicht parallel zu deinem Kontostand. Frauen, die Macht haben, bekommen nicht mehr oder gar bessere sexuelle Angebote. Männer hingegen schon. Je erfolgreicher oder mächtiger ein Mann ist, desto mehr Frauen interessieren sich für ihn. Ein Topmanager kann fast jede daten, ein junges Model oder eine Managerin – aber wird ein hotter junger Typ auch mit einer älteren erfolgreichen Geschäftsführerin zusammen sein? Und sie mit ihm?

Schön wär's!

Der Satz von einer Frau: »Ich bin CEO«, geht vermutlich nicht gerade als »dirty talk« durch und wird auch nicht als vielversprechender Tipp in einem Flirtratgeber auftauchen. Das Wort »Karriere« schreibst du besser nicht in deine Tinder-Bio oder deinen Parship-Account. Dann doch lieber: »Ich liebe Reisen und Sport.«

Genauso ist es. Beruflicher Erfolg steigert den Wert eines Mannes, aber Frauen bekommen dadurch keinen Mehrwert. Man sagt tatsächlich, Frauen würden ihre Fähigkeiten, ihr Wissen oder ihren Status eher runterdimmen, also verbergen, damit sie niemanden verschrecken – mit Ausnahme ihres Aussehens natürlich. Jeder Mann will eine gut aussehende Frau. Aber nicht jeder will die Chefin.

Es ist einfach kein Kriterium bei der Partnerwahl, jedenfalls kein Hauptkriterium. Eine Freundin von mir ist Mitte 40 und hatte neulich Sex mit einem 22-Jährigen. Sofort unterstellte sie ihm einen Mutterkomplex, ein Trauma. Für Männer sind solche Altersunterschiede nichts Ungewöhnliches – solange die Frau jünger ist. Und du warst ja auch 19 Jahre jünger als Papa. Hast du dir darüber Gedanken gemacht? Haben andere das kommentiert?

Als ich deinen Vater kennenlernte, war er 43 und ich 23. Kurz darauf hat er mir einen Zettel gemalt. Da standen diese zwei Zahlen drauf und dann ein Pfeil mit den Zahlen 53 und 73. Dahinter ein Frage- und ein Ausrufezeichen. Er hat mir damit nicht nur zu verstehen gegeben, dass er lange mit mir zusammenbleiben möchte. Er hat auch gezweifelt, ob dieser Altersunterschied gut gehen kann. Ich hatte wenig Bedenken. Denn mein verstorbener Lebensgefährte war nur anderthalb Jahre älter gewesen als ich. Das Alter war für mich also keine Garantie für die Langlebigkeit einer Beziehung. Und nein, kommentiert wurden die 20 Jahre eigentlich sehr selten. Höchstens mal, dass er älter war als meine Freunde und Freundinnen. Ich hatte keine Angst vor diesem Altersunterschied. Wir haben wunderbar zusammengepasst.

Hattest du mal Angst vor einem Mann?

Welche Frau hat die nicht? Jede Frau hat doch irgendwie Angst, wenn ihr nachts ein Mann begegnet. Ich habe Niko immer gesagt, er soll die Straßenseite wechseln, damit die Frau, die vor ihm geht, keine Angst haben muss. Es ist schon scheußlich, dass man wegen der Männer ein eingeschränktes Leben führen soll.

Ich reise viel und bin häufig diesen Ängsten ausgeliefert, zum Beispiel wenn Männer mir am Bahnhof hinterherlaufen, die Zunge rausstrecken und hechelnde Hundegeräusche machen. Du musst dich als Frau vor vielen Situationen schützen. Die Regeln lauten ja nicht: Männer dürfen nicht nachts besoffen am Bahnhof rumlungern. Nein, die Regeln lauten: Die Frau sollte da nachts nicht rumlaufen, die Frau sollte sich nicht zu aufreizend anziehen, die Frau muss so tun, als hielte sie Pfefferspray in der Hand. Immer sollen die Frauen sich ändern, sich anpassen. Es macht mich sehr traurig, dass ich als Frau Angst habe, wenn ich nachts allein durch die Straßen gehe.

Du hast mal gesagt, du hättest darauf geachtet, dass es akzeptiert wird, wenn du zu einem Mann »Nein« sagst. Ist es in deinem Leben immer so gewesen? Und konntet ihr euch als Freundinnen darüber austauschen?

Mit Freundinnen haben wir uns nicht allzu oft über diese Themen unterhalten. Aber natürlich hat jede einzelne so ihre Scheußlichkeiten mit Männern erlebt. Zwei Freundinnen von mir sind vergewaltigt worden und haben mir das auch erzählt.

Mir ist ein einziges Mal etwas sehr Unangenehmes passiert. Ich war jung, vielleicht 20 Jahre alt, und wusste, dass der Typ, den ich gerade kennengelernt hatte und der mindestens zehn Jahre älter war, sehr scharf auf mich war. Deshalb hatte ich für den

Abend, als er sich mit mir treffen wollte, eine Freundin dazubestellt. Irgendwie hat der Mann mich sehr schnell total betrunken gemacht und dann wohl auch die Freundin weggeschickt. Jedenfalls habe ich an das Ende des Abends keinerlei Erinnerung.

Schon als junges Mädchen lernst du: »Pass auf, nimm dir lieber ein Taxi«. Aber selbst im Taxi bin ich vom Taxifahrer begrabscht worden. Einer streckte einfach seine Hand vom Fahrersitz nach hinten und fasste mir an den nackten Oberschenkel. Ich trug einen Rock, es war Sommer, das wird ja wohl erlaubt sein. Einmal haben mich auch vier Jungs abgefüllt und auf ihr Hotelzimmer mitgenommen, mich aufs Bett gelegt, an mir herumgespielt, da erinnere ich kaum etwas. Ich weiß nur, dass die alle an mir dran waren und überall. Am nächsten Morgen lag ich da, nackt. Habe meine Sachen zusammengesucht und bin gegangen. Einfach so.

Ja, solche Situationen kenne ich auch. Wenn man ganz jung ist und noch wenig sexuelle Erfahrungen hat, denkt man, das sei »normal«. Auf die Idee, mich zu wehren, bin ich auch nicht gekommen, weil ich ja gar nicht wusste, dass das eigentlich schon nah am Missbrauch ist. Ich habe gedacht: So ist Sex eben.

Ich auch. Ich glaubte, das »sei halt so«. Vielleicht hatten die mich bloß missverstanden? Und war ich überhaupt deutlich gewesen? Ich war unsicher, ich habe mich gefragt, ob ich etwas falsch gemacht habe, ob ich vielleicht Signale gesendet habe, mit dem, was ich anhatte, oder ob ich zu viel getrunken hatte. Ob ich das nicht doch irgendwie auch wollte? Hatte ich es nicht provoziert, herausgefordert? Und war es überhaupt so schlimm? Ich wollte mich nicht »so anstellen«. Ich habe nie etwas gesagt. Es war halt einfach so. Ich war ein Mädchen und das gehörte eben zu meinem Mädchensein dazu. Ich war schließlich nicht prüde oder verklemmt.

Männer glauben oft, sie hätten ein Recht auf Sex. Und wenn man sich dann nahekommt, muss es unbedingt so laufen, wie sie es wollen.

Manchmal wusste ich gar nicht, ob ich wirklich will – und habe es trotzdem durchgezogen. Weil es schneller geht, vermeintlich einfacher ist. Weil ich nicht wusste, wie ich es abbrechen soll. Weil ich glaubte, dass es dafür schon zu spät sei. Wir waren ja schon quasi am Rummachen. Da gab es kein Zurück mehr und ich ließ es geschehen. »Ist ja auch kein Drama.«

Für viele ist man einfach ein laufendes Sexualobjekt. Jede Frau erlebt, dass sie im Bus oder auf der Straße von Männern blöd angemacht wird. Dagegen kann man sich sehr schlecht wehren. Und es ist immer unangenehm. Männer zeigen dir damit ganz klar, dass ihnen der öffentliche Raum gehört und dass sie dich zurechtweisen können. Du sollst dich fügen, schämen, flüchten. Sie dürfen alles, du darfst weniger, das ist ihnen wichtig. Meist sind sie zu mehreren. Aber auch einzelne Männer glauben ja von sich, sie seien so ein Gottesgeschenk, dass jede Frau, der sie »geile Titten« hinterherrufen, vor Begeisterung gleich mit ihm knutschen möchte. Ich fand das immer scheußlich. Noch letzte Woche bin ich abends nach Hause gekommen und zehn Meter vor meiner Haustür kommt mir ein junger Mann auf einem E-Roller entgegen, rast auf mich zu und brüllt mir aus zwanzig Zentimetern Entfernung ins Gesicht. Ich habe mich nicht nur erschrocken, ich habe auch Angst bekommen. Genau das wollen solche Typen. Am liebsten hätte ich ihn vom Roller geschubst, aber wie kann man so schnell reagieren?

Einmal habe ich jemandem, der hinter mir in der Schlange stand und mir von hinten zwischen die Beine gefasst hat, in Sekundenschnelle mit der Faust auf den Kopf gehauen. Dann ist er weggerannt und ich bin hinterher, habe ihn eingefangen, zu Boden geworfen. Danach fühlte ich mich erleichtert und habe gedacht, das müsste ich jedes Mal machen können. Jedes Mal, wenn so ein Typ mich blöd anquatscht, müsste ich dem eins auswischen können. Aber leider hat das nicht geklappt. Egal, wo ich war, ob im Theater oder in der U-Bahn, ich bin überall belästigt worden.

Ich bewundere deinen Mut, Mama. Ich würde mich nie trauen, jemanden zu konfrontieren, der mir körperlich überlegen ist. Ich bin jedes Mal erleichtert, wenn so eine Situation ohne Eskalation endet. Ich habe Angst, dass der mich sofort absticht oder überwältigt. Da nehme ich lieber einen Grabscher in Kauf. Schlimm eigentlich.

Ich war wahnsinnig wütend und wollte nicht ohnmächtig sein, denn das ist ja etwas, das zusätzlich schlimm ist, dieses Ohnmachtsgefühl.

Ich bin auch schon verfolgt worden, als ich aufs Klo ging. Da ist mir einer hinterher in die Kabine, hat mir einfach die Hand unter den Rock und den Finger in die Unterhose geschoben. Ich hab nur verlegen den Kopf weggedreht, sodass er mich nicht küssen konnte. Nur den Hals hat er dann erwischt. Mir wurde ganz heiß. Ich habe mich geschämt.

Aber es sind ja nicht nur irgendwelche fremden Männer auf der Straße. In Deutschland wird jeden dritten Tag eine Frau von ihrem Partner umgebracht. Die Gefängnisse sind zu 90 Prozent mit Männern belegt. Warum wird öffentlich nicht intensiver darüber nachgedacht, wie verheerend deren Vorstellungen von Macht, Kraft, Gewalt und Rechtmäßigkeit sind? Jedes andere Problem, das man so deutlich vor Augen hätte, würde doch auf staatlicher Seite irgendwelche Gegenmaßnahmen hervorrufen. Es gab in den 70er-Jahren 16 000 Verkehrstote pro Jahr. Heute sind es nur noch 4000, weil man etwas dagegen unternommen hat. Man hat Gurte und Kopfstützen eingeführt, bestimmte Verkehrsregeln geändert. Warum tut man das nicht in Bezug auf männliche Ge-

walt? Dazu müsste es in der Schule ganze Unterrichtseinheiten geben, wenn die Eltern das schon nicht leisten können. Ja, die Omnipräsenz männlicher Gewalt ist ungerecht und sie rührt leider daher, dass Männer körperlich kräftiger sind.

Um ein wenig auszuholen: Es wird uns ja immer erzählt, der Mann sei ein Jäger, er muss immer auf der Jagd sein, weil er das vor 300 000 Jahren so gelernt hat. Dabei gibt es ganz andere wissenschaftliche Erkenntnisse, die besagen, dass die Menschen früher nur überlebt haben, weil alles gemeinsam gemacht wurde. Nur weil Männer bei der Kinderaufzucht geholfen haben, konnte die Mutter beispielsweise früher abstillen und schneller wieder ein Baby bekommen. Andernfalls wäre die Gruppe, um nicht zu sagen: die Menschheit, ausgestorben. Dass der Mann nur der Jäger war und die Frau Blümchen eingesammelt hat, ist eine wissenschaftliche Vorstellung, die dem Wertekanon männlicher Wissenschaftler des 19. Jahrhunderts entspricht.

Auch die Wissenschaft ist also total männlich geprägt. Wenn ich daran denke, wie langweilig in der Schule der Geschichtsunterricht war: Wann fand welche Schlacht statt? Wie uninteressant. Ich hätte lieber etwas darüber gelernt, wie die Menschen in früheren Zeiten zusammenlebten. Seit wann schläft man im Bett? Warum hat die Gabel vier Zinken? Was hat man gegessen? Wie wurde Zahnweh kuriert? Es gibt Tausende spannende Fragen.

Apropos Wissenschaft und Studien. Es gibt ja nicht nur den Gender-Pay-Gap, also den Unterschied im Gehalt zwischen Mann und Frau – der in Deutschland stärker ausgeprägt ist als in anderen europäischen Ländern –, sondern auch einen Gender-Data-Gap. Damit ist gemeint, dass beispielsweise Airbags lange nur an der Größe und dem Gewicht von Männern getestet wurden, dass die Temperatur in Büros für Frauen etwas zu kalt eingestellt ist und so weiter. Auch viele medizinische Produkte wurden nur an Männern erforscht. Der Herzinfarkt löst bei Frauen ganz andere Symptome aus als bei Männern, das heißt, Ärzte erkennen bei Frauen einen Infarkt schlechter oder später.

Das Gemeinste finde ich immer, wenn es heißt: »Die ist eine Quotenfrau.« Was unverhohlen abschätzig gemeint ist. Dabei belegen zahlreiche Studien, dass in Ländern, in denen es schon länger eine Frauenquote gibt, deutlich bessere Arbeitsbedingungen für alle herrschen. Unternehmen, die ebenso viele Frauen wie Männer beschäftigen, steigern ihre Gewinne um bis zu 20 Prozent und Länder, die eine höhere Frauenbeschäftigungsquote kennen, haben ein deutlich höheres Wirtschaftswachstum.

Im Übrigen hatte das gesamte Berufsleben jahrzehntelang Quoten – und zwar für Männer. Die Männer haben nur Männer eingestellt, nur Männer irgendwohin mitgenommen, nur Männer befördert. Egal, ob sich eine gute Frau beworben hat, der Mann hat den Job bekommen. Quotenmann eben. In Japan wurde kürzlich aufgedeckt, dass eine medizinische Hochschule jahrelang die Ergebnisse der Zulassungstests von Frauen heruntergerechnet hat, damit mehr Männer studieren können. So was gibt's bei uns auch, da bin ich sicher. Männer haben sehr, sehr viele Methoden, um Frauen auszuschließen.

Ein Chef hat mal zu mir gesagt: »Na, Gott sei Dank heulen Sie nicht sofort wie Ihre Vorgängerin.« Als Anwältin bin ich oft auf Events mit Mandanten gegangen. Teilweise hieß es dann, dass ich nur mitdurfte, weil ich eine Frau bin oder weil ich blond bin oder sonst was. Ja, irgendeinen Grund gibt es immer! Da braucht es gar keine Quote, da kommen schon vorher die Ausreden! »Die hat das nur, weil …« Auf den Vorwurf: »Die hat sich doch nur hochgeschlafen!«, würde ich manchmal gern ironisch antworten: »Eine Beförderung? Das würde ja bedeuten, dass sich der Mann nach dem Sex überhaupt noch mal meldet. Und mir dann das Jobangebot macht! I wish …«

Manchmal wurde ich von einer Geschäftsreise oder einem Business-Dinner auch ausgeschlossen, weil die Männer Angst hatten, dass es Stress geben könnte – mit der Ehefrau oder weil die Kollegen tuscheln oder weil sie sich vor einer #metoo-Geschichte fürchteten. Das ist manchen Männern heute zu heikel, die sichern sich ab, damit bloß nichts falsch rüberkommt. Eine Freundin von mir ist richtig genervt, wenn ein Kollege den Aufzug verlässt, sobald sie einsteigt.

Als Frau kannst du in so vielen Situationen nur verlieren. Was bei Männern durchsetzungsstark ist, gilt bei Frauen als aggressiv …

Ja, und dann heißt es: »Die ist bossy!«, »Die hat ihre Tage!«, »Die hat Haare auf den Zähnen!«, »Die ist doch bloß ungebumst!«.

Vielleicht ist es für uns nicht so leicht, uns Macht zu nehmen, weil wir noch immer Angst vor Ausgrenzung, vor Liebesentzug haben.

Erziehungsfragen

Laura, du weißt inzwischen selbst, wie mühsam es ist, ein Kind zu erziehen. Es ist ja nicht nur, dass man beim Sprechenlernen hilft. Hunderte Male »Ma-Ma« oder »Pa-Pa« vorsagt und all die anderen Wörter, über die man sich so freut, wenn sie endlich aus dem Mund des Kindes kommen. Fußboden und Wände sind mit Möhrenbrei bekleckert, wenn das Kind lernt, alleine zu essen. Später rennt man atemlos neben dem Fahrrad her, weil das Kind noch nicht Rad fahren kann. Oder man pustet auf aufgescheuerte Knie, denn beim Rollschuhlaufen ist es hingefallen. Ball fangen, Tischtennis spielen, Schuhe anziehen, Zähne putzen, Po abwischen – alles bringen einem doch die Eltern bei. Zieh die warme Jacke an, grüß die Nachbarin, sei freundlich, mitfühlend, hilfsbereit, teile mit deinen Freunden, sag immer die Wahrheit – die Ermahnungen, ein guter Mensch zu werden, hören ja nie auf. Dürfen auch nicht aufhören. Aber manche Mütter machen damit immer weiter, auch wenn das Kind längst erwachsen ist. Das Muttersein endet ja dann nicht. Die Erziehung sollte es aber.

Erziehung klingt nicht nach Spaß, da ist ja das Nörgeln schon impliziert. Das ist auch der Teil des Mutterseins, der mich nervt und der mir am schwersten fällt. Ich ermahne nicht gern, ich verbiete nicht gern und ich bin auch nicht gern konsequent. Es fällt mir so schwer, hart zu bleiben, wenn die Kinder im Schwimmbad um ein Eis betteln, wenn die Kinder nicht ins Bett gehen wollen, wenn sie etwas sehen, das sie unbedingt haben möchten. Am liebsten würde man ihnen ja alles ermöglichen. Ich kann als Erwachsene schon kaum an dieser Quengelware im Supermarkt vorbeigehen, weil da ständig neue Süßigkeiten und Riegel an der Kasse liegen und mir zuflüstern: »Kauf mich, probier mich.« Aber wenn ich schon einem verpackten Riegel nicht widerstehen kann, wie soll ich da dem Klimper-Blick meiner Kinder widerstehen? Ihr wart ja auch nicht besonders konsequent mit uns. Das ist für den Moment natürlich toll, wenn man bekommt, was man will. Aber man lernt nie, wie man damit umgeht, wenn man es eben nicht bekommt. Das sitzt tief.

Wie war ich eigentlich als Kind?

Du warst ein aufgewecktes, lustiges, fröhliches Mädchen.

Du hast sehr viel Fantasie gehabt und dir mit deinen Steiff-Tieren oft Rollenspiele ausgedacht. Die mussten beispielsweise im Restaurant sitzen und Essen bestellen, was dann nicht geschmeckt hat, weil es furchtbar zubereitet war oder in der Küche nichts funktionierte. Und dann haben die sich beschwert. Oder sich den Magen verdorben. Wenn wir ein Video gedreht haben, hast du dich meist direkt vor der Kamera postiert und ein Lied gesungen. Du wolltest im Mittelpunkt stehen, du wolltest gesehen werden. Aber anstrengend warst du nicht.

Ich frage mich, ob du gedacht hast, dass aus mir mal so ein Mensch wird wie der, der ich jetzt bin.

Kein Mensch weiß, wie sich ein Kind entwickeln wird. Das ist nicht nur von der Erziehung abhängig oder dem Charakter, sondern von vielen Faktoren: vom Freundeskreis, von den Hobbys, der Förderung bestimmter Interessen, der Schulzeit, später der Berufswahl. Du hast schnell gelernt, warst als Kind sehr unkompliziert und du warst eigentlich auch in der Pubertät nicht kompliziert. Du hast ein-, zweimal Türen zugeknallt. Aber im Verhältnis zu Niko, der ja nach dir kam und mit dem ich eine wirklich schwierige Pubertät erlebt habe, warst du vollkommen harmlos.

Also, harmlos ist jetzt nicht das Adjektiv, mit dem ich jemals beschrieben werden wollte, aber trotzdem danke.

Ich erinnere mich, dass wir früher sehr viel als ganze Familie unternommen und eigentlich wenig Zeit nur zu zweit verbracht haben. Das hat mich nie gestört. Frage an dich, jetzt, wo ich erwachsen bin: Siehst du das als Versäumnis?

Ach, das wäre sicher auch sehr schön gewesen, Zeit zu zweit zu verbringen. Weil wir das jetzt tun und ich es sehr genieße. Nur wir zwei, das hört sich vertraut, innig und irgendwie gemütlich an. Aber wir sind zu zweit ins Theater oder Konzert gegangen. Und es macht doch auch keinen großen Unterschied, ob man etwas zu zweit oder zu viert erlebt. Hauptsache, es war schön und man hat gute Erinnerungen daran.

Ich glaube, es macht einen riesigen Unterschied, ob man etwas zu zweit oder zu viert erlebt. Zweisamkeit ist sehr intim. Zu zweit kannst du nicht flüchten, du kannst dich nicht in der Gruppe verstecken und einfach mal nichts sagen. Die Gruppe gibt mir Sicherheit, sie ist eine Art Publikum und zugleich bietet sie mehr Anregungen. Das Zwiegespräch konfrontiert mich, setzt mich stärker unter Druck.

Das stimmt. Man spürt ja die Intimität, wenn man zu zweit ist. Wahrscheinlich war und ist es bei uns beiden eine Frage der Zeit. Wenn man berufstätig ist und Kinder hat, dann nimmt man für eine Unternehmung nicht nur ein Kind mit. Man nimmt beide mit. Bei der wenigen Zeit, die man hat, ein Kind alleine zu lassen, um das nächste Mal nur mit ihm etwas zu unternehmen, wäre etwas brutal.

Ich mache lieber etwas zu viert oder in Gruppen. Vielleicht empfinde ich deshalb manchmal eine Scheu oder Befangenheit, wenn ich zu lange mit jemandem zu zweit bin. Ich habe Angst, dass das Gespräch stocken könnte, ich verspüre Druck, den anderen zu unterhalten, ich wage es kaum, auf mein Handy zu schauen. Selbst bei Papa hatte ich das manchmal, obwohl wir uns viel zu sagen hatten. Als ich in Berlin studierte und er dort arbeitete, haben wir uns oft mittags getroffen. Nur wir zwei. Vor manchen Mittagessen fürchtete ich, dass es krampfig werden könnte. Er hatte ja auch hohe Ansprüche an ein Gespräch und ich wollte ihn beeindrucken oder zumindest nicht langweilen. Also überlegte ich mir manchmal vorher, was wir bereden könnten, weil unser »Lunch« eine richtige Verabredung war. Zu Hause hatte ich das bei ihm nie. Da konnte man reden, wenn man wollte, aber auch schweigen oder auf sein Zimmer gehen. Bei dir hatte ich dieses Gefühl des Fremdseins sowieso nie. Weder im Restaurant noch zu Hause.

Das klingt ja richtig nach Stress, dass du dich auf ein Gespräch mit deinem Vater vorbereiten musstest. So etwas habe ich bei noch keinem Menschen empfunden. Ja, bei uns wurde immer viel Wert auf Sprache und Witz und anregende Themen gelegt. Mich berührt das bis heute sehr, wenn ein Mensch Gefühle, Vorgänge oder Sachverhalte präzise beschreiben kann. Überhaupt, wenn jemand etwas zu erzählen hat.

Du hast von Anfang an mit mir den Deal gemacht: Sei gut in der Schule, dann hast du viele Freiheiten. Daran haben wir uns beide gehalten.

Ja, du hattest immer gute Noten. Da durftest du auch lange ausgehen. Ich fand es aber auch wichtig, dass ihr, als ihr in den höheren Klassen wart, neben der Schule noch gejobbt habt. Zur Erziehung gehört auch, dass man den Wert der Arbeit, den Wert des Geldes schätzen lernt.

Ich habe Nachhilfe gegeben, am Theater und in einer Serie einige Kinderrollen gespielt und bei Pizza Hut gekellnert. Da mussten wir so alberne Schürzen und Blusen anziehen mit

»Viva la Pizza«. Es gab Mottowochen, die wir anpreisen mussten mit Fähnchen und den »Spezialitäten der Saison«. Ich fand es natürlich cool, mein eigenes Geld zu verdienen.

Bist du denn mit dir als Mutter zufrieden? Würdest du dir eine gute Note geben, fünf Sterne bei Amazon, oder würdest du sagen, du hast Fehler gemacht?

Das hört sich jetzt natürlich unglaublich doof an, wenn man sagt, man sei mit sich als Mutter zufrieden. Eitelkeit ist mir wirklich fremd. Aber da du mich fragst: Ja, ich bin als Mutter zufrieden, weil ich finde, dass meine Kinder zwei selbstständige, liebenswerte, zuverlässige, integre, glückliche Menschen geworden sind. Ihr habt Berufe, die ihr liebt, und Partner, die euch lieben. Insofern bin ich als Mutter erfolgreich und glücklich. Neulich habe ich von einem Vater gelesen, der gesagt hat: »Erfolg bedeutet für mich im Leben, dass auch meine erwachsenen Kinder Zeit mit mir verbringen wollen.« Das sehe ich genauso.

Du kannst uns zwar nicht vor allem beschützen und uns auch keine Schmerzen ersparen, aber du hast dich um die alltäglichen Dinge gekümmert: Hausaufgaben, Klavierunterricht, Geburtstagsfeiern, Auslandsaufenthalte usw. Du hast den gesamten »mental load«, den man damals noch nicht so nannte, bewerkstelligt.

Ich habe das von meiner Mutter übernommen. Ich habe immer alle Geschenke gekauft und gesagt, es sei von uns beiden. So hat sie's wohl auch gemacht. Papa hat euch nie Geschenke gekauft oder irgendetwas für euch organisiert. Ich fand das manchmal sehr hart, dass er so unaufmerksam war. Auch mir gegenüber. Er hat sich nichts aus seinem Geburtstag gemacht. Also sollte ich meinen auch sang- und klanglos vorbeigehen lassen. Hab ich aber nicht. Doch jede Feier musste ich selbst planen. Ich hätte auch mal gerne so eine Überraschungs-Geburtstagsfeier gehabt, wie man sie aus dem Film kennt. Ihr hattet alle eure Rollen: Er war egozentrisch, du eine Rampensau, Niko total begabt. Ihr wart alle drei laut. Wo war meine Ecke? Eigentlich bin ich in unserer Familie häufig zu kurz gekommen. Und ich war immer so beschäftigt, dass mir das nicht mal richtig aufgefallen ist. Leider seid ihr Kinder, was Geburtstage angeht, total nach eurem Vater gekommen. Ihr mögt auch kein Trara drum herum. Schade.

Einerseits hast du dich mehr zurückgenommen als wir. Andererseits hast du letztendlich alles bestimmt: wohin wir in Urlaub fahren, was wir essen, dass wir Klavier lernen, was wir anziehen. Das war alles deine Bürde, deine Aufgabe, gleichzeitig aber auch dein Herrschaftsbereich. Du hattest die Hoheit über diese Entscheidungen. Papa hat sich nicht gekümmert und sich auch nicht so sehr interessiert.

Ich wollte ja mit euch verreisen, wollte, dass ihr Klavier lernt. Wenn ich das Papa überlassen hätte, hättet ihr mit ihm CDs gehört und wärt statt in Urlaub mit ihm ins Gourmet-Restaurant gegangen. Wir mussten sogar als Familie oft im Sommer bei Gluthitze in ein Restaurant fahren, um dort das Essen zu probieren. Ich wäre lieber zu Hause oder am Strand geblieben. Er fand Essengehen schön, hatte nie die richtigen Sachen im Koffer …

… im Sommerurlaub hatte er manchmal nur zwei Unterhosen dabei …

… in den Ferien hat er oft nach dem Frühstück angefangen zu schreiben und abends wollte er beim Wein sitzen. Aber er hat alles mitgemacht, was wir unternehmen wollten, Bootstouren, Besichtigungen, Karussellfahrten, Fahrradausflüge. Meist hat er sich aber dann bald ins Restaurant gesetzt, während wir schwimmen waren, Ski gelaufen oder Wasserski gefahren sind.

Ohne dich hätten wir wahrscheinlich weder Skifahren gelernt noch wären wir in den Vergnügungspark gefahren. Ich habe in meiner Familie nicht das Gefühl, zu kurz zu kommen. Ich nehme mir aber auch den Raum – und das ist ganz sicher nicht nur eine »Ecke«. Womit wir wieder beim positiven Aspekt der Egozentrik wären.

Gibt es Versäumnisse? Dinge, die du heute in der Erziehung anders machen würdest oder die du dir vorwirfst, bei denen du zu fahrlässig warst, nicht aufgepasst hast, Angst um uns hattest?

Angst um die Kinder hat man immer. Vom ersten Tag an. Meine Schwiegermutter hat bei deiner Geburt gesagt: »Jetzt wirst du nie mehr sorgenfrei sein.« Damals dachte ich: Was für ein blöder Spruch. Aber es stimmt; man hat auch noch Angst um die Kinder, wenn sie schon erwachsen sind. Dass sie unters Auto kommen, dass sie krank oder unglücklich werden. Die Sorge verlässt dich nie mehr.

Wir wollen unseren Kindern eine unbeschwerte Kindheit bieten. Dafür geben wir alles. Auf Dauer kannst du aber niemanden vor allem beschützen, auch nicht deine Kinder, egal, wie sehr du dich anstrengst, egal, wie sehr du dich abstrampelst, das ist die bittere Erkenntnis.

Ich war nicht streng mit euch, aber ich war vielleicht manchmal etwas zu sehr auf Disziplin und Leistung aus. Also: Ihr müsst Klavier üben, sollt gute Noten bekommen, ihr müsst versuchen, einen netten Freundeskreis aufzubauen. Wir haben es nicht so gesagt, aber es ja auch vorgelebt. Vielleicht wäre es euch genauso gelungen, wenn ich weniger erwartet hätte.

Dazu fällt mir eine Anekdote ein: Ich habe mehrfach die Literaturnobelpreisträgerin Elfriede Jelinek interviewt, die als Pianistin und Organistin ausgebildet war. Viele ihrer Bücher handeln davon, dass sie sehr unter ihrer Mutter gelitten hat, von der sie sehr streng erzogen und zu großer Disziplin angehalten wurde. Sie hat mir erzählt, sie habe gar keine Jugend und keine

Freude, keine Leichtigkeit in ihrem Leben gehabt. Ich habe ihr geantwortet: »Aber Frau Jelinek, Sie haben den Literaturnobelpreis gewonnen. Mehr geht nicht. Was hätte Ihre Mutter anders machen sollen?«

Ich hätte auch gern den Literaturnobelpreis! Oder mal irgendeinen Preis. Die Dankesrede schreibe ich manchmal schon in Gedanken, wenn ich joggen gehe. Dann sehe ich so Bilder vor mir, wie ich in Zeitlupe auf die Bühne gehe und ganz ergriffen bin.

Du hast doch beim »Großen Deutschtest« auf RTL gewonnen. Und bei »Schlag den Star« auf Pro Sieben. Was willst du mehr?

Stimmt, ich sehe da RTL absolut auf einer Linie mit dem Literaturnobelpreis! Frau Jelinek, ich komme!

Also Papa und du, ihr habt selbst eben viel geleistet und eben auch Leistung von uns gefordert. Wir Kinder haben ja an euch gesehen, dass es sich lohnt. Dafür bin ich euch dankbar, aber vielleicht hat es auch dazu geführt, dass ich immer das Gefühl hatte, ich müsste abliefern. Wir mussten zu Hause irgendwie performen, ein gemeinsames Abendessen war durchaus ein Schlagabtausch. Wer liefert die bessere Geschichte? Papa hat mir mal, als ich von einem Jungen erzählte, in den ich verknallt war, entgegnet: »Also, diese Geschichte hat ja überhaupt keine Pointe!« Das war sehr verletzend und ich habe mich geschämt. Ich war elf!

Auf der anderen Seite habt ihr uns immer Leichtigkeit vorgelebt, habt laut Musik gehört, sehr üppig gekocht und anschließend haben wir zu viert eine Runde Skat gespielt.

Ich – oder eigentlich Papa, denn er war ja bei uns fürs Essen zuständig – habe versäumt, dir ein bisschen Kochen beizubringen. Ich kann ja selbst nur einige Gerichte. Aber die zumindest hätte ich gerne weitergegeben.

Blickt man eigentlich anders auf seine Tochter, fühlt man sich ihr näher, weil man eine Frau ist? Ich erkenne mich sehr stark in meiner Tochter und bin da unglaublich empfindsam, weil ich in ihr natürlich auch mich als kleines Mädchen wiederfinde. Ging dir das auch so?

Man blickt unterschiedlich auf seine Kinder, weil jedes ja einen eigenen Charakter hat. Niko ist mir ähnlicher als du. Aber als Frau verbindet mich sicher mehr mit dir. Wir haben beide Kinder geboren, haben beide beruflich, vor allem in einer männerdominierten Welt, bestehen müssen. Ich habe mich vielleicht etwas mehr durchsetzen müssen, weil es früher noch ungerechter zuging. Als du ein Kind warst, habe ich mir vorgenommen, dir so gut es geht den Weg zu ebnen, dein Selbstvertrauen und deine Fähigkeiten zu stärken, dich Sachen ausprobieren zu lassen. Damit du lernst, dich in der Berufswelt durchzusetzen. Damit du privat auf keinen »Oberlehrer« oder Macho hereinfällst. Das alles muss man ja für einen Sohn nicht vorbereiten. Ich dachte, er wird irgendwann sowieso in die Männergesellschaft eintreten. Die Männer helfen sich alle untereinander, die machen Sport zusammen oder treffen sich nach der Arbeit; und die sorgen schon dafür, dass sie sich gegenseitig irgendwie weiterhelfen und befördern. Bei meiner Tochter war ich mir da nicht so sicher und habe deswegen von Anfang an versucht, dir zu zeigen, dass du als Mädchen alles genauso darfst und kannst wie ein Junge. Das sollte eigentlich selbstverständlich sein. Aber manche Familien erziehen ihre Töchter leider immer noch anders als ihre Söhne, indem sie den Jungs mehr erlauben, mehr zutrauen, mehr Verantwortung übertragen und mehr Wert auf deren Ausbildung legen. Ich denke, für eine Tochter ist die Mutter mehr ein Vorbild als für einen Sohn. Wobei ich keinen Unterschied, wirklich keinen Unterschied darin mache, welches Kind ich mehr liebe. Ich liebe euch beide gleich. Ihr habt euch oft darüber lustig gemacht, wen ich angeblich mehr liebe. Das hat mich sehr, sehr verletzt.

Vielleicht ist es so, dass es zwischen Müttern und Töchtern mehr Reibung gibt, genauso wie zwischen Vätern und Söhnen. Ich weiß, dass du mich liebst, aber du hast ja in unserem Gespräch schon viele Dinge aufgezählt, die mich nicht sehr sympathisch aussehen lassen.

Nein, die hast du erzählt. Bei dir habe ich manchmal das Gefühl, dass du mir sehr schnell eine pampige Antwort gibst, wenn dir etwas nicht passt. Ich empfinde dich gelegentlich als ungerecht mir gegenüber. Aber Niko wird mit zunehmendem Alter auch sehr laut und aufbrausend. Das Karasek-Gen.

Wo bin ich denn ungerecht?

Du pickst dir gelegentlich eine kleine Sache heraus, die dich an mir stört oder die ich gesagt habe. Und machst mir deshalb Vorhaltungen. Ich finde, dabei übersiehst du, dass ich für dich und deine Familie nur Liebe empfinde. Spar dir doch die eine oder andere Bemerkung. Das macht es für uns beide leichter.

Dasselbe könnte ich zu dir sagen!

Der Unterschied zwischen uns ist: Ich finde das Aufbrausende nicht so verletzend. Ich kenne das ja von mir selbst und von Papa und von einigen Typen, mit denen ich zusammen war. Ich werde, ehrlich gesagt, lieber mal angeschrien, anstatt durch Schweigen oder Ignorieren bestraft zu werden. Ich kann mit Lautstärke, Wut und Gebrüll besser umgehen. Das ist aber nicht deine Art. Ich muss wirklich schwer nachdenken, ob du mich jemals so richtig angeschrien hast … Ich glaube nie. Du bist einfach kein Mensch, der schreit.

Ich kannte das von zu Hause nicht, bei meinen Eltern ist es immer sehr ruhig zugegangen und die wenigen Male, bei denen meine Mutter meinen Vater angeschrien hat, waren für mich der absolute Horror. Sie zählen zu meinen schrecklichsten Kindheits-

erlebnissen. Ich habe mal irgendwo gelesen, dass seine Kinder anzuschreien genauso schlimm ist, als würde man sie schlagen. Ich empfinde das auch wie einen Schlag. Ich schreie nicht und insofern verstehe ich auch nicht, dass ich angeschrien werde.

Aber wie ist es denn mit dir als Mutter? Hast du dich verändert, seit du Kinder bekommen hast?

Ich bin vielleicht weniger leichtsinnig. Wenn ich Dinge tue, die gefährlich sind, denke ich immer zuerst daran, was ich meinen Kindern antun würde, wenn sie ohne Mutter wären. Wenn ich in ein Flugzeug steigen muss, ist das ganz extrem. Ich schreibe ganz pathetische Abschieds-SMS an alle, während wir über die Startbahn rollen. Wenn ich nach der Landung das Handy wieder anschalte, piept es sofort und eine neue Nachricht ploppt auf. Ich öffne sie freudig und gierig, aber leider handelt es sich meist nur um die Mitteilung »Willkommen in Spanien, Ihr Mobilfunktarif gilt in der EU«. Und wenn ich mit den Kindern gemeinsam fliege, darf ich mir meine Flugangst nicht anmerken lassen.

Ich glaube und hoffe, dass sich mein Wesen durch ihre Geburt nicht verändert hat. Ich fände es schlimm, wenn Kinder aus einem Menschen einen vollkommen anderen Menschen erschaffen könnten. Ich bleibe ja Laura, ich bleibe die alte Person mit eigenen Bedürfnissen, Sehnsüchten, Abgründen – das verschwindet ja nicht wie von Zauberhand.

Kinder sind ein ganz starker Einschnitt im Leben; plötzlich ist man für einen anderen Menschen verantwortlich. Klar wird das Leben dann anders. Sehr, sehr anders. Aber möchte man denn sein ganzes Leben lang gleich bleiben, am gleichen Platz, mit der ewig gleichen Aufgabe? Das wäre ja wie in einer Endlosspirale gefangen zu sein. Neue Herausforderungen müssen ja nichts Negatives sein. Die sucht man sich vielleicht auch ohne Kinder. Außerdem wird man älter. Das verändert sowieso jeden Menschen. Denn mit den Jahren entwickelt man andere Vorlieben, andere

Lebensgewohnheiten, die einem plötzlich wichtig sind. Man lernt dazu. Ich glaube, dass man durch Kinder geerdeter wird und seinen Platz im Leben findet. Ich habe mich jedenfalls durchs Kinderkriegen im besten Sinne beruhigt. Mir wurde klar: Ich habe eine Aufgabe, die mir unfassbar wichtig ist, die nicht einfach ist, aber die ich auch sehr gerne annehme. Ich habe nicht mehr überlegt: Warum lebe ich, wozu bin ich da, wer mag mich eigentlich? Ich war ganz sicher: Meine Kinder brauchen mich und ich will für meine Kinder da sein. Und ihr habt mir auch gezeigt, dass ihr mich liebt. Genauso wie es heute meine Enkelkinder tun.

Das ist bei mir auch so. Durch die Kinder habe ich viel mehr das Gefühl, irgendwo hinzuzugehören. Wenn es mir dreckig geht, ich traurig bin oder leer, denke ich an die Kinder und dieser Gedanke tröstet mich. Immer.

Gleichzeitig geht damit eine ungeahnte Nichtfreiheit einher: dieses Erwachsen-sein-Müssen, nicht mehr fahrlässig sein dürfen. Das ist schon eine innere Freiheitsberaubung. Ich muss diese zwei Menschen immer mitdenken, ich möchte diese zwei Menschen mitdenken. Aus Liebe. Ich bin ihnen ausgeliefert. Trotzdem bin ich weiterhin unbeständig und mal irrational, also da haben die Kinder gar nichts genützt, falls du das meinst …

Ich kann es ja mal konkretisieren. Als mein erster Lebenspartner tödlich verunglückt war, fühlte ich mich so wahnsinnig verlassen und einsam, wie ich das noch nie zuvor gespürt hatte. Ich hatte keinen Halt mehr, keine Sicherheiten, taumelte irgendwie durch Raum und Zeit. Nichts war mir mehr wichtig im Leben.

Wenn man ein Kind hat – und das Kind bleibt einem ja hoffentlich für den Rest seines Lebens –, dann existiert dieses Gefühl der Leere und Sinnlosigkeit nicht mehr, egal was passiert. Die meisten Kinder brauchen ihre Mutter. Auch wenn sie schon erwachsen sind. Es gibt in jedem Leben viele Momente, in denen man sich einsam fühlt. In denen man traurig ist, unglücklich.

Wenn man Kinder hat, muss man funktionieren, zumindest solange sie klein sind. Und es ist sehr gut so, dass man sich seinem Unglück nicht rettungslos hingeben kann.

Das ist wahr. Ein Beruf oder eine Verpflichtung helfen in solchen Situationen, aber Kinder zwingen dich geradezu, dich zusammenzureißen, dich nicht komplett gehen zu lassen. Und das ist ja das Beste, was dir passieren kann! Die Liebe hält dich von Dummheiten ab. Trotzdem hatte ich auch als Mutter Momente, in denen ich mich in diesen Abgrund begeben und für niemanden verantwortlich sein wollte. Aber am Ende siegen bei allen Abwägungen und Abzweigungen die Kinder. Ich entscheide mich immer für sie.

Die Kehrseite vom Glück ist die Angst, die du schon angesprochen hast. Du kannst nicht alles kontrollieren, nicht alles von der Familie fernhalten, abschirmen. Da entsteht eine Verwundbarkeit, eine Nacktheit, die ich in dem Ausmaß nicht kannte. Du weißt, wenn etwas schiefgeht, wirst du nie mehr unbeschwert sein. Dann ist dein Herz gebrochen, und zwar für alle Ewigkeit. Ich habe mal den Satz gelesen: »Glück ist jede Sekunde gefährdet.« Unglück kann ja viel bequemer sein als Glück.

Ja, aber das ist das Leben: dass man verletzlich ist, dass man Angst um einen anderen Menschen hat, dass man angreifbar ist, abhängig. Wie würde man denn ohne all das leben? Das Leben hätte überhaupt keine Amplitude und das fände ich furchtbar öde und langweilig. Zunächst klingt es vielleicht entspannter, wenn man aufstehen und ins Bett gehen kann, wann man will, und alles machen kann, was einem gerade durch den Kopf rauscht. Aber warum kann man das denn? Weil sich kein Mensch für dich interessiert. Weil es den anderen egal ist. Jetzt, wo ich alleine lebe, habe ich viele Freiheiten, ich kann bis morgens um fünf aufbleiben. Oder um fünf Uhr aufstehen. Wen kümmert's? Niemand kontrolliert mich. Aber es gibt ja euch, versumpfen möchte ich nicht. Überall auf der Welt rackern sich Menschen für ihre Angehörigen ab, versuchen alles zu tun, damit es ihrer Familie gut geht. Wenn man das nicht muss, weil man für keinen Menschen Verantwortung trägt, ist es vielleicht leichter. Aber ich hätte dann das Gefühl, ich würde nur vor mich hin leben und gar nicht richtig am Leben teilnehmen.

Die Verletzlichkeit ist der Preis dafür, dass man überhaupt etwas fühlt. Durch die Kinder ist plötzlich immer jemand da, den ich küssen will, mit dem ich kuscheln will, der mir in die Arme springt. Das kannte ich vorher nicht. Dass ich nur ein Foto von den beiden ansehen muss und schon schüttet mein Körper irgendwelche absurden Hormone aus, so stark ist das.

Das hört aber irgendwann auf, Laura. Große Kinder kuscheln nicht mehr.

Ach, daran möchte ich noch gar nicht denken.

Ich erfahre ja auch durch deine Kinder unglaubliche Liebe. Wer sagt mir denn heute noch: »Ich vermisse dich«, »Wann kommst du wieder?«. Wer rennt mir entgegen, wenn ich ankomme? Nur meine Enkelkinder. Ich habe eine Bekannte. Sie ist schon über 80. Sie hat neulich gesagt: »Ich interessiere mich viel mehr für meine Enkel als für meine Kinder. Die Enkel sind jetzt Ende 20, das ist aufregend mit ihnen. Mein Sohn ist alt. Wir schenken uns zu Weihnachten Gutscheine für den Heilpraktiker.«

Gutscheingeschenke sind sowieso fies.

Wenn man Kinder bekommt, wirkt sich das auf die gesamte Familie aus. Alles verschiebt sich, sortiert sich neu. Als Mutter habe ich dich auf einmal wieder viel mehr gebraucht. Du hast mich oft besucht und dadurch hatten wir wieder eine ganz intensive Zeit miteinander. Gleichzeitig haben wir uns gerade in den ersten Jahren, als meine Kinder klein waren, sehr heftig gestritten. Häufig war der Auslöser, dass ich den Eindruck hatte, du kritisiertest mein Muttersein. Weil du vermeintlich wusstest, wie man's besser macht.

Das war ein sehr schweres Jahr für uns beide. Mein Mann, dein Vater, war gestorben und dein Sohn war direkt nach der Geburt sehr krank, lag wochenlang auf der Intensivstation. Wir waren beide vollkommen durcheinander. Wir mussten uns innerhalb der Familie erst mal neu sortieren, mussten neue Rollen einnehmen.

Ich habe damals zu dir gesagt: »Jetzt bist du die Chefin.« Weil ja nun nicht mehr die Herkunftsfamilie im Mittelpunkt stehen würde, sondern deine Familie mit deinen Kindern. Du hast gesagt: »Ich will aber gar nicht die Chefin sein.« Doch das wurdest du zwangsläufig. So mussten wir alle einiges versuchen und ausprobieren, bis jeder wieder seinen Platz in der Familie gefunden hatte. Das geht mit neuen Regeln einher. Dabei entstehen Reibereien, man geht falsche Wege. Das ist manchmal auch schmerzhaft. Du hattest plötzlich die Mutterrolle, ich war mir neu als Großmutter in der zweiten Reihe. Wie sollten wir wissen, wie das geht?

Wenn ich dir Ratschläge gegeben habe, wollte ich dich nicht kritisieren. Einmal habe ich »Mutig, mutig« gesagt, als du im Winter die Kinder sehr dünn angezogen hattest. Du wurdest stinksauer. Dabei wollte ich dir eine Hilfestellung geben, weil ich ja schon Kinder großgezogen hatte, während für dich alles neu war. Wenn ich zu dir sage: »Zieh die Kinder lieber warm an«, wenn es draußen kalt ist, weil sie sonst anfangen zu schreien, ist das keine Kritik, sondern ein Ratschlag. Ich habe jedenfalls nicht verstanden, warum du weggelaufen bist und mich stundenlang ignoriert hast.

Zwischen vielen Töchtern und Müttern ist es ein Thema, dass sich die Töchter in ihrer neuen Rolle als Mutter bewertet oder bevormundet fühlen. Meinen Freundinnen geht es auch so.

Und diese »gut gemeinten« Ratschläge kommen ja nicht ausschließlich von der eigenen Mutter. Oft sind es andere Eltern, die sich einmischen und angeblich besser wissen, was dem eigenen Kind guttut. Dieses Muttersein ist so sehr mit Erwartungen überfrachtet.

Ich fühlte mich manchmal bei dir so, als würdest du mir durch die Blume sagen, ich sei eine schlechte Mutter: »Leg das Handy weg. Du musst mit den Kindern dieses oder jenes üben. Geht ihr denn schon zum Schwimmunterricht? Die Kinder MÜSSEN jetzt essen. Die Kinder sollten mal wieder baden.« Das ist lieb gemeint, weil du das Beste für die Kinder willst, aber das will ich ja auch! In solchen Aussagen schwingt der Vorwurf einer gewissen Unzulänglichkeit mit.

Das stimmt doch überhaupt nicht. Wie soll man denn wissen, wie man mit Babys umzugehen hat, wenn man zum ersten Mal ein Kind bekommen hat? Nichts weiß man. Wann gibt's das erste feste Essen? Wie heiß darf das Fläschchen sein? Wie oft muss ich das Baby baden und so weiter? Das hat man ja noch nie erlebt. Aber die Mutter weiß das. Wenn sie dann manchmal ungefragt Sachen von sich gibt wie: »Jetzt könntest du dem Kind schon mal Möhrenbrei geben«, dann ist das keine Kritik an der Tochter. Das ist ein Ratschlag.

Es gibt sogar wissenschaftliche Untersuchungen darüber, dass Kinder besser gedeihen, wenn die Großmutter hilft und an der Erziehung beteiligt wird. Glaubst du, es wäre besser gewesen, wenn ich gar nichts gesagt hätte? Wenn ich zugeschaut hätte, wie dein Baby Bauchgrimmen hat und du hilflos in die Gegend guckst und nicht weißt, was du dagegen tun sollst? Während ich lächelnd davorsitze und gar nichts sage? Hättest du das gut gefunden?

Also jetzt übertreibst du ja total mit deinem Beispiel. Es geht nicht darum, dass das Baby weint oder Hunger hat und du sitzt daneben und schaust dir das Spektakel genüsslich mit einer

Tüte Popcorn in der Hand an. Es geht darum, dass viele junge Mütter solche ungebetenen Ratschläge als übergriffig und sehr verletzend empfinden und dadurch das Gefühl vermittelt bekommen, sie würden als Mutter versagen. Weil die eigene Mutter impliziert: »Ich kann es besser.«

Meist kann es die eigene Mutter ja auch besser. Weil sie Erfahrung hat. Das hat doch nichts mit Kritik zu tun. Wenn du im Beruf etwas lernst, dann ja auch von denen, die ihn bereits ausüben. Auch eine Rechenaufgabe oder ein Klavierstück muss man erst üben. Lange üben. Erfahrungen sollten von einer Generation an die nächste weitergegeben werden. Wobei altmodische Verhaltensregeln natürlich oft nicht mehr passen. Ich sollte als Kind noch vor Erwachsenen einen Knicks machen. So etwas heute zu verlangen, wäre ja vollkommen unangemessen. Aber grundsätzliche Regeln, die die Gesundheit und das Wohlergehen betreffen, die darf man seiner Tochter doch weiterempfehlen.

Natürlich ist es wichtig, wie und in welchem Kontext man das sagt. Darauf sollten alle Mütter achten, um nicht übergriffig und bevormundend zu wirken. Aber die Kinder sollten auch anerkennen, dass die meisten Mütter – oder auch Väter – Ratschläge erteilen, um zu helfen. Nicht, um zu nerven.

Ich glaube nicht, dass du mich absichtlich nerven wolltest. Aber du hast doch sicher auch Dinge anders gemacht als deine Mutter. Du hast dir doch von ihr auch nicht in die Erziehung von uns reinreden lassen, oder? Außerdem muss man sich als Mutter ja sowieso schon dauernd Kommentare anhören: »Stillst du etwa nicht mehr? Wieso hattest du einen Kaiserschnitt? Echt, dein Kind kriegt einen Schnuller? Wie, du arbeitest schon? Also, ICH könnte das ja nicht, so lange weg von meinem Kind …« Das braucht man dann echt nicht auch noch zu Hause, von der eigenen Mutter. Danke, aber: Mein Sammelheft ist voll!

So einen Quatsch übers Arbeiten oder den Kaiserschnitt würdest du von mir nie hören. Das weißt du doch. Aber zu deiner Frage. Nein, ich habe mir von meiner Mutter auch nicht reinreden lassen. Aber ehrlich gesagt, erinnere ich mich gar nicht mehr, ob sie das getan hat. Ich weiß nur, eine Woche bevor du eingeschult wurdest, warst du bei meinen Eltern in Berlin. Alleine. Da ist meine Mutter mit dir zum Friseur gegangen. Der hat dir die Haare ganz kurz geschnitten. Sagen wir mal so: Du hast danach nicht so richtig niedlich ausgesehen. Ja, das war schon recht übergriffig. Aber sie hat es gut gemeint. Sie dachte bestimmt, ich hätte zu wenig Zeit, um mit dir vor der Einschulung noch zum Friseur zu gehen. Ich habe sie aber deswegen nicht angeraunzt. Und ich weiß es auch nur noch, weil ich die Fotos von deinem ersten Schultag habe. Darauf fehlen dir allerdings auch noch die Zähne.

Die zeigen wir aber niemandem, okay? Ich sehe wirklich aus wie eine Playmobilfigur, als hätte ich einen Helm als Haar. Es ist ein Wunder, dass ich überhaupt Freunde gefunden habe.

Neulich bat eine Fernsehproduktion mich um Fotos von meiner Einschulung. Ich habe so getan, als gäbe es (»leider, leider, bedauerlicherweise, ich bin untröstlich«) keines und habe einfach ein Foto von Nikos Einschulung mit mir und seiner Schultüte geschickt.

Ich mache vieles so, wie ich es von zu Hause kenne. Ich wünsche mir auch, dass die Kinder sich für Musik und Kultur begeistern. Ich würde sie zu mehr Sport ermutigen, das war bei uns früher nicht so wichtig. Aber ich mache nicht bewusst Dinge anders, nur aus Trotz. Ich glaube, man sieht als Kind schon Dinge an seinen Eltern, die man lieber nicht übernehmen will. Aber im Zweifel übernimmt man dann genau die.

Ha, das würde ich jetzt gerne wissen, was ich in deinen Augen dir gegenüber falsch gemacht habe. Was du lieber nicht übernehmen willst. Aber um es mal aus meiner Perspektive zu sagen: Ich glaube, meine Mutter hat mit mir alles richtig gemacht. Sie hat mich sehr geliebt, mir zugehört. Sie hat mich oft in den Arm genommen, mich immer unterstützt. Und sie war noch, als ich schon lange erwachsen war, an allem, was ich beruflich und privat gemacht habe, sehr interessiert.

Sagst du das nicht nur, weil sie nicht mehr lebt? Oder haderst du wirklich mit gar nichts, was sie gemacht hat – im Hinblick auf dich?

Nein, ich hadere überhaupt nicht. Sie hat vieles sehr gut gemacht. Sie hat mir Freiheiten gelassen. Hat mich angespornt, etwas auszuprobieren. Sie hat mir aber auch Respekt und Rücksichtnahme beigebracht. Doch, eine Sache nehme ich ihr übel: Ich fand's ganz schrecklich auf der katholischen Schule. Da hätten meine Eltern mich nicht hinschicken dürfen. Aber sie glaubten, die Schule sei für mich die beste.

Eltern wollen ja meist nur das Beste, aber auch Eltern können sich irren. Ich würde gar nicht behaupten, dass du etwas falsch gemacht hast. Ich würde eher sagen, ihr habt manche Dinge, wie Sport, vernachlässigt und andere Dinge, wie Kultur, sehr gefördert.

Wenn ich jetzt darüber nachdenke, warst du schon eine echt gute Mutter, du hast mich lieb gehabt, mit mir gespielt, gebastelt, geknetet, mich unterstützt, mich wild sein lassen. Vielleicht warst du manchmal zu bewertend. Wenn dir Dinge nicht gefielen, sollte ich die auch doof finden. Ich sollte mich nicht für Sachen oder Leute interessieren, die in deinen Augen »ordinär« oder »primitiv« waren. Du hast mir als Kind so Glitzerschuhe verboten, die ich wochenlang im Schaufenster unseres Schuhladens an der Ecke angeschmachtet habe. Immer wieder bin ich an denen vorbeigelaufen und habe sehnsüchtig vor der Scheibe gestanden. Vielleicht trage ich heute deswegen so gern Glitzer. Außerdem nehme ich mir vor, nicht so schnell beleidigt und eingeschnappt zu sein wie du, doch ob mir das bei meinen eigenen Kindern gelingen wird?

Aber wenden wir die Frage doch mal ins Positive. Was wünscht man sich für seine Kinder? Macht es dir zu schaffen, dass Niko und ich zwar ein aufregendes, aber auch ein wankelmütiges, umtriebiges Leben haben? Ein Leben, das anstrengend und aufreibend ist? Wäre es dir lieber gewesen, wenn wir uns ruhigere, stabilere Berufe ausgesucht und etwas weniger exzessiv und abenteuerlustig gelebt hätten?

Ja, ich hätte mir ein etwas ruhigeres Berufsleben für euch gewünscht. Die Stetigkeit und damit Sicherheit, die ich in meinem Beruf erfahren habe, hätte ich mir für euch auch gewünscht. Als Selbstständige kennt ihr das nicht, dafür kennt ihr andere Sachen. Abwechslung, ständig neue Leute, viel reisen. Solange ihr damit glücklich seid, bin ich auch glücklich.

Erinnerst du dich, dass ich euch als Kindern oft gesagt habe: »Das Glück liegt in der Mitte.« Das hört sich vielleicht spießig an. Aber ich glaube, wenn du sehr weit von der Mitte entfernt lebst, hast du niemanden mehr, mit dem du deine Erfahrungen teilen kannst. Wer hört dir zu, wenn du so viel Geld hast, dass du nur noch darüber nachdenkst, welche Yacht du dir als Nächstes kaufst?

Und wer teilt deine Sorgen, wenn du dir im Supermarkt die Butter nicht mehr leisten kannst? Teilst du viele Erfahrungen mit anderen, kannst du dich besser austauschen.

Je mehr dein Leben vom Durchschnitt abweicht, desto weniger Menschen werden dich verstehen können, dir helfen können.

Du hast immer gesagt, dass das Glück im Normalen liegt. Ich habe den Satz lange nicht verstanden oder nicht wahrhaben wollen. Für mich war das reißende Glück nur außerhalb der gesitteten Ordnung, der Normalität, außerhalb des Gewöhnlichen möglich. Ich empfand die Mitte oft als zu banal. Vielleicht habe ich aber auch das Extreme so gesucht, weil du stets für die Mitte plädiert hast und ich sehen wollte, was sich hinter den Grenzen dieser »Mitte« verbirgt. Wie ein Kind, das heimlich in den dunklen Keller geht.

Da wolltest du hin? Das Kind im dunklen Keller hat meistens Angst. Da stößt du nur auf Müll, Unordnung und Ratten.

Schuld und Erwartung: Die Familie

Laura, du weißt ja, wie wichtig mir Weihnachten ist. Findest du es eigentlich gut, dass wir immer so ein riesiges Familienfest daraus machen?

Ich finde es auf jeden Fall erstaunlich, dass du spätestens im August die erste WhatsApp-Gruppe dazu startest, wann, wie und mit wem wir Weihnachten feiern.

Jetzt übertreibst du aber. Das mache ich im Oktober.

Also gut, das Wann steht eigentlich fest, bestenfalls am 24. Dezember … Es ist natürlich ein etwas heikleres Thema geworden, seit ich verheiratet bin und selbst eine Familie habe. Aber das Tolle ist, dass wir meistens alle zusammen feiern, mit dir und mit meinen Schwiegereltern. Trotzdem gibt es natürlich unterschiedliche Prägungen. Mein Mann ist mit dem Christkind großgeworden, ich mit dem Weihnachtsmann – und keiner will davon abweichen. Deswegen kommen bei unseren Kindern jetzt immer der Weihnachtsmann und das Christkind. Ist es denn für dich komplizierter geworden, seit ich Mutter bin?

Nein, überhaupt nicht. Es ist wahnsinnig schön, dass wir alle gemeinsam feiern. Das ist ja nicht bei allen Familien so. Viele Kinder eilen an den Weihnachtstagen zwischen den eigenen Eltern und den Schwiegereltern hin und her und müssen dafür einmal quer durch die Republik fahren. Das ist doch nicht schön. Und schon gar nicht festlich.

Bei vielen Familien geht es um die Frage: Wer kommt zuerst, die Familie der Mutter oder die des Vaters? Bei meinen Eltern war die Familie meiner Mutter viel präsenter. Bei uns war das auch so. Auch bei vielen meiner Freunde hat die Mutterfamilie Vorrechte. Die Tochter möchte meist mit ihrer Mutter feiern. Das war schon in meiner Kindheit so, da kam meine Oma mütterlicherseits. Familie definiert sich stärker über die Seite der Mutter. Die Männer gehen oft ein bisschen lässig mit ihren Eltern um und sagen: »Okay, dann kommt ihr eben ein andermal.« Tja, vielleicht könnte man es sogar so formulieren: Die Männer geben meistens ihren Namen weiter, aber die Frauen ihre Familientraditionen und Lebensart. Weihnachten ist in dem Zusammenhang wie eine Art Brennglas.

Es hat auf jeden Fall das Potenzial für Streit und Stress, weil alles so eine seltsame Wichtigkeit hat. Ich habe mich letztes Jahr mit Niko über Weihnachten gestritten. Ich wollte unbedingt, dass er kommt, Niko musste arbeiten und fühlte sich bedrängt.

Ja komisch. Dein Bruder fühlt sich auch von Nähe bedrängt. Aber nicht körperlich, so wie du. Er kann ja sehr gut umarmen. Er fühlt sich – wie sagt man da? – mental bedrängt. Kaum erwähnt man, dass man ihn sehen will, schwupps, flüchtet er.

Er fühlt sich dann wie eingekesselt. Ich kann das sogar verstehen. Außer natürlich, wenn ich ihn sehen will. Und jede Familie hat ihre eigenen Rituale. Ich weiß genau, wie unser Weihnachtsbaum in meiner Kindheit aussah, und möchte, dass er heute genauso aussieht. Weihnachten ist ja auch deshalb Stress, weil so viel erwartet wird. Wie auf Kommando muss alles schön sein. Und wir wissen ja alle, wie gut etwas funktioniert, wenn es besonders schön sein MUSS. Wenn Druck da ist, wird es meistens überhaupt nicht schön.

Du möchtest zum Beispiel immer, dass viel gespielt wird,

und würdest am liebsten vorher ganz genau festlegen, wann was gegessen wird.

Irgendeiner muss sich ja ums Essen kümmern.

Manche Leute wollen vielleicht nicht so gern spielen (ich schon) oder andere Sachen essen (ich zum Beispiel).

Deshalb will ich's ja vorher klären.

Ich glaube, dass die Beziehungen in der Familie viel mehr von Erwartungen geprägt sind als in Freundschaften. Deswegen reagieren wir auch viel empfindlicher, wenn unsere stillschweigenden Erwartungen – ausgerechnet – von einem Familienmitglied nicht erfüllt werden.

Natürlich habe ich Erwartungen an euch Kinder. Da geht es um Geborgenheit, Zusammenhalt, Liebe. Aber auch um Harmonie und Sicherheit. Das wird an Tagen wie Weihnachten ganz deutlich. Ich will nicht alleine sein, also nicht ohne euch. Ich erwarte praktisch, dass ihr mit mir feiert. Ist das nicht in jeder Familie so? Klar, man hat auch an Freunde Erwartungen. Aber da geht es weniger um Verantwortung füreinander, sondern eher darum, dass man miteinander eine schöne Zeit verbringt. Bei der Familie ist es ja so, dass man möchte, dass es allen gut geht.

Und ganz sicher hat jeder andere Vorstellungen von »gut gehen«!

Generell entstehen große Konflikte in Familien dadurch, dass Eltern und Kinder beispielsweise unterschiedliche Vorstellungen davon haben, wie das Kind seinen Platz im Leben findet und glücklich wird. Die Eltern glauben, ein sicherer Arbeitsplatz mache das Kind glücklich. Das Kind will aber lieber Künstler werden. Das ist beim besten Willen nicht miteinander vereinbar.

Eltern und Kinder müssen über ihre Vorstellungen sprechen – warum sie sie haben, welche Hoffnungen und Ängste damit verbunden sind. Als Mutter habe ich mehr Lebenserfahrung und meine zu wissen, wo Enttäuschungen lauern. Aber das Kind hat möglicherweise ganz andere Erwartungen und empfindet andere Dinge als Enttäuschung. Nicht jeder Mensch weiß automatisch, was für ihn selbst am besten ist. Aber jeder hat das Recht, es auszuprobieren. In dieser Hinsicht müssen Eltern ein bisschen nachgeben. Aber Kinder sollten das auch tun und nicht immer mit dem Kopf durch die Wand rennen.

Warum reagieren Kinder eigentlich so empfindlich auf Wünsche, Sprüche oder Hinweise der Eltern? Warum gelten viele Dinge als übergriffig, wenn sie von der Mutter oder dem Vater kommen?

Aber die Familie IST doch auch übergriffiger! Eine Freundin würde gewisse Dinge nie zu mir sagen. Sie hat gar nicht das Bedürfnis, sich einzumischen. Es ist ihr wahrscheinlich auch gar nicht so wichtig. Ich bin ihr egaler, deswegen pfuscht sie mir nicht rein.

Du als Mutter bist quasi Co-Investorin, deswegen ist dir mein Verlauf, mein Aktienkurs, so wichtig. Du hängst mit drin. Du bist nicht neutral, nicht objektiv, nein, du bist befangen. In deinen Ratschlägen.

Nehmen wir mal das Thema Essen. Selbstverständlich möchte ich, dass du dich gesund ernährst, zumal als Diabetikerin. Erstens möchte ich nicht, dass du durch falsche Ernährung krank wirst. Und zweitens leide ich ja mit, wenn du es wirst. Möglicherweise springe ich dann für irgendwas ein. Einer Freundin kann es doch völlig egal sein, was du isst oder ob du dir damit schadest. Vielleicht bedauert sie dich, wenn du krank wirst, aber es hat ja keine Bedeutung für ihr Leben. Oder, um ein harmloseres Thema zu nehmen: Du sagst etwas Dummes. Nein, das geht nicht. Du sagst wirklich nie etwas Dummes. Also, du kommst zu spät und alle müssen warten. Da schäme ich mich für dich. Eine Freundin eher nicht. Die ärgert sich.

Aber gerade, weil die Mutter ein eigenes Interesse hat, versucht sie, das Kind zu lenken, und dadurch fühlt sich das Kind – in dem Fall ich – bevormundet. Ich bin ja nicht dein ausführendes Organ.

Ich bin aber auch ungnädiger zu Menschen, die mir nahestehen. Woanders gebe ich mir wahnsinnig viel Mühe, charmant und unanstrengend zu sein.

Damit bist du nicht alleine. Viele Menschen lassen sich zu Hause mehr gehen als unter Kollegen. Warum ist man eigentlich zu den Menschen, die man am meisten liebt, am ungnädigsten und hässlichsten?

Zu Hause, im vertrauten Kreis, reagiere ich gereizter, weil es bestimmte Triggerpunkte gibt, zum Beispiel wenn etwas zum zwanzigsten Mal gesagt wird. Man ist viel schneller auf 180, weil mit einem Satz oder einem Hinweis implizit eine Forderung oder ein Vorwurf verbunden ist. In Freundschaften ist die Anspruchshaltung geringer.

Du meinst, wenn ich gesagt habe: »Lies mal dieses Buch«, dann war das eine Forderung? Ich wollte, dass du das liest, weil ich es gut fand, weil da Gedanken drinstanden, die du kennen solltest. Komisch, mich fragen Freunde oft, was sie lesen sollen. Die nehmen meine Vorschläge dankbar an. Und ein Kind empfindet das als Vorwurf und Forderung? Verrückt. Glaubst du, ich habe besonders viel von dir gefordert?

Ja, aber auch zu Recht, weil du Leistung erwartet hast. Als Kind denkst du, ein gewisses Maß an Erfolg, Glück und Zufriedenheit bist du deinen Eltern schuldig. Für das, was sie dir alles ermöglicht haben.

Was ist man seinen Eltern überhaupt schuldig? Manche Leute sagen: »Ich kann ja nichts dafür, dass ich geboren wurde. Ich bin meinen Eltern gar nichts schuldig.« Das sehe ich nicht so. Mit zunehmendem Alter habe ich meinen Eltern gegenüber Schuldgefühle gehabt. Dass ich nicht dankbar genug war, sie nicht genug an meinem Leben habe teilhaben lassen, sie nicht oft genug zu Veranstaltungen oder in die Ferien mitgenommen habe.

Meine Forderungen an euch waren immer von dem Gedanken geleitet, dass ihr ein glückliches, erfülltes Leben führen sollt. Ich meinte zu wissen, wie das geht, denn ich führte ja selbst ein glückliches, erfülltes Leben. Ich glaube, ich habe bei euch eine ganz gute Mischung aus Loslassen und Haltgeben hinbekommen.

Außerdem ist man als Mutter sehr vom Glück der Kinder abhängig. Wenn ihr unglücklich seid, dann bin ich auch unglücklich. Zwangsläufig. Dabei kann man bei beruflichen Problemen oder beispielsweise Beziehungskrisen ja überhaupt nicht helfen. Leidet aber mit und fühlt sich auch noch ohnmächtig.

Wenn Freunde unglücklich sind, höre ich zu und es tut mir sehr leid. Aber es betrifft mich nicht. Das ist der Unterschied zwischen Freunden und Familie.

Das ist wahrscheinlich die Crux an der Geschichte. Die Wechselwirkung, diese enorme Abhängigkeit führt dazu, dass man Wert darauf legt, dass das Leben des Kindes glücklich verläuft. Weil man weiß, sonst landet man selbst mit im Graben. Man haftet mit. Eltern haften für ihre Kinder, so heißt es doch. Also haftet man eben auch emotional. Wenn meine Kinder nicht glücklich sind, ist das auf gewisse Weise auch ein Zeichen dafür, dass meine Erziehung unzureichend war, dass ich versagt habe. Man bezieht alles auf sich.

Ich empfinde das so. Trotzdem ist es merkwürdig. Als wäre Erziehung ein Zahlungsmittel. Oben steckt man Erziehung rein, unten kommt Glück raus. So ist es ja nicht. Es gibt so vieles in der Erzie-

hung, was nicht berechenbar ist: falsche Freunde, Krankheit, Verlust. All das hat massive Auswirkungen auf die Entwicklung.

Diese Mitschuld sorgt vermutlich auch dafür, dass man sich für die eigene Familie mehr schämt als für Freundinnen. Unsere Eltern sind uns deshalb ja auch peinlich, weil die berechtigte Befürchtung besteht, später selbst einmal so zu werden. Wie eine Wahrsagerkugel, in der man sich selbst in dreißig Jahren sieht.

Du hast mal gesagt, dass du mit deinem Vater viel nachsichtiger warst als mit mir. Ich muss leider auch sagen, dass ich meinen Vater in viel milderem Licht gesehen habe als meine Mutter. An meiner Mutter habe ich mehr herumkritisiert. Warum ist das so? Warum ist man mit dem Vater oder ganz generell mit Männern oft nachsichtiger als mit Frauen?

Vielleicht liegt es daran, dass Frauen weniger Spielraum zur Verfügung steht oder wir mehr von ihnen erwarten? Die Mutter macht oft den Großteil der Care-Arbeit. Vielleicht nervt sie dadurch mehr. Traditionell war es doch lange so, dass der Vater weniger verfügbar war. Dann bemüht sich das Kind automatisch stärker um seine Aufmerksamkeit oder Liebe.

Selbst bei uns war es so: Ihr habt beide gearbeitet, aber du warst trotzdem häufiger da, hast darauf geachtet, dass wir Klavier üben und lesen. Mit Papa allein wären wir viel mehr verwahrlost. Aber wir glaubten als Kinder eben auch, mit Papa allein seien wir freier, hätten weniger Verpflichtungen. Bei Papa durften wir immer am Computer Nintendo spielen. Bei dir nicht. Wenn du Sonntagsdienst bei der Zeitung hattest, hatten wir quasi »sturmfrei«, und das haben wir sofort ausgenutzt, Papa um Erlaubnis gefragt und er hat sofort eingewilligt.

Die Mutter kommt im Vergleich strenger rüber, das ist total unfair. Warum kann die Frau nicht den Spaßteil haben und der Vater sagt: »Räum dein Zimmer auf!«?

Ja, stimmt. Mein Vater war viel weniger greifbar als meine Mutter. Dadurch habe ich die Zeit mit ihm als kostbarer empfunden und wollte sicher nicht auch noch mit ihm streiten. Durch die viele Zeit, die ich mit meiner Mutter verbracht habe, ergaben sich zwangsläufig mehr Reibereien. Die altmodische Rollenverteilung sorgt für dieses Ungleichgewicht.

Es heißt ja auch, nirgendwo in der Welt werde die Rolle der Mutter so überhöht wie bei uns. Dass die Mutter für alles verantwortlich gemacht wird, ist in Deutschland besonders ausgeprägt. Wahrscheinlich ist es noch ein Relikt der Hitler-Propaganda.

An die Mutter wird der Anspruch gestellt, unfehlbar und perfekt zu sein. Ein Vater bekommt schon Applaus, wenn er mal ein Wochenende die Kinder alleine betreut oder einen Monat Elternzeit nimmt.

Die Väter übernehmen oft die Aufgaben, die Spaß machen, wie Sport oder Ausflüge. Die Mutter soll dafür sorgen, dass der Ranzen gepackt ist und die Hausaufgaben erledigt sind.

Ist das nicht ungerecht? Die Mutter als Spaßbremse, der Vater als Entertainer.

Na ja, für den Vater ist es vielleicht wichtig, mit dem Kind zu spielen. Und ob die Socken sauber sind, ist vollkommen nebensächlich. Dann zieht das Kind die dreckigen Sachen eben noch mal an.

Als Mädchen identifiziert man sich spontan sicher stark mit der Mutter, aber das, wofür der Vater steht, wirkt oft reizvoller. Meine Mutter war immer sehr fröhlich und hat in der Küche gesungen. Das war mir als Kind oft unangenehm, wenn meine Freundinnen da waren. Aber die fanden's herrlich. Mein Vater war mir viel seltener peinlich, denn er war sehr sachlich. Die Männer vertreten häufiger die große weite Welt. Deswegen möchte man als Kind vielleicht lieber mit dem vermeintlich spannenderen Menschen mitfiebern.

Und dieses Mutterbild wird durch Instagram auf die Spitze getrieben: Da posten Mom-Influencer ihre perfekt designten Kindergeburtstage, farblich passende Tellerchen mit glänzenden Luftballons und selbst gebackenen Bananen-Algen-Kurkuma-Cupcakes. Eine Verabredung heißt heute »Playdate« und eine Stulle für die Schule ist eine »Snackbox«, selbstverständlich nur mit selbst geschnitzten Gemüsesticks, Quark mit Kräutern aus dem eigenen Garten und Hirse-Bratlingen. Im Haus ist alles weiß, beige, reinlich. Die »süßen Racker« bekommen natürlich nur Holzspielzeug, die Wolle der Cashmere-Pullis stammt ausschließlich von glücklichen Schafen – und am Ende wird ein Rabattcode für die Anti-Aging-Creme für Säuglinge aus selbst gemähtem Dinkel verteilt. Was für ein Bild von Müttern wollen uns solche Kanäle vermitteln?

Ein überdimensioniertes. Diese Ansprüche kann kein Mensch erfüllen. Wozu soll mein Kind in cremefarbenen Klamotten herumrennen? Das hat doch nichts mit Liebe oder Zuwendung zu tun.

Nein, nur mit Selbstdarstellung.

Dabei wäre es für die kindliche Entwicklung besser, wenn es mehrere Bezugspersonen gäbe. Wenn Kinder mehr Sozialverhalten lernen und weniger ichbezogen werden.

Besteht vielleicht zwischen Müttern und Töchtern mehr Konkurrenz? Du hast mir jedenfalls nie das Gefühl gegeben, wir würden um Aufmerksamkeit buhlen, weder um die von Papa noch von Niko oder sonst wem.

Ich habe eine Freundin in meinem Alter, deren Mutter noch lebt. Die beiden stehen nach wie vor in Konkurrenz zueinander. Die Mutter behauptet, sie würde besser aussehen als die Tochter. Das kränkt meine Freundin sehr. Die alte Dame sieht tatsächlich toll aus, sie war wahrscheinlich ihr Leben lang eine Schönheit. Aber warum sagt sie so was? Hast du irgendwann mal empfunden, dass wir beide um etwas konkurrieren?

Nein, nie! Du hast dich immer über meine Erfolge gefreut, warst nie missgünstig und hast mir nie das Gefühl gegeben, ich stünde irgendwie in der zweiten Reihe. Ich kenne Rivalität nicht von zu Hause.

Und ich war ganz bestimmt nicht strenger mit dir als mit Niko.

Ich habe mal gelesen: »Ein Junge muss sich irgendwann mit Gewalt von der Mutter losreißen. [...] Wir Menschen wollen uns sozial verbunden fühlen, doch auf dem Weg vom Jungen zum Mann entwickeln Männer das Gefühl, diese Verbundenheit kappen zu müssen, um sich stark zu fühlen. Dieses Gefühl entsteht aus dem Bedürfnis, sich aus der Nähe zur Mutter zu befreien. Es ist eine Flucht vor der Frau, die aus Furcht vor Vereinnahmung entsteht, vor zu viel Symbiose.« Hast du das bei meinem Bruder so erlebt? Dass er sich gewaltsam aus dieser Umklammerung befreien musste?

Nein, gar nicht. Ich war aber auch nicht gluckig mit ihm. Allerdings ist er eine Woche nach dem Abitur für 15 Monate nach Südamerika abgehauen. Das war vielleicht auch so eine gewaltsame Befreiung. Und dann hat er 20 Jahre lang in unterschiedlichen Ländern gelebt. Ich frage ihn manchmal: »Wovor bist du weggerannt?« Bekomme aber zur Antwort nur: »Ach, das bin ich doch nicht ...«

Über Mädchen heißt es in dem Text: »Töchter werden oft mehr oder weniger als der verlängerte Arm der eigenen Mutter betrachtet, also als Erfüllungsgehilfin bei der Beglückung von Männern.« Hast du mich je als Erfüllungsgehilfin betrachtet, als den Menschen, der für Wärme und Fürsorge zuständig ist? Ich habe das nie so empfunden, im Gegenteil.

Ha, das wäre ja auch zu blöd! Ich betrachte mich nicht als zuständig für die Beglückung von Männern. Die sollen mich mal beglücken. Also, wieso sollte ich meine Tochter ausgerechnet dazu erziehen, Männer zu beglücken?

Meine Mutter hat mich auch nicht so erzogen. Und obwohl ich nachsichtiger mit meinem Vater war, glaube ich, dass ich zu 90 Prozent das Produkt meiner Mutter und nur zu 10 Prozent das Produkt meines Vaters bin. Das hätte ich früher niemals so gesehen.

Ich bin charakterlich mehr wie Papa, aber den größeren Einfluss hattest du. Wir machen hier ja beinah eine Familienaufstellung. Hast du so was je gemacht oder über eine Therapie nachgedacht? Oder Papa und du gemeinsam?

Nein. Darüber haben wir nie nachgedacht. Eine Schwester deines Vaters ist zwar Psychologin, aber er glaubte nicht an Hilfe von Psychologen. Ich habe manchmal zu ihm gesagt: »Vielleicht bräuchtest du auch mal einen männlichen Freund, um mit ihm über das, was dich beschäftigt, zu sprechen. Ich kann nicht deine Gesprächspartnerin für jedes Problem in deinem Leben sein.« Aber lieber wollte er Dinge mit sich selbst ausmachen.

Ich bin gesellig und bespreche wichtige Themen mit Freunden und der Familie. Auch das habe ich mir von meiner Mutter abgeguckt. Ich brauche keine Therapie.

Also, ich halte viel von Therapie – und habe ja auch zweimal eine gemacht, zumindest angefangen. Eine sofort nach Papas Tod.

Du sagst, Papa hat viel mit sich selbst ausgemacht. Ich dachte, Papa hätte auch ein so großes Mitteilungsbedürfnis, aber das ist vielleicht ein falscher Eindruck. Ich hatte immer das Gefühl, du würdest mehr mit dir selbst ausmachen als er.

Ich mache ganz gerne etwas mit mir selbst aus, aber manchmal spreche ich auch mit einer Freundin über das, was mich bewegt. Papa hatte mal einen Kollegen, der ihn öfter gefragt hat, ob sie gemeinsam zu Mittag essen wollten. Abends meinte er dann zu mir: »Was will der von mir?« Er ist gar nicht auf die Idee gekommen, dass er mit dem Kollegen etwas besprechen könnte, sondern fühlte sich irgendwie in die Ecke gedrängt.

Auch mein Vater war der Typ einsamer Wolf. Mein Mann, mein Stiefsohn und mein Sohn ebenfalls. Niko sagt, er verbringt am liebsten Zeit mit seiner Frau. Früher, als er mal Sorgen hatte, habe ich ihm geraten: »Such dir doch einen Freund, mit dem du das besprechen kannst. Was machst du denn, wenn du mal wirklich ein großes Problem hast?« Seine Antwort war: »Ich habe ja meine Schwester, mit der ich es besprechen kann.«

Ach, das rührt mich jetzt. Niko ist sehr wichtig für mich, wir sagen uns oft, dass wir uns lieb haben. Aber er ist auch streng mit mir. Er kritisiert mich und zeigt mir sehr deutlich, was er nicht gut findet. Wir sprechen viel über unsere Berufe, weil wir beide fürs Fernsehen arbeiten. Seine Klarheit und sein Gleichmut helfen mir, mich nicht so zu zerfleischen, mich nicht zu sehr in Dinge hineinzusteigern. Er bespricht ein Thema mit mir – und dann ist es für ihn auch abgehakt. Er ist so unbekümmert. Ich kann mich tagelang über etwas ärgern, verletzt sein. Bei ihm muss ich mich zusammenreißen. Er findet es albern, wenn ich noch Wochen später mit dem gleichen Kummer ankomme. Das ist zwar manchmal hart für mich, aber tut mir auch gut.

Niko und ich sprechen über viele Themen, driften dabei aber selten ins Gefühlige ab. Zwischen ihm und mir gibt es wenig Kritik. Und wenn, dann wird er inzwischen ähnlich laut wie du. Er entschuldigt sich aber immer gleich danach. Ich möchte auch nicht die nörgelnde Mutter sein und er respektiert mich.

Ich habe bei vielen Müttern und ihren erwachsenen Söhnen

gesehen, dass die Söhne sehr in der Beziehung zu ihrer Frau aufgehen. Die Frau kommt für sie an erster Stelle. Das muss man als Mutter akzeptieren. Sonst verliert man den Sohn.

Die Töchter bleiben näher an ihren Müttern dran, im Positiven wie in der kritischen Auseinandersetzung.

Eine gemeinsame Kindheit ist ein enormes Band, all die Songs, die Erinnerungen, die Reisen, die gemeinsamen Assoziationen. Manchmal müssen Niko und ich nur eine Note oder ein Wort hören, um an exakt dasselbe zu denken. Manchmal fühle ich mich von ihm ertappt, aber auch erkannt. Wir haben uns immer viel gemeinsam ausgedacht, Streiche, ganze Kinofilme, haben alles Mögliche inszeniert, Loriot-Sketche nachgespielt, Modeschauen moderiert. Erst war er ein dankbares Publikum, aber dann ein vollwertiger Mitgestalter.

Wenn ich so darüber nachdenke: Vielleicht hat nicht nur Papa mich verzogen, sondern Niko auch, zumindest als er klein war. Er hat zu mir aufgeschaut. Heute ist er zwar manchmal ungnädig mit mir, aber früher hat er mir applaudiert und über meine Aufführungen gelacht. Wir haben uns immer Unterhaltung geboten. Gleichzeitig konkurrierten wir auch ein bisschen um eure Liebe. Wie wäre das wohl gewesen, wenn wir vier oder fünf Geschwister gewesen wären?! Immerhin waren wir nur zu zweit.

Meine Eltern hatten beide vier Geschwister. Mit einigen waren sie auch zerstritten. So schön man sich eine große Familie manchmal vorstellt, oft ist es auch anstrengend und mühsam, dort seinen Platz zu finden.

Ich kenne mehrere Menschen, die sehr viele Geschwister haben, also sieben, neun oder elf Geschwister. Mit denen habe ich oft über ihre Stellung innerhalb der Familie gesprochen, weil mich das sehr interessiert. Ausnahmslos alle haben mir erzählt, dass sie funktionieren mussten; jeder hatte bestimmte Aufgaben. Drei mussten für alle die Schuhe putzen, drei das Geschirr weg-

räumen, drei den Tisch decken. Die Jüngeren hatten mit den wesentlich älteren Geschwistern oft kaum Kontakt, weil die Kinder in Gruppen aufgeteilt waren. Irgendwie hat man sich organisiert. Und alle haben gesagt, dass sie niemals ein vertrauliches Gespräch mit ihren Eltern geführt haben; nie hatten sie ihre Mutter oder ihren Vater auch nur eine Stunde für sich.

Und ich kenne richtig schlimme Fälle. Die Mutter einer meiner Freundinnen hat ihr gesagt, sie habe sie eigentlich abtreiben wollen. Eine andere erzählt, man habe sie ins Internat gesteckt, damit die Eltern mehr Zeit für ihre Schwester haben konnten. Ein Bekannter von mir ist der Zweitjüngste von sieben Geschwistern und ist von seiner Mutter nie beachtet worden. Sein ganzes Leben lang nicht. Und da fallen mir noch zwei Freunde ein. Zu dem einen hat seine Mutter gesagt: »Du bist genauso ein Drecksack wie dein Vater.« Der andere, der noch drei Geschwister hat, musste sich von seiner Mutter anhören: »Du bist das Kind, das ich am wenigsten mag.« Unfassbar, oder?

Das ist mir sehr fremd. Vielleicht empfinden nicht alle Mütter ihren Kindern gegenüber Liebe. Oder sie lassen ihre Wut auf den Mann, auf das Leben, auf ihre unverwirklichten Träume an ihren Kindern aus. Aber selbst wenn man tatsächlich so fühlt, warum soll man dem Kind auf so boshafte Weise wehtun?

Ich habe in den letzten Monaten viele Freunde gefragt, ob ihre Mutter sie als Kind in den Arm genommen hat. Nur wenige haben mit »Ja« geantwortet.

Das kann ich mir überhaupt nicht vorstellen. Dass du mich nie in den Arm genommen hättest oder ich meine Kinder nicht. Eltern schenken ihren Kindern leider nicht immer automatisch Liebe und Zuneigung.

Du weißt, dass ich kein Lieblingskind hatte. Aber mein Vater beispielsweise hat sich nach der Geburt von Niko weiterhin nur für dich interessiert. Eines Tages habe ich ihn dann zur Rede gestellt und gesagt: »Ich habe übrigens noch ein zweites Kind, und es wäre schön, wenn du dich auch diesem Kind mal widmen würdest.« Er hat das sofort verstanden und von da an sehr viel mit Niko gespielt. Danach habe ich es wirklich nie mehr beobachtet, dass er euch unterschiedlich behandelt hätte.

Es gibt ja viele Formen der Vernachlässigung. Auch ich habe eine Freundin, die ihrer Mutter vorwirft, sie habe ihr nie gesagt, dass sie sie liebt.

Eine andere Freundin von mir ist kürzlich befördert worden. Ihre Mutter hat als Erstes zu ihr gesagt: »Pass aber auf deine Ehe auf!« So, als ob die Ehe dadurch gefährdet sei, dass sie mehr arbeitet, möglicherweise ihren Mann vernachlässigt. So etwas hast du zu mir nicht gesagt.

Nein, das kann ich mir gar nicht vorstellen. Ich möchte dich unterstützen, nicht behindern.

Ich finde es auch rührend, dich als Großmutter zu erleben. Seitdem ich selbst Kinder habe, kann ich mir viel besser vorstellen, wie du dich früher mir gegenüber gefühlt hast, und mich daran erinnern, wie du warst, als ich klein war. Ich bin dann gleichzeitig Mama und Kind in einem.

Die Angst vor dem Verpassen

Ich war letzte Woche wieder mal sehr viel unterwegs, Mama, und ich rufe dich ja immer zwischendrin an und schicke Sprachnachrichten. Aber am Ende muss ich das Fazit ziehen: Ich hatte mich zwar auf jede einzelne Sache gefreut und dennoch fühle ich mich jetzt leer. Wenn man sieben Tage hintereinander im Zug sitzt und am Ende noch auf eine Preisverleihung in Berlin geht, auf der man nicht so viel verloren hat (und schon gar nicht für etwas nominiert ist), dann merkt man, dass die Verheißung manchmal besser ist als die tatsächliche Aftershowparty.

Ich kann mich ja gut in Sachen reinsteigern, auch in meine Angst vor dem Verpassen. Wobei ich finde, dass diese Angst auch etwas Gutes hat: Sie treibt mich aus dem Haus, sie zieht mich ins Leben. Natürlich ist das rastlos, das sagst du mir ja oft oder kritisierst mich dafür. Aber so bin ich nun mal!

Ach, das kenne ich doch auch. Ich wollte auch immer überall dabei sein, auf jeder Preisverleihung, auf jeder Party und auf jeder Premierenfeier. Ich fand das immer ungeheuer wichtig. Denn manchmal hat man tolle Geschichten gehört oder aufregende Leute getroffen.

Ich habe dabei aber auch viel Langweiliges erlebt. Beispielsweise, wenn man auf einer Preisverleihung eingeladen ist, die im Fernsehen übertragen wird. Man muss schon eine halbe Stunde vor Beginn auf seinem Platz sitzen, dann dauert die Preisverleihung dreieinhalb Stunden oder noch länger. Inzwischen ist man durstig, weil es im Studio heiß ist. Hinterher stürzen alle zu den Ausgängen oder drängeln sich an der Getränkebar, und die Men-

schen, die du eigentlich treffen wolltest, triffst du, wenn überhaupt, nur zufällig.

Heute sind mir diese Dinge überhaupt nicht mehr wichtig. Vielleicht, weil ich es so viele Jahre gemacht habe. Vielleicht auch, weil sich das meiste wiederholt. Letztendlich treffen sich immer die gleichen Leute, um irgendwas zu feiern. Ich glaube, ich versäume überhaupt nichts, wenn ich da nicht mehr hingehe.

Oft tut es mir gut, dass ich mich aufraffe – entgegen der Vernunft. Ich war als Studentin mal neun Tage hintereinander auf dem Oktoberfest, weil ich in jemanden verknallt war; jeden Tag wieder ins Zelt, täglich grüßt das Murmeltier, auf der Suche nach ihm. Also, ich war schon zäh und wollte einfach viel mitnehmen. Ich wollte nicht der Mensch sein, der aus Trägheit etwas versäumt.

Oh weh, wie anstrengend. Nee, also neun Tage einem Mann hinterherjiepern, das wäre mir zu viel gewesen. Deine Rumreiserei letzte Woche hatte hoffentlich viel mit deiner Arbeit zu tun? Denn wenn du zu Veranstaltungen eingeladen bist, auf denen du nur wenige Menschen kennst, würde ich dir raten: Lass es. Es ist oft die Anreise nicht wert, um mit Leuten einen Abend zu verbringen, mit denen du nicht zusammenarbeitest oder mit denen du keine Interessen teilst und dir nichts zu sagen hast. Es kann viel schöner sein, mit einer Freundin eine Brause zu trinken.

Wenn du mit »Brause« Sekt meinst, dann: ja!

Ich habe letzte Woche viel gearbeitet und bin nicht nur Events hinterhergereist. Aber ich merke, dass es immer wieder Partys gibt, für die ich quer durch die Republik fahre und mich im Endeffekt frage: Wozu?

Ständig dieses Ein- und Auspacken des Koffers, die zerknüllten Klamotten, eine Zahnpasta, aus der man die letzten Reste rausquetscht wie aus sich selbst, ein ungleiches Sockenpaar, eine Tube Creme, aus der etwas ausläuft, eine Shampoo-Probe aus irgendeinem Hotel, die Unterwäsche als Knäuel, das Herumstehen an Bahnsteigen, noch ein Riegel und eine Cola Zero aus dem Automaten, ein frisch gepresster Saft »to go« fürs Gewissen, ein verspäteter Zug, ein verpasster Zug, ein Bordbistro mit NicNacs, ein geschlossenes Bordbistro, eine Durchsage, das Ziehen und Zerren am Rollkoffer, der laut übers Bordsteinpflaster rattert.

Und dennoch: Ich will doch den anderen nicht beim Leben zusehen. Immer plagt mich diese Angst, etwas zu verpassen; ich möchte nicht nur Zaungast sein, nicht bloß Voyeurin. Dann ist da auch diese Unsicherheit, weil ich Sorge habe, irgendwann nicht mehr gefragt zu werden. Also muss ich dabei sein, um mir Zugehörigkeit vorzugaukeln. Und weil ich dieses Gefühl mag, dieses Versprechen, das ein Abend mir zuflüstert, eine Aussicht. Es ist alles möglich, alles kann passieren, vielleicht treffe ich da jemanden, der mein Leben verändert! Oder wenigstens meine Karriere.

Na ja, du bist Freiberuflerin, hast keine Kollegen und musst netzwerken. Aber Hilfe, ich möchte nicht an einem x-beliebigen Abend jemanden treffen, der mein Leben verändert.

Ich spüre manchmal ein Unwohlsein bei diesen Stehempfängen. Mein Hirn: »Los, sei nicht peinlich. Steh hier nicht so allein rum! Tu beschäftigt. Nicht verlegen. Sieh cool aus, wenigstens. Sonst kannst du auch zu Hause bleiben! Streng dich mal an, reiß dich zusammen, los, networke! Knüpfe Kontakte! Kennst du nicht den dahinten? Ach nee, doch nicht. Schau dich nicht so panisch verzweifelt um. Hol dir ein Getränk, vielleicht triffst du jemanden auf dem Weg zur Bar. Mist, hier ist auch keiner. Na gut: Geh noch mal aufs Klo.« Meine Blase: »Aber wir müssen doch gar nicht! Und wir waren auch schon dreimal am WC.« Mein Kopf: »Egal, damit gewinnen wir Zeit. Bis uns irgendwann jemand anspricht.« Meine Blase: »Häh! Wieso kannst du das nicht selber?!« Mein Kopf: »Gleich kommt bestimmt jemand. Oder wir gehen zum DJ. Oder zum Kellner. Oder irgendjemand bietet uns gleich Granufink oder Hagebuttentee für unsere Harnwegsprobleme an.«

Empfänge, Cocktails, Get-togethers. Ich liebe und fürchte sie. Diese Branche bietet dir natürlich unendlich viel Rummel und Rausch, aber nach den Ausschweifungen kommen manchmal grausame Zweifel.

Ich bin mal im November bei Eiseskälte in Berlin auf einer Veranstaltung gewesen, bei der ich im natürlich viel zu kurzen Kleid ewig vor dem roten Teppich herumwartete, nur um mit angewinkeltem Bein zu posieren, »Laura, Laura, lächel doch mal! Und jetzt keck. Dreh dich!«, und dann weitergescheucht zu werden, weil jemand Prominenteres auf den Teppich kam. Ja, der rote Teppich brachte mich zu der Schlussfolgerung, dass Stehenbleiben nur bei Menschen wie Robbie Williams gern gesehen wird. Ansonsten rufen die Fotografen: »Weiter, weiter!« Und alle Kameras wenden sich von dir ab. Dann stehst du da. Im Dunkeln. Und solltest schleunigst Platz machen. Auf dieser »exklusiven Party« stand ich schließlich ewig mit irgendeinem der Sponsoren, einem Vertreter eines Keksherstellers und dem Marketing-Supervisor Region Harz einer Automarke, an einem Stehtisch und habe mich ziemlich un-intensiv über Lieferketten oder Leasing unterhalten. Von beidem bin ich eher wenig entflammt.

Und du hast eine Blasenentzündung bekommen.

Ich bekomme dauernd Blasenentzündungen. Gib da jetzt nicht dem Kekshersteller die Schuld.

Seit ich Kinder habe, fällt mir das Reisen noch schwerer, weil ich ohnehin viel beruflich unterwegs bin. Und dann soll ich ohne Anlass, für irgendein Amüsement meine Kinder nicht sehen? Ich bin wirklich keine Klette, aber da kommen diese zweifelnden Fragen und schon beim Abschied ist mir mulmig zumute. Anders ist es, wenn ich gebucht bin, dann ist das mein

Job, da stellt sich die Frage nicht und die Trennung tut auch nicht so weh. Das ist eben der Preis, den ich dafür zahle, dass ich arbeiten will. Aber wenn meine Abwesenheit meiner bloßen Unterhaltung dient, fühle ich mich schäbiger und egoistischer. Ich wäge ab: Ist es zumindest irgendwie sinnvoll, diese geliebten Menschen zu verlassen?

So geht es mir übrigens auch, wenn ich nicht produktiv bin. Es gibt Tage, an denen ich mindestens drei Seiten schreiben will, aber zu Hause das leere Word-Dokument anstarre, anstatt mit den Kindern im Schwimmbad zu sein. Das ärgert mich mehr, als wenn ich etwas zu Papier bringe, etwas geleistet habe. Die verpasste Alternative erhöht den Druck. »Los, Laura, schreib! Sei produktiv, lass dir was einfallen!«

Das ist so, weil man die Kinder liebt. Wenn du frisch verliebt bist, willst du deinen Partner auch nicht lange alleine lassen. Dann überlegst du dir auch, ob du drei Tage wegbleibst. Ich war immer sehr verliebt in Niko und dich. Ich wollte Zeit mit euch verbringen. Und dann rechnet man das natürlich dagegen auf, wie es auf der Party ist. Sehr oft ist es mit den Kindern schöner, anregender, liebevoller. Es ist eine Sache der Liebe.

Viele Partys bewegen sich auf dem mittleren Vergnügungslevel. Ich war auf ziemlich öden Feiern, dann wieder habe ich bei irgendwem in der Küche ganz tolle Abende erlebt. Neulich fiel mir ein Foto in die Hände, auf dem Hellmuth und ich mit ein paar Leuten, unter anderem Klaus Maria Brandauer, beim Italiener Paolino in Hamburg sitzen, wo sich viele Schauspieler, Journalisten und manchmal auch Politiker trafen. An dem Abend wurden viele lustige Geschichten über Schauspieler erzählt. Brandauer hat alles vorgespielt, ist auf den Tisch gesprungen und hat dort eine Nummernrevue abgezogen. Wir waren natürlich die letzten Gäste und als wir das Lokal verließen, stand da mein Auto. Es ging dann auf dem Kühler und dem Dach meines Autos weiter; es wurden noch mehr Nummern vorgespielt und der letzte Rest Wein vergossen. Das war ein wahnsinnig schöner Abend, kein Fest, aber ein kleiner Abend, der mir in sehr guter Erinnerung ist.

Das Problem ist, dass man es vorher nicht weiß! Wenn man doch bloß vorab einen Trailer sehen könnte, wie bei einem Kinofilm. Natürlich hätte ich mir die schrecklichen Abende gern erspart, aber vielleicht gehört dieses Auswahlverfahren, dieses Casting dazu. Mal verlor ich mein Handy, mal wurde meine Handtasche geklaut, dann waren alle Freunde verschwunden oder der Typ, den ich gut fand, hat vor meinen Augen auf der Tanzfläche mit einer anderen rumgemacht.

Oft bleibe ich auch irgendwo hängen. Meine Freundinnen ermahnen mich, dass wir weiterziehen wollen, aber ich komme nicht vom Fleck, aus Schüchternheit, Feigheit oder Höflichkeit, und weiß nicht, wie ich aus dem Gespräch rauskommen soll. Da erzählt mir eine von ihrer neuen Brotmaschine und ein anderer, wie er sich neulich fast, aber wirklich fast, an einer Fischgräte verschluckt hätte. Breaking News! Oder die Krankheitsverläufe von Corona werden länglich geschildert ... Ich habe nun mal nicht deine Fähigkeit, mich aus einem Gespräch rauszumanövrieren. Vielleicht aus Angst, alleine dazustehen.

Das ist ja schrecklich. Du bist auf einem großen Fest eingeladen und hast Angst, niemanden zu treffen? Außerdem muss ich dir mal ein paar Exit-Strategien verraten. Wenn du von jemandem loskommen willst, könntest du sagen: »Ich hole mir jetzt mal was zu trinken« oder »Entschuldigung, ich muss mal kurz um die Ecke« oder »Da hinten ist meine Freundin, die will gleich gehen und ich möchte noch schnell etwas mit ihr besprechen«. Also, da gibt's tausend Auswege. Du kannst dir auch einen Zettel in die Tasche stecken und sagen: »Ach du lieber Gott, ich habe was an der Garderobe vergessen.«

Ist halt nur schwierig, wenn du sagst: »Ich hole mir was zu trinken«, und derjenige entgegnet: »Spitzenidee! Ich komme mit!«

Oder du gehst aufs Klo und der andere wartet vor den Toiletten … Also, deine gewieften Exit-Strategien in allen Ehren, aber ich sehe da Lücken im System: Die funktionieren nicht einwandfrei und sind außerdem nicht sehr subtil.

Na und. Soll der doch merken, dass ich auch noch mit jemand anderem Zeit verbringen will.

Ich bin da eher zwanghaft. Ich selbst merke es ja auch, wenn Leute mich abwimmeln wollen. So jemand will ich nicht sein! Das wirkt so opportunistisch. Eine Freundin von mir macht sich vorher eine Liste, mit wem sie an einem Abend unbedingt reden will. Die arbeitet sie dann ab. Das finde ich eigentlich eine gute Herangehensweise.

Anders als du bin ich auf Festen überhaupt keine Festquatscherin, weil ich immer denke: Jetzt bin ich schon mal hier, jetzt will ich auch sehen, wer alles da ist und mit wem ich noch ein Gespräch anfangen kann.

Es gibt ja für Partybesucher die berühmte Unterscheidung zwischen sitzen und gehen. Dein Vater hat sich beispielsweise irgendwo hingesetzt und die Leute sind zu ihm gekommen, haben um ihn rumgestanden, wollten ihm zuhören und sich mit ihm unterhalten. Ich gehe immer rum, weil ich sehen will, was los ist. Wenn ich zu lange irgendwo stehen bleibe, werde ich nervös, denn ich denke: Da sind noch Anna und Jochen, mit denen will ich doch auch noch sprechen.

Und ich bleibe nie bis zum Schluss. Ich hasse Betrunkene und dieses blöde Gelaber, das morgens um 2 Uhr losgeht. Das macht mir so schlechte Laune, dass es mir den ganzen Abend verderben würde. Also gehe ich lieber vorher und denke: Es war ein schöner Abend. 1:30 Uhr ist für mich das Limit, früher war es 2:30 Uhr. Danach passiert nichts Aufregendes mehr.

Das sehe ich als trinkender Mensch und »Nachtvogel« (oder soll ich sagen »wildes Huhn«?) natürlich komplett anders. Bei mir sind die besten Dinge oft erst um 3 Uhr passiert, aber sie müssen sich vorher schon angebahnt haben. Wie bei einem Theaterstück, da gibt es so ein Foreshadowing im ersten Akt; du musst schon um 21 Uhr gesehen haben: da passiert noch was … Es gibt auch Abende, an denen denkst du: Warum sitze ich das jetzt noch aus? Warum habe ich Angst vorm Nach-Hause-Gehen, warum will ich mir nicht eingestehen, dass der Abend vorbei ist? Da will ich nicht wahrhaben, dass das nix war, weil ich unbedingt will, dass etwas passiert, das kann's doch nicht gewesen sein. Es fühlt sich an wie eine Niederlage. Dabei ist ja gar nichts geschehen. Und genau das ist das Problem.

Ich habe nie Angst davor, nach Hause zu gehen. Meist drückt mich irgendwann das Kleid. Und ich mag mich auch nicht mehr an meiner Handtasche festhalten, auf die ich zehnmal angesprochen wurde, weil sie die Form einer Ananas hat. Da kommt mir dann mein Zuhause wie eine Oase vor.

Kannst du dich an einen Abend erinnern, von dem du sagen würdest: Das war einer der allerbesten Abende meines Lebens?

Wir wissen ja, dass man in der Erinnerung vieles verklärt und manches vielleicht gar nicht so toll war, wie die Erinnerung daran vorgibt. Ein aufregender Abend war sicher, als wir zur »Royal Premiere« eines James-Bond-Films nach London geflogen waren und Prinz Charles dabei war, der jetzt König ist. Das war nicht einer der besten Abende, aber doch ein sehr guter.

Auch unsere Spiele-Abende in Hamburg waren oft sehr schön. Wir waren ungefähr 50 Journalisten, die sich an jedem ersten Freitag im Monat bei einem aus der Gruppe zu Hause getroffen haben. Wir haben alles Mögliche gespielt: Brettspiele, Skat, Blackjack, aber auch Scharade. Und natürlich war es schön, jeden Monat die Kollegen von den anderen Medien zu treffen.

Aber ist ein toller Abend nicht oft verbunden mit Knutschen oder einer Art besonderen Begegnung oder Eroberung oder so was?

Für ganz junge Menschen sicher. Aber ich erinnere mich am liebsten an Abende, an denen etwas Neues, Ungewöhnliches stattfand. Ich habe einen Freund, der viele Prominente sehr gut nachmachen kann. Auf einer Buchmesseparty, die eigentlich recht harmlos war, befand sich noch ein anderer Stimmenimitator. Die beiden haben sich gegenseitig einen Wettkampf geliefert. Das fing ganz harmlos an, mit Genscher und Oettinger, dann ging's zu Reich-Ranicki und Helmut Schmidt. Und immer weiter. Das Beste waren natürlich die Dialoge, die sich die beiden für ihre Figuren ausdachten. Gelungene Abende entstehen, wenn man auf Menschen trifft, die witzig und unterhaltsam sind. Wenn etwas passiert, das man ansonsten so nicht erleben könnte.

Hast du den Eindruck, meine Generation ist besessen von der Idee, das Optimum zu erreichen? Es gibt endlose Möglichkeiten, wir haben das Internet und Handys, können immer der besseren Party, dem besseren Typen, dem besseren Leben hinterherrennen, hinterhersurfen, hinterherfahren – jetzt sogar auf E-Scootern. Wir denken vielleicht zu oft: Leg dich bloß nicht fest.

Die Angst, etwas zu verpassen, wird ja maßgeblich von den sozialen Medien geschürt. Da bekommt man im Dauerbeschall Bilder von Menschen, die scheinbar gerade etwas ganz Besonderes erleben. Und deshalb soll man allem hinterherhetzen? Ich weiß nicht, ob es eine Frage der Generation ist oder ob es eher um die eigene Haltung zum Leben geht, wenn man sich nicht festlegen, sich alle Optionen offenhalten möchte. Die Hauptsache sollte doch sein, dass man seinem Leben einen Sinn geben kann. Der eine will vielleicht meditieren und die andere will Abenteuer erleben. Einer will Menschen pflegen, eine andere möchte Wildtiere retten. Jeder Mensch will glücklich sein. Jeder Mensch auf der Welt. Und jeder möchte geliebt werden. Man tut ja vieles nicht bewusst in der Absicht, dadurch glücklich oder geliebt zu werden. Wir alle probieren es aber. Wenn es dich glücklich macht, 50 Veranstaltungen statt nur fünf zu besuchen, dann geh da hin. Ich glaube, das Traurigste, das einem im Alter passieren kann, ist, wenn man auf die Frage: Was habe ich eigentlich Gutes oder Wichtiges für andere Menschen getan?, keine Antwort findet. Das ist sicher ziemlich erschütternd und traurig. Und die Antwort wird bestimmt nie lauten: Es war ganz wichtig, dass ich auf Party XY war.

Genau das ist ja immer so die Frage: Ist der Moment wichtig oder das Erinnern an den Moment? Es geht ja nicht nur darum, worauf man zurückblickt, sondern auch darum, was in dem Augenblick wichtig ist. Und da kann eine Party durchaus Vergnügen bereiten.

Natürlich, Vergnügen, Zerstreuung, Abwechslung, Unterhaltung. Da bin ich auch gerne dabei. Aber weißt du was? Eine meiner Freundinnen ist gerade in Paris. Ich bin kein bisschen neidisch auf sie. Obwohl Paris ja eine Traumstadt ist. Ich sitze auf meinem Balkon in der Sonne, lese und erfreue mich daran. Das klingt jetzt wirklich wie so ein Psycho-Ratgeber oder ein esoterisches, spirituelles Handbuch, aber man muss auch das Glück in sich selbst finden. Ja, kitschig. Ich hör schon auf.

Wir sind ja beide nicht gläubig, ihr habt mich nicht religiös erzogen. Aber ich meine, mich zu erinnern, dass Papa, als er im Sterben lag, sagte, wie sehr er es bedauert, dass er eigentlich an nichts glaubt.

Das weiß ich jetzt nicht mehr so genau. Er hat gesagt: »Ich habe keine Angst vor dem Tod, aber vor dem Sterben.« Aber er ist zu Hause gestorben, im Kreise seiner Familie, wie es heißt.

Als er die Diagnose bekam, sagte der Arzt zu mir: »Sie wollen doch sicher Ihren Mann zu Hause pflegen.« Nein, habe ich innerlich geschrien und dabei wohl sehr erschrocken ausgesehen. Ich hatte wahnsinnige Angst davor, für einen todkranken Menschen die Verantwortung zu tragen. Aber eigentlich war es nicht schwierig. Ich hatte Hilfe, Papas Schwestern waren da, Niko und die Kinder aus seiner ersten Ehe. Jeden Tag sind Freunde vorbeigekommen. Das war schön für ihn.

Und ich lag im Krankenhaus in Frankfurt mit den Frühchen. Ich war gerade Mutter geworden. Ich konnte nicht da sein, nur ein paar Tage, als die Kinder aus der Klinik entlassen waren. Ich habe sie mitgenommen, er hat sie gehalten und dann war er kurz darauf tot.

Was den Glauben angeht: Ich bin ja noch religiös erzogen worden, habe mich aber bewusst davon distanziert, auch wenn der Glaube einem Halt und Sicherheit suggerieren kann. Wenn man keinen Glauben hat, muss man sich selbst einen Sinn suchen, was nicht einfach ist. Ich glaube an kein höheres Wesen, das mich durchs Leben leitet. Schon als Kind dachte ich, bei der Formulierung »Vater, Sohn und Heiliger Geist« komme ich doch gar nicht vor. Ich weiß, wie viele Regeln die Kirche aufgestellt hat, um Frauen jahrhundertelang zu unterdrücken. Aber ich wollte noch etwas zu Papa sagen, der ja jeden Tag fünf Zeitungen gelesen, Nachrichten geschaut und Bücher gelesen hat. Am Ende sagte er: »Das ist mir alles nicht mehr wichtig. Ich will nur, dass meine Familie da ist.«

Das würde ich auch wollen. Aber wenn man jung und bei Kräften ist, möchte man vielleicht mehr als nur mit der Familie sein, dann möchte man noch Bücher lesen. Und Partys feiern. Du kannst ja nicht ein Leben lang den ganzen Tag nur das tun, woran du dich auf dem Sterbebett erinnern wirst. Es muss auch Banales geben, auch reinen Hedonismus.

Nach all den Reisen und Dreharbeiten und Partys habe ich diese Woche eine Augenentzündung bekommen und immer wenn ich krank bin, fühle ich mich zerbrechlich und werde noch sentimentaler. Ich denke dann: Ich will zu allen Menschen nur noch lieb sein, nie wieder etwas Schlechtes tun und auch mir selbst nicht so schaden. Ich erinnere mich, dass ich mal was am Auge hatte und Papa in Tränen aufgelöst rief: »Oh Gott, das Kind erblindet!« Er war immer so wahnsinnig besorgt. Ich habe ihm zu jeder Sekunde abgekauft, dass es ihn wirklich interessiert, ob es mir gut geht. Und das hat man eigentlich nur bei sehr wenigen Menschen im Leben. Den meisten ist man egaler, als man glaubt.

Ja, natürlich, das sind die Eltern, wenn man Glück hat, und die Geschwister. Aber fast genauso wichtig wie die Familie finde ich die Freundinnen oder Freunde.

Nach Hellmuths Tod hat mich ein befreundetes Paar immer sonnabends zum Essen eingeladen, weil ich ja niemanden mehr hatte, um gemeinsam zu kochen und zu essen. Ich fand das unglaublich aufmerksam.

Meine Kindheitsfreundinnen habe ich im Buddelkasten kennengelernt und bin noch heute eng mit ihnen. Meine Freundin Tina, die auch hier in Hamburg lebt, würde nachts von überall kommen, wenn ich sie brauchte. Wir haben ganz unterschiedliche Interessen, aber wir wissen einfach, dass wir zusammengehören. Ich habe noch verschiedene andere Freundinnen in Berlin und in Hamburg, mit denen ich mich sehr, sehr eng verbunden fühle. Die machen sich auch Sorgen, ob es mir gut geht.

Ich möchte jedem Menschen den Rat geben: Such dir Freunde fürs Leben. Das wird dich immer schützen.

Wir sind ja auch irgendwie Freundinnen. In der Familie fühlt man sich vielleicht sicherer, man hat keine Angst, verlassen zu werden, reagiert zuweilen rabiater, traut sich mehr. In Freundschaften ist man behutsamer. Andererseits kann ich gewisse

Sachen besser mit meinen Freundinnen besprechen, weil sie in einer ähnlichen Lebensphase sind und weil bestimmte Dinge dich vielleicht auch überfordern würden. Man will die Mutter nicht mit allem belasten. Wir erleben ja keine Exzesse oder Abstürze zusammen, sondern eher die »gesunde« Welt, das Zuhause, Reisen, Kinder, Feiertage.

Was bleibt?

Laura, warum reden wir eigentlich so gerne miteinander?

Ich glaube, weil wir voneinander lernen können und ich ganz oft den Eindruck habe, das Gespräch mit dir bereichert mich, Mama. Ich fühle mich sicher mit dir. Auch wenn mir nicht immer gefällt, was du sagst, gefällt mir oft die Erkenntnis, die ich daraus ziehe. Genauso die Fremdwahrnehmung – das Verständnis, die Kritik, ja, die Beobachtung durch einen anderen Menschen, der mir nahe ist.

Seitdem wir miteinander diese Gespräche führen, die sich ja immer an einem bestimmten Thema entlanghangeln, ist noch mal eine größere Nähe zwischen uns entstanden. Wir graben in die Tiefe. Ich erfahre Sachen, die ich vorher nicht wusste oder die ich plötzlich aus deiner Perspektive sehe. Du erzählst mir etwas, du willst, dass ich etwas von dir weiß und verstehe. Das ist kein Small Talk. Wir denken übereinander nach. Über das, was uns bewegt, beunruhigt, beängstigt oder glücklich macht. Wenn wir uns das nicht alles erzählt hätten, wenn wir darüber nicht nachgedacht hätten, würde ich weniger wissen, was dir im Kopf rumgeht, warum du mit deinem Körper haderst, worauf du stolz bist, worüber du traurig bist und was dein Leben bereichert. Das erzählt man sich ja nicht einfach mal so. Darum lese ich auch sehr gerne Romane: um in den Kopf von jemand anderem zu schauen, um zu begreifen, wie ein anderer Mensch fühlt, etwas einschätzt, empfindet. Durch das, was wir uns erzählen, verstehe ich dich viel besser. Und ich empfinde es als sehr bereichernd, auf das, was ich preisgebe, eine Erwiderung zu bekommen.

Ich habe in unseren Gesprächen gemerkt, wie nah wir uns

sind, aber auch wie unterschiedlich wir Nähe suchen. Ich habe sehr viel Neues über dich erfahren, über deine Faszination für Gegensätze oder das Extreme, für Ausbrüche. Mir haben unsere Gespräche auch klargemacht, wie anregend und schön es sein kann, wenn ich etwas über einen Menschen, den ich liebe, lernen kann. Ich möchte ja mit dir nicht nur in Frieden leben. Ich möchte, dass wir beide glücklich sind. Ja, man ist leichter verletzt, wenn man so eng verbunden ist wie Mutter und Tochter. Aber man ist sicher auch stärker bereit, sich mit allem, wirklich allem, was die andere erzählt, auseinanderzusetzen.

Ich würde jedem Paar, jedem Freundespaar, allen Schwestern, Müttern und Töchtern und auch allen Müttern und Söhnen empfehlen, solch innige, meinetwegen auch intime Gespräche miteinander zu führen. Das ist wirklich beglückend.

Siehst du mich jetzt in einem völlig anderen Licht oder verstehst du manches besser, über das du vielleicht früher sauer warst?

Nein, ich sehe dich nicht in einem anderen Licht. Ich habe dich ja dein Leben lang beobachtet, und ich kenne deine Reaktionen. Aber ich habe jetzt gelernt, dass du Dinge, die wir beide erlebt haben, manchmal anders einordnest. Dass dich andere Probleme umtreiben als mich, andere Bemerkungen verärgern, anderes von dir als Zumutung empfunden wird. Oder auch als Zuneigung. Ich weiß jetzt, warum. Aber ich finde es auch sehr beglückend, festzustellen, dass wir über vieles im Leben ähnlich denken. Du reagierst vielleicht anders als ich, aber wir haben sehr ähnliche Grundeinstellungen, Ideen und Werte.

Ich sehe dich nach diesen Gesprächen schon etwas anders. Du bist viel milder geworden oder milder, als ich es bisher wahrgenommen habe. Dass du als kleines Mädchen schüchtern warst und dich manchmal davor fürchtest, dieses Kind könnte wieder Macht gewinnen, war mir überhaupt nicht klar. Auch nicht, wie sehr du deine Mutter vermisst und wie oft du doch geweint hast, wenn niemand zugesehen hat. Für mich bist du jetzt viel zerbrechlicher. Ich habe dich immer als besonders robust und stark wahrgenommen.

Ich habe es auch als meine Aufgabe angesehen, eine starke Mutter zu sein. Ich wollte ja, dass du auch stark wirst. Warum sollte ich vor meinen Kindern herumheulen? Das macht doch Kindern nur Angst. Hättest du gewusst, dass meine stärkste Furcht die vor Einsamkeit ist?

Nein, aber früher warst du ja auch nie einsam. Du hast dich verändert und ich habe dich vielleicht in den letzten Jahren zu sehr als die Mama gesehen, die du vor 20 Jahren warst. Nüchterner. So wie du mich heute manchmal gern hättest, oder?

Was heißt, ich hätte dich gern? Du bringst ja gewisse Charaktereigenschaften mit. Und ich liebe dich so, wie du bist. Ja, vielleicht wäre das Leben für dich unkomplizierter, wenn du innerlich über mehr Ruhe verfügen würdest. Wenn du weniger mit dir hadern würdest. Das kann ich schlecht nachvollziehen oder anders gesagt, ich finde es traurig, dass du dich oft kritisierst und in Zweifel ziehst. Damit kannst du dir den ganzen Tag versauen und manche Nacht. Also wozu? Ich finde, das Leben birgt schon genügend Herausforderungen, als dass man sich noch ständig hinterfragen müsste.

Und Impulsivität ist oft einfach heikel und peinlich. Gefallen zu wollen ist anstrengend. Ich halte Nüchternheit für einen guten Wegweiser.

Bevor wir mit diesen Gesprächen angefangen haben, fühlte ich mich viel häufiger von dir missverstanden oder nicht gesehen. Ich glaubte, du verstündest überhaupt nicht, warum ich so emotional reagiere. Das hat sich geändert. Heute denke ich, dass du es verstehst. Trotzdem bleibe ich impulsiv. Deine Gesetze und Regeln sind nicht alle auf mich übertragbar oder anwendbar.

Schade. Ich komme damit sehr gut durchs Leben. Es fällt wohl den meisten Menschen schwer, Ratschläge anzunehmen und anzuwenden. Warum eigentlich? Man bittet doch auch um Rat. Nur, um ihn dann doch nicht umzusetzen? Aber zwischen Eltern und Kindern ist es sicher noch einmal anders als bei Freunden. Vielleicht, weil man gewöhnlich ein Leben lang miteinander verbunden bleibt. Und manch einen Kommentar einfach nicht mehr hören will. Eine Freundschaft kann man beenden. Dass Kinder und Eltern sich trennen, passiert nur in seltenen Ausnahmefällen. Und so ist man ständig damit beschäftigt, Stärken und Schwächen, Müssen und Mögen miteinander auszuloten. Kinder wollen ihr eigenes Terrain markieren. »Das hier ist meins. Und ich mache das so und so.« Wie ein Hund oder eine Löwin. Generell hören wir beide aber schon aufeinander. Wobei du mir viel seltener Ratschläge gibst als ich dir.

Stimmt, das sollte ich vielleicht mal ändern!

Ich glaube auch – und das bezieht sich nicht nur auf uns, sondern auf die meisten Eltern und Kinder –, dass man immer mehr von oben nach unten liebt als umgekehrt. Dass also Eltern ihre Kinder mehr lieben als Kinder ihre Eltern.

Obwohl ich heute, wo ich meine Mutter sehr vermisse, denke, wenn ich diese Liebe, die ich jetzt noch für sie empfinde, doch gesammelt und ihr gezeigt hätte, als sie noch lebte. Und ich glaube auch, wenn die Kinder erwachsen sind, ist man durch sie viel leichter kränkbar als durch seine Eltern. Man wird viel abhängiger von der Liebe seiner Kinder als von der Liebe seiner Eltern.

Ich bin ja Kind und Mutter gleichzeitig, also gebe und nehme ich von allen Seiten. Das ist schön an meinem Alter. Wir hätten dieses Gespräch nicht führen können, als ich 18 war und du 46.

Wir streifen ja in all diesen Gesprächen auch heikle und wunde Punkte, Situationen, in denen wir uns gestritten oder missverstanden haben. Durch die Retrospektive und durch den Abstand zu der jeweils emotionalen Lage, durch das Fehlen des Akutseins streiten wir uns nicht über diese Situationen, obwohl wir beide noch immer behaupten, unsere Version der Erinnerung sei wahrhaftiger. Wir schaffen es, heute darüber zu reden, ohne dass eine von uns explodiert oder beleidigt ist.

Na ja, explodiert bin ich ja selten. Und natürlich funktioniert so ein Gespräch nur, wenn man ein gewisses Lebensalter hat. Eine 18-Jährige hat ja eine vollkommen andere Lebenserfahrung als eine 46-Jährige. Deswegen würde das nicht so gut passen. Man muss sich schon auf einer gemeinsamen Ebene befinden. Das gilt für Kollegen, Geschwister, Freundinnen. Man sollte aber immer ein offenes Gespräch führen, sogar wenn die Tochter noch sehr jung ist. So versteht sie leichter, dass man durch Gespräche auch Trost und Hilfe und Hoffnung finden kann. Dass es sich lohnt, Konflikte und Probleme gemeinsam zu lösen. Oder seine Weltanschauung zu teilen.

Als wir die Idee hatten, dieses Buch zu machen, war uns gar nicht klar, was für Auswirkungen das auf unser Zusammensein außerhalb des Buches haben würde. Unsere ersten Gespräche waren ja mehr so ein Experiment. Wir haben mal geguckt, was geht, wir hatten keine These, keinen Ausgang im Kopf, wir haben über Liebe gesprochen und übers Verknalltsein und haben uns zu dem Zeitpunkt, als wir anfingen, viel mehr in Anekdoten geflüchtet und sind den bedrohlichen Themen ausgewichen. Das war so ein Slalom der Annäherung, ein Herantasten. Doch je mehr Gespräche wir geführt haben, desto mehr haben wir uns getraut. Wir haben Grenzen geöffnet. Obwohl wir uns uneinig oder manche Gespräche hart waren, sind wir nie im Streit auseinandergegangen.

Was sind denn bedrohliche Themen, bei denen man sich sehr streiten kann und die einen sehr verletzen könnten? Bedrohliche Themen sind doch solche, die die Beziehung belasten könnten, Vorwürfe, Versäumnisse, Verletzungen, Drohungen. Oft geht's um völlig unterschiedliche Erinnerungen zu ein und derselben Sache. Das kann man klären. Aber man muss es sich erst mal trauen. Denn meist wird es schmerzhaft, wenn es um ausgelassene Liebesbeweise, vermeintliche Charaktereigenschaften oder fehlende Empathie geht. Manche Kinder, manche Eltern sind dann so gekränkt, dass sie die Beziehung gar nicht mehr aushalten, sich nur noch selten sehen und kaum miteinander sprechen. Das ist furchtbar. Wir haben uns alles erzählt und haben festgestellt, dass nichts wirklich schlimm war.

Ich glaube, wir reden gerne miteinander, weil jeder Mensch verstehen möchte, wo er herkommt, und auf der Suche nach einer Erklärung ist. Für Dinge, die er tut, dafür, wie er sich verhält. Wenn man sich mit der eigenen Familie beschäftigt, hat man vielleicht das Gefühl, man begebe sich ein bisschen auf Safari, man erkundet sich selbst. Hinzu kommt, dass wir unterschiedlichen Generationen angehören. Als ich anfing zu arbeiten, habe ich oft mit dir über den Beruf gesprochen, als Teenager in akuten Momenten auch über Liebeskummer. Aber jetzt aufs große Ganze zurückzuschauen und sich gegenseitig zu fragen: Was waren eigentlich deine größten Schwierigkeiten im Beruf? Wo warst du am unglücklichsten? Wie hast du Liebeskummer überstanden? Das ist für mich nicht nur von Wert, weil du meine Mutter bist und ich mich für dich interessiere, sondern auch für mein eigenes Leben. Was könnte ich lernen, was könnte ich mitnehmen? Welche Fehler hast du gemacht, die ich noch vermeiden kann? Also ist es zugleich ein Mutter-Tochter-Gespräch, ein Generationengespräch und ein Gespräch unter Frauen.

Okay. Mit Lernen und Mitnehmen meinst du aber sicher nicht, dass ich dir Ratschläge erteile. Sondern du möchtest aus dem, was ich dir erzähle, deine eigenen Schlüsse und Handlungsanweisungen ziehen, oder? Und dennoch gibt es Momente, da würde ich dir so gerne einen Ratschlag geben. Weil ich mir sicher bin, dass er funktioniert. Meine Nichte hat mich vor einiger Zeit mal um einen Ratschlag gebeten, den ich ihr auch gegeben habe. Es betraf den Umgang innerhalb der Familie. Seither sagt sie mir in jedem Gespräch, dass sie sich daran hält und dass es so sehr gut funktioniert. Zwischen Müttern und Kindern klappt so was eher selten, jedenfalls, wenn Gefühle involviert sind. Beruflich fragst du mich ja oft um Rat. Und den gebe ich auch gerne. Das ist eine Form von Nähe.

Aber es geht bei Nähe ja gerade auch darum, herauszufinden: Wo unterscheidet man sich, wo ist man nicht einer Meinung? Darum, trotz dieser Unterschiedlichkeit zu sagen, dass man einander gernhat und im besten Fall liebt. Diese Differenzen auszuloten und sich trotzdem nicht voneinander abzuwenden, ist ja ein Akt der Nähe.

Absolut. Das Schöne an so einem Gespräch ist, dass man einander viel verzeiht. Wie heißt es in der »Love Story«, die in meiner Jugend ein sehr berühmter Film war? »Love means never having to say you're sorry.« Das ist eine Banalität, aber auch die Wahrheit.

Die Mutter ist in der Kindheit und Pubertät sehr wichtig. Dann zieht man aus und zwischen 20 und 30 spielt sie keine so große Rolle. Das klingt etwas hart. Man nabelt sich ab, lebt sein eigenes Leben. Natürlich warst du mir immer wichtig und wir haben vieles besprochen. Ich habe oft zu Hause angerufen, aber ich brauchte dich in dem Augenblick nicht mehr so sehr. Ich studierte und lebte alleine. Damals standen andere Dinge für mich im Vordergrund: Wie schaffe ich mein Staatsexamen, welche Typen finde ich gut, wie amüsiere ich mich, was denken meine Freunde, wie verbringe ich meine Semesterferien, wo mache ich ein Praktikum? Später wird die Mutter wieder sehr wichtig, weil man plötzlich ihre Ratschläge braucht: beim Berufseinstieg, wenn Kinder kommen; bei Fragen zum Frausein, zum Erwachsensein, all das. Ich habe dich mit Mitte 30 wieder mehr gebraucht.

Das ist schön. Du weißt ja, wie gerne ich gebraucht werde.

Welche Momente unserer vielen Gespräche haben dich besonders bewegt?

Es gibt besonders schöne, aber auch verstörende Aspekte. Zu den wirklich innigen, berührenden Teilen unseres regen Austausches über die letzten Monate zählt, dass wir uns so nahegekommen sind, wie ich es mit keinem anderen Menschen hatte. Du weißt so viel über mich wie niemand sonst. Ich glaube, es wird in der Zukunft Situationen geben, in denen ich mich überhaupt nicht mehr erklären muss, weil du genau weißt, wie ich fühle und denke. Ich hoffe, du empfindest das umgekehrt auch. Ich kann dir alles anvertrauen. Ich habe erkannt, dass wir beide Familienmenschen sind, dass wir die Familie brauchen.

Aber es hat mich auch überrascht, wie viel Selbstzerstörerisches du in dir hast. Dass du so viele Zweifel und so viele Unsicherheiten kennst. Das war mir vorher nicht bewusst und das tut mir richtig leid. Aber auch dies zeigt mir, dass wir einander wirklich alles erzählen und offenlegen können.

Mit jedem Gespräch wurden wir auf eine schöne Art unvorsichtiger. Als wir anfingen, diese Gespräche zu führen, war es eher eine witzige, ganz spannende Idee, ein Versuch, eine Probe, eine Art Forschungsprojekt, irgendwann wurde es zum Seelenstriptease und dann fast schon zur Therapie. Ich glaube, ich werde immer dankbar dafür sein, dass wir dieses Buch zusammen gemacht haben, weil solch ein Austausch mit einem anderen Menschen, vor allem mit der Mutter, ein ungewöhnliches und total lehrreiches Erlebnis ist.

Für mich war eigentlich am schönsten, dass wir uns zum ersten Mal verletzende, peinliche Sachen sagen konnten, die nicht zum Streit, sondern eher zu Vergebung führten und dadurch eine Sehnsucht nach Verständnis erfüllt haben. Wir waren nie argwöhnisch. Ich weiß, dass du mir niemals schaden willst. Bei dir bin ich sicher. Bei dir fühle ich mich sicher, ohne Show, ohne Filter. Wir hegen kein Misstrauen, es besteht keine Konkurrenz zwischen uns.

Dann stelle ich dir jetzt eine letzte Frage: Was willst du mir noch sagen?

Lerne, Schwächen zu akzeptieren. Bei allen Menschen. Auch bei dir selbst. Wenn ich dir eine Fähigkeit geben könnte, dann wünschte ich, du könntest dich mit meinen Augen sehen.

Man kann sich selbst nicht so lieben, wie die Mama einen liebt. Das weiß ich, seit ich selbst Kinder habe. Es ist schön, mir vorzustellen, dass du mich so liebst. So sehr, wie ich sie liebe. Ich weiß jetzt noch eindeutiger, dass du mich liebst und geliebt hast. Wenn ich jemals ganz verzweifelt sein sollte, denke ich: Dann würde ich zu Mama gehen. Wo bin ich aufgehoben? Bei dir. Und dafür danke ich dir, Mama.

Dank

Wir danken unserer Agentin Elisabeth Ruge für ihr stetiges Engagement, ihre Zugewandtheit und ihre konstruktiven Anregungen.

Unser großer Dank gilt unserer aufmerksamen, tatkräftigen Lektorin Antje Korsmeier, mit der wir viele schöne Gespräche und einige arbeitsame Tage verbringen durften.

Ich (Armgard Seegers-Karasek) danke meinen Freundinnen und Freunden, meinen Bekannten, Kolleginnen und Kollegen, die mir einiges über ihre Mütter und darüber, wie sie von ihnen geprägt wurden, erzählt haben.

Ich (Laura Karasek) danke allen Menschen, die uns bei diesem Buch unterstützt haben. Meiner Familie und meinen Freundinnen, mit denen ich viele intensive Gespräche über Mütter und übers Tochtersein geführt habe.

Wir danken dem Verlag Droemer Knaur, allen voran Angela Gsell und Julia Gommel-Baharov, die an unser Buch geglaubt haben.

Überhaupt danken wir allen Menschen, die das Gespräch und den Austausch schätzen und suchen.

KAROLINE NUCKEL
SAMAD BERDJAS

WER IM JETZT LACHT, LEBT AM BESTEN

UNSER WUNSCHZETTEL FÜR DIE ZEIT, DIE UNS BLEIBT

»Das kann ich später auch noch machen.« Diesen Satz streichen Samad und ich aus unseren Gedanken, denn worauf warten wir eigentlich?

»Sie werden sterben. Nicht heute, nicht morgen, aber mehr als fünf Jahre bleiben Ihnen nicht!« Als die Ärztin sie mit ihrer eigenen Endlichkeit konfrontiert, stellen sich für Karoline Nuckel alle Fragen neu: Wie soll sie von nun an ihr Leben führen? Ihre Partnerschaft? Was ist mit ihren Träumen und Plänen?

Karoline Nuckel und ihr Partner Samad Berdjas entscheiden sich für die Gegenwart und beginnen damit, Haken auf ihrer Wunschliste zu machen: Sie kaufen ein Haus, weil sie sich in die Bruchbude verliebt haben. Sie essen Gänsekeule mit Klößen, machen endlich ihre Traumreise. Und sie sprechen über die unausweichlichen Ängste: Halten wir das aus? Was kommt danach? Das Paar zeigt: Wir alle sollten diese wichtigen Gespräche nicht auf später verschieben und uns die Wünsche auf unserer Bucketlist Stück für Stück erfüllen.

Das Buch ist ein Plädoyer für das Leben
und gibt Antworten auf Fragen, denen wir uns alle
irgendwann stellen müssen.

KNAUR

HERMAN VAN VEEN

MÜTTER

EINE LIEBESERKLÄRUNG

»Sie fragen, ob wir was gegessen hätten, oder unsere Jacken warm genug wären, geben Küsse auf die wunden Stellen, schenken Schwestern Puppen, Brüder kriegen einen Zug. Sie sagen: ›Du sollst nicht mit fremden Männern mitgehn!‹ und: ›Komm nach Haus, bevor es dunkel ist.‹ Wissen, wie man Flecken aus einer Hose kriegt und wie man Perlen auf einen Faden aufreiht. Wissen, wo der Salat ein Schnäppchen ist, dass man aufpassen muss auf die Gräten im Fisch. Sitzen an deinem Bett, wenn man Ziegenpeter hat, sie sagen: ›Schatz, dein Vater hatte das auch.‹ Sie weinen, wenn Filmstars sterben und bei der Nationalhymne, wenn man sehr ausfällig über Ausländer spricht und wenn man an einem Sommertag heiratet. Sie wissen, was es wird, wenn du schwanger bist, und was du in diesem Zustand nicht tun darfst. Für sie wirst du nie älter als elf, sie lieben dich mehr als sich selbst, sie sagen: ›Hör auf meine Worte, du wirst noch an mich denken, wenn ich mal nicht mehr da bin.‹ Mütter.«

Herman van Veen

Der beliebte niederländische Ausnahmemusiker
und Bestsellerautor Herman van Veen
setzt mit diesem Buch allen Müttern ein Denkmal.
Eine Ode an die Mütter –
der Bestseller aus den Niederlanden.

KNAUR